青少年科技教育
"策"与"行"

柳小兵　郝玉林　陈阿娜　等　编著

化学工业出版社

内容简介

本书共分为"德育实践""创客创新"和"素质教育"三个部分,每个部分分别从科研课题研究、优质科技项目与获奖优秀论文、活动方案三个方面进行较为详细的阐述。本书概述和记录了"十三五"期间北京市东城区崇文青少年科技馆探索创新足迹和取得的卓越成果,以期为从事科技教育的教师和科普工作者提供有效的帮助,也可供科技爱好者参考使用。

图书在版编目(CIP)数据

青少年科技教育"策"与"行"/柳小兵等编著.
—北京:化学工业出版社,2022.1
ISBN 978-7-122-40078-9

Ⅰ.①青… Ⅱ.①柳… Ⅲ.①青少年-科学教育学-教育研究 Ⅳ.①G40-05

中国版本图书馆CIP数据核字(2021)第208648号

责任编辑:王清颢　　　　　　　　文字编辑:蔡晓雅　师明远
责任校对:宋　玮　　　　　　　　装帧设计:王晓宇

出版发行:化学工业出版社(北京市东城区青年湖南街13号　邮政编码100011)
印　　刷:三河市航远印刷有限公司
装　　订:三河市宇新装订厂
710mm×1000mm　1/16　印张16　字数267千字　2022年2月北京第1版第1次印刷

购书咨询:010-64518888　　　　　　　　售后服务:010-64518899
网　　址:http://www.cip.com.cn
凡购买本书,如有缺损质量问题,本社销售中心负责调换。

定　价:108.00元　　　　　　　　　　　　　　　　　　版权所有　违者必究

编委会名单

主　任：柳小兵

副主任：郝玉林　陈阿娜

参加编写人员（按姓氏笔画排序）：

王　佳	王　悦	王雨涵	王海涛	王晨楠	王雅菊
史占文	吕　文	朱庆真	刘辰彬	李　谦	李成兰
杨　阳	杨　韬	吴振维	汪小丽	张　净	张　洁
张一夫	张璐薇	陈阿娜	周　君	郑羽佳	孟　旭
赵　爽	郝玉林	柳小兵	钟米珈	康　玮	商瑞莹
程　楠	穆晓萌				

前言
PREFACE

"十三五"以来，北京市启动了校外教育优质项目建设供给侧综合性改革，决定在全市校外教育机构开展以"培育一批创新项目、建设一批特色项目、发展一批精品项目"为主要内容的"三个一"优质项目建设，以推动新时代校外教育高质量发展。为适应"三个一"优质项目建设发展要求，满足广大家长、青少年学生对校外优质科技教育资源的需求，北京市东城区崇文青少年科技馆（以下简称崇文科技馆）以教育科研为引领，课程建设为核心，着力推动校外青少年优质科技教育项目建设，推出了创客、未来工程师、模型、科乐聚思、物联网、中医药等一大批精品、特色、创新项目，助力学生全面、个性发展和科技素养的综合提升。

新时代呼唤新理念，新理念指导新实践。在校外优质科技教育项目建设的过程中，崇文科技馆始终把立德树人作为科技教育的根本任务，聚焦学生科学精神的培育和创新、实践能力等核心素养的提升，引导教师深耕科技教育教学实践，加强育人过程、育人策略和育人质量的研究。期间，老师们以科技教育课程为载体，以学生全面发展和健康成长为目标，启智润心、培根铸魂，做"心中有爱、眼中有人"的青少年科技教育，生成和厚积了一大批实践反思、项目建设、课题研究成果。

为更好地总结老师们在青少年科技教育改革实践中的重要成果，充分发挥青少年科技教育理论与实践探索成果的指导作用，我们将崇文科技馆"十三五"以来优秀的科技教育获奖成果结集成书，厚积薄发、以资借鉴。本书以"青少年科技教育'策'与'行'"为题，概述和记录了"十三五"

期间崇文科技馆教师探索耕耘、孜孜追求的创新足迹，同时也承载了崇文科技馆以教育科研引领青少年科技教育所取得的卓越成果。全书共分为"德育实践""创客创新"和"素质教育"三个部分，每个单元分别从科研课题研究、优质科技项目与获奖优秀论文、活动方案三个方面进行较为详细的阐述，诠释科技教育实践的策略、方法和内涵，展示研究成果，以期为从事科技教育的教师和科普工作者提供有效的帮助。本书内容包含的老师们在青少年科技教育教学实践中的创新探索、项目设计、教育论文、活动方案等成果，不仅是老师们教育教学活动的实践总结，更是青少年教育教学智慧的结晶，是崇文科技馆科技教育实践的宝贵财富。

  本书凝聚了科技馆教师们的勤奋付出，得到了北京市与东城区各级教育行政部门与教科研部门的指导和帮助，得到了化学工业出版社的大力支持，在此一并表示真挚谢忱。由于编者水平有限，在编写过程中难免存在不足之处，恳请广大读者批评指正。

编著者

2021 年 7 月

目录

第一章 德育实践 /001

第一节 德育实践研究 /002
一、校外科技活动德育策略研究 /002
二、情景教学在模型活动中的应用 /016
三、美育在中医药文化实践活动中的实施与探究 /018

第二节 德育优质项目——"品百草药香 承杏林文化"中医药科普系列活动 /020
一、活动设计 /020
二、支持与保障 /023
三、过程与方法 /023
四、成绩与效果 /026

第三节 活动方案分享 /028
方案1-1 我讲你听，手拉手共承杏林文化 /028
方案1-2 识艾叶、品艾叶、用艾叶——中药艾叶香囊制作 /032
方案1-3 花开课外校外 厚植家国情怀 /036
方案1-4 实验室中与百草对话——品藿香 /039
方案1-5 古诗词中的百草药香——莲蓬与莲子 /044
方案1-6 走近大国工匠——探寻景泰蓝科技工艺精髓 /048
方案1-7 走进北斗的世界，探寻世界的北斗 /053
方案1-8 感受传统文化魅力，探索陶瓷"前世今生" /057
方案1-9 分类垃圾箱的创意设计与制作 /061

方案 1-10　寻古探今——我在"故宫"修建筑 / 066

方案 1-11　小房子存钱罐 / 072

第二章　创客创新　/077

第一节　创客教育研究 / 078

一、青少年创客教育实践研究 / 078

二、倡行创客理念，培育创新人才——区域青少年创客教育实践初探 / 086

三、基于校外科技活动培养学生创新思维能力的教学探索 / 090

四、STEAM 教育理念下"物联网+"项目的实践探究 / 093

五、基于 STEAM 理论的智能单片机课程教学设计 / 097

第二节　创客教育优质项目 / 099

一、Makeblock 智能控制应用 / 099

二、可移动模型博物馆 / 103

三、青少年创客活动 / 109

四、青少年未来工程师活动 / 113

五、走进物联网 / 116

第三节　创客教育活动方案分享 / 122

方案 2-1　节能先锋发光二极管——新节能小灯电路原理与制作探究 / 122

方案 2-2　Python 在"我的世界"游戏中的应用——金字塔建造自动化程序设计 / 127

方案 2-3　欢动游乐场——超声波传感器的创意应用 / 132

方案 2-4　保护野生动物大作战——APP 应用程序设计与制作 / 137

方案 2-5　三维建模与三维打印活动方案——从平面图形到立体图形（特征操作）／141

方案 2-6　螺旋式飞机及电动机盛宴科普教育活动方案／144

方案 2-7　神秘的几何科考——超声波测距仪的制作与测量／148

方案 2-8　科学严谨的创造——未来汽车创作（设计规划）／153

方案 2-9　刷卡签到器活动方案／156

方案 2-10　木制框架承重项目（结构设计与制作环节）／161

方案 2-11　转不停——3D 设计打印指尖陀螺／166

方案 2-12　玩具改造计划——导体、绝缘体检测仪／170

方案 2-13　虚拟军事之防空预警——防空警报电路制作／175

方案 2-14　WEDO 机器人喜迎新年／179

方案 2-15　模拟小车"倒车入库"／182

第三章　素质教育　／187

第一节　素质教育研究／188

一、校外青少年工程教育课程培育学生核心素养的研究／188

二、"体育+"模式下的科普活动策略研究／196

三、科普书阅读提升学生科学素养指导策略／200

四、创造性的开发利用科普资源培养青少年的科学素质／203

第二节　素质教育优质项目——青少年设计俱乐部／206

第三节　素质活动方案分享／213

方案 3-1　健康小精灵·旋风跑起来——"体育+"科普主题活动／213

方案 3-2　化作春泥更护花／218

方案 3-3 "悦·读科学"——网络科普栏目活动方案 /222

方案 3-4 国际护士节：护理世界健康——"察今知古"
纪念日系列科普主题活动 /225

方案 3-5 数码摄影基础——摄影中的模糊 /230

方案 3-6 玩转注意力——与曼陀罗绘画的美好相遇 /234

方案 3-7 听觉分辨训练——侧耳倾听 /239

参考文献 /245

第一章

德育实践

第一节 德育实践研究

一、校外科技活动德育策略研究

（一）研究背景

校外青少年科技活动是基础教育的重要组成部分，是立德树人的重要载体。北京市东城区崇文青少年科技馆作为校外科技教育机构，担负着科技育人的重要职责。为更好地发挥科技活动的育人功能，进一步提升现阶段科技活动的育人品质，崇文科技馆确立了校外科技活动德育策略研究课题。本课题旨在应用德育理论研究校外科技活动德育策略运用，核心目标是提高科技活动德育实效，增强学生的科学精神、科学素养及创新实践能力。具体目标是：探索科技教育机构提升科技育人品质的管理及教育策略；探寻专业项目活动德育的有效策略方法；培养和提高教师有效运用德育策略的能力。

本课题是一项基于现代教育理论指导下的应用研究，包含了对科技活动中德育问题的理性思考，一定程度上丰富了有关的理论，具有一定的理论价值；同时也是在国家教育发展规划纲要及校外教育政策规程指导下的实践研究，其结果可以为科技教师有效开展科技德育和提高学生科学素养及创新实践能力提供策略指导，具有重要的实践意义。

（二）研究内容

（1）科技馆科技活动育人现状与应对策略；

（2）专业项目科技活动德育现状问题分析与策略；

（3）科技教师德育能力现状分析及提升策略。

（三）研究过程

本研究是以科技教育实践工作者为研究主体，区域中小学生为研究对象，进行的改进科技育人品质的一项应用研究。因此，我们主要采用了行动研究。

我们认为行动研究不是单纯意义上的研究"方法",而是一种基于实践的,具有特殊目的、研究情境、研究人员、研究程序的"研究形态"。

1. 发现问题阶段

本阶段综合采用观察、访谈、调查、案例分析、专家指导、问题研讨等方法,对教师科技活动实践德育现状、影响因素及策略应用效果进行了研究。

2. 策略制订与实施阶段

针对科技教育机构科技活动整体现状及不同专业项目中存在的问题,制订针对性研究策略及德育策略,且边施行、边反思、边调整、边总结,期间应用问题调查、典型案例分析、学生反馈、教师反思、专家指导等多种方法进行科技教育研究,并通过对不善于合作、知识技能较强但不严谨、放松纪律要求以及差异性突出的个体(学生)的学习效果进行研究,引导教师采用行动研究,改善教学行为及德育策略,使其亲历发现问题—分析原因—制订并实施策略—反思策略—得出结论的整个行动研究过程。

3. 总结经验阶段

本阶段主要任务在于总结有价值的研究成果。研究科技活动有效性策略关键在于教师行为的改变,或针对不同类型学生改变德育策略的能力及方法。这是一个无止境的探究过程。在解决原有问题的过程中,又会发现新的阻碍德育实施的因素,需要教师在研究过程中不断总结有效策略,推动科技活动德育策略实效性的提高。

总结本研究的过程,是一个行动研究的过程,这个过程又是多种研究方法的综合应用。

(四)研究结果

1. 科技馆科技活动育人实效和影响力现状研究及对策

从课题立项初始,课题组对影响崇文科技馆科技育人实效性的因素及如何提升科技教育影响力进行了广泛深入调查。通过座谈、走访及招生反馈等方法,我们对崇文科技馆科技教育实践中存在的问题进行了梳理,主要表现在:由于馆舍修缮、异地周转,区域居民及中小学生对崇文科技馆工作职能以及项目设置等情况知之甚少,加之周转期间馆网关闭,超5成周边居民不知道崇文科技馆确切地址及教育内容,甚至出现招生额不满的现象,一定程度上影响了崇文科技馆教育影响力的发挥；一些家长和孩子及教师过于注重知识、技术，对科技普及和科技德育重视不足，影响了科技育人实效性及影响力的发挥。

针对现状及存在的问题，崇文科技馆主要通过两个路径解决。

（1）以主题科普教育活动为载体的主体性教育策略及问题解决策略。我们的做法是：主动走出去，加强科普教育宣传。崇文科技馆集全体教职工之力，带着科技项目走进社区，开展"科普点亮智慧 教育成就梦想"——科普进社区主题活动，分别走进东花市南里及东花市南里东区社区，为社区居民构建科普大舞台。社区老人、小孩齐参与，一起"玩科技"。科普进社区受到居民广泛欢迎，《新东城报》及《北京日报》等对活动进行了报道及转载。同时也增强了社区对崇文科技馆及科普项目的了解，增强了科技馆对社区的吸引力。社区老人、孩子纷纷走进科技馆，参与电子制作、影像制作、科技制作等丰富的科技活动项目。与此同时，我们重建了崇文科技馆网站，加强了对崇文科技馆及科普教育的宣传力度，崇文科技馆招生也迎来了满员甚至超额的现象。

开展主题科普教育活动，让科普走近孩子，让孩子成为科普的主人。2012年，在广泛开展调研和专家论证的基础上，崇文科技馆开展了"玉米文化节"主题科普活动。活动以孩子们既熟悉又陌生的玉米为"主角"，确立了"把舞台还给孩子""让孩子成为科普的主人"的理念，创设了"玉米——文化的使者、科学的乐园、艺术的精灵、生活的伴侣、健康的卫士"等多个活动板块，围绕玉米设计了"玉米研究员""玉米美食考""玉米文化秀""玉米教育行"等20余项、从小学到高中各年龄段都可参与的"零门槛"科普活动。孩子们围绕玉米，通过看、讲、演、尝、研究等各个环节体验玉米科技，区域近30所中小学逾万名学生积极地参与了活动。北京电视台、《北京晚报》、《北京日报》、《中国教育报》、《新东城报》纷纷以"田里种玉米 家中观成长""中小学生有了自己的'开心农场'""种植玉米、体验劳动""玉米文化节 动手玩科技"等为题，对活动予以报道和肯定，中国校外教育网为玉米文化节开辟了专栏。"玉米文化节"活动案例还在全国未成年人校外活动研讨会上被做为示范案例并获奖。

活动反馈摘抄如下：学生甲："参加玉米文化节既能了解玉米知识，还能品尝玉米美食，真有趣……"学生乙："不看不知道，玉米真奇妙……玉米全身都是宝啊！"学生丙："参加玉米文化节真开心，明年我还要参加玉米文化节。"

某学校校长："崇文科技馆的玉米文化节围绕玉米开展科普活动，本身就很有创意，很接地气，孩子们很喜欢……"

校外专家:"崇文科技馆开展的玉米文化节很有创意、吸引孩子,建议大家都去了解、研究……"

农科院专家:"崇文科技馆以玉米为载体,开展这么多贴近孩子的活动,引导孩子们了解玉米、关注玉米、关注社会,作为玉米工作者我很感动,也愿意参与其中……"

团中央少年部领导:"……玉米文化节把有意义的事做得有意思……"

玉米文化节的开展缩短了学生与科技的距离,调动了学生参与科普的兴趣,使孩子成为了学习的主体、科技活动的主人。

(2)以校内外融合为载体的需求导向策略。运用需求导向策略,创新活动模式,深度推进科普大篷车进校园、进社区等校内外科普融合教育研究。科普大篷车进校园、进社区活动是崇文科技馆开展校内外科普教育融合的重要载体。为有效提升科普大篷车教育的内涵和效果,课题组以需求调查为切入点,深入了解学校及社区的科普教育情况,以学生需求变化为导向,积极创新科普活动项目,先后开发设计了制作指尖陀螺、制作走马灯、制作莫比乌斯圈、趣味智能运动会等近10个项目,同时通过校本研究,积极开展以项目创新为指向的"专业前沿研究"项目,项目教师结合专业前沿,不断调整和创新活动策略,适应科普及科技教育活动的新需求。通过变革与创新,科普大篷车进校园、进社区项目受到了社区居民和学校师生的广泛欢迎。活动举办以来,近50余所中小学校预约科普大篷车,受益中小学生及社区居民达2万余人。此外,在每次科普大篷车走进学校、社区活动之后,我们都及时进行效果反馈,进而继续改进活动项目和策略。科普大篷车进校园、进社区,不仅有效推进校内外科普教育的融合,同时也得到广泛认可,科普大篷车以其有效的教育方式,被评为全国优秀教育案例二等奖。

2. 专业项目科技活动德育现状问题分析与对策

科技馆专业项目工作室是科技活动的主阵地,也是科技德育、科技育人的主渠道。在对科技专业项目育人实践的观察和案例分析的过程中,我们认识到:一是各专业项目组在学期初都有配合专业进度的德育计划,但科技专业活动中德育的实现程度缺乏检测的具体措施及指标,对科技德育的效果检验没有明显的呈现;二是科技活动实践过程中,依然存在重知识、技能传授,轻育德育人的现象,教师在传授科技知识、技能的同时,不能充分地结合专业有针对性、有机地进行思想道德教育,对学生科学精神、创新实践能力以及社会责任感培养等方面也存在一些问题。

基于以上的情况和问题，崇文科技馆有针对性地开展了团队构建以及个性化教育的策略。把科技活动中育德策略的研究纳入崇文科技馆科技活动的全过程，每个教师都结合专业和活动制订有针对性的目标和措施。通过活动方案撰写、专题活动观摩评议以及教师撰写活动案例等形式，开展团队整体推进和个体实践反思研究。结合总课题研究内容和路径，崇文科技馆教师分不同专业和科普内容，制订了14个子课题研究计划。课题研究实施以来，共有11位教师开展了21节次小组活动和群众科普实践活动研究，撰写专题研究活动方案30多个，论文20余篇。每月都有教师完成1篇典型研究案例，累计撰写案例超百篇。以下是部分成果呈现。

活动方案："我设计 我创造——园艺机器人创意制作活动"方案（摘录）

活动环节	学生活动	教师活动	设计意图
导入环节	积极发言讲述参观北京园博园的感受	鼓励学生发言，并辅以图片配合，及时点评	感受园林文化之美，引出活动主题
启发环节	观看视频、图片资料，讨论园艺师的工作有哪些可以由机器人替代	播放视频、图片资料，介绍园艺师的工作，组织学生讨论	感叹园艺师技艺高超的同时感受园林工作者的辛苦，激发学生创意热情
设计环节	以小组为单位，讨论确定园艺机器人的功能及基本结构，画出设计草图	讲解设计草图绘制的要求 观察各小组活动情况，给予指导	理清设计思路，掌握基本的设计过程 培养创新能力
制作环节	根据确定的设计方案制作园艺机器人 园艺机器人硬件搭建 园艺机器人程序编写 园艺机器人调试与改进	观察各小组活动情况，发现问题及时给予指导	培养学生的动手能力、实践能力、合作意识
展示环节	学生进行作品介绍，包括创意来源、合作过程、遇到的困难、收获等 其他学生对创意、功能实现等方面进行评价，并提出改进意见	观察记录学生表现 给出作品评价	给学生展示的机会，并学会评价自己和他人的作品
总结环节	回顾本次活动，谈谈自己的收获	总结此次活动学生的整体表现	鼓励学生在生活中多观察、多发现，用所学知识创造更加美好的生活

活动反思摘录

……创设情境为学生搭建合作平台。在电容充放电这一环节设计了两名同学同时为一个电容器充电的活动，活动要求两名同学同时同一方向摇动发电机。如果有同学方向错误将不能为电容器充电；如果小组中仅有一名同学摇动发电机，那么他发的电将被另外一名同学的电机消耗掉，也不能为电容器充电。在活动中小组两名同学互相检查、互相提醒连线是否正确，发电机转动方向是否正确。有的小组一个同学负责喊口令以做到同时为电容器充电。活动中发现，学生需要教师给予指导该如何合作学习，更需要教师为学生创造合作学习的机会。学生可以在活动中体会到合作的重要，体验成功合作的快乐！

设计制作与展示环节学生参与热情高。学生运用已有知识合作设计、制作作品，使用手摇发电机或风力发电机发电并使电存储在电容器中。学生们设计制作了各种样式的风车，扇叶有三叶的、四叶的，有用轴制作的、用梁制作的；风车的底座也各具特色，有塔形的、有车形的。有一组同学设计的风车发电装置还用到了齿轮传动的原理，使用大齿轮带动小齿轮，能够更加快速发电。通过学生对作品的介绍，能够看出每一件作品中都蕴含着学生的设计，每一位学生都能积极主动地参与到设计中来。

活动中要做到教育常态化。整洁的教室、整齐码放的零件给学生以环境教育，同时有助于提高活动效率。学生在活动中按需取用零件，及时将不用的零件放回零件盒，在活动结束后整理零件，收拾教室成为每次活动的必有环节。在日常活动中不断强化秩序意识，让学生自觉地形成按需取用、归类码放、及时复位等良好的实验习惯……

 教育案例及点评：走进稚嫩心门 嗅闻美德馨香

【引言】

一次，我们组织了小小园艺师去自然博物馆参加"心系美丽蓝天 探访植物世界"主题活动。活动中发生了一件小事。自然博物馆是9点开门拿票，一大早除了张同学以外，其他孩子8:30就到了自然博物馆，比指定的集合时间提前了20分钟。当老师说："你们可是比老师说的时间都提前了呀。"孩子们叽叽喳喳地表示他们愿意早到。这时张同学来了，刚好听到大家的对话，就说了一句"脑子有毛病的才会早到呢。"李同学马上说"你才有病呢！"然后两个同学就争执起来了。这时正好要领票排队了，老师就暂时没有调解。

【案例陈述】

进入自然博物馆后，为了更好地化解张同学和李同学的矛盾，老师对原有的小组组合进行了微调，把张同学和李同学分配到了一组。二人虽然表示抗议，但是没能按照老师要求说出3个调组的正当理由，只能接受现实。

老师宣布活动开始，看哪个小组能够非常好地完成今天所有的任务后，孩子们拿着学习单迅速地散开。而张同学坐在地上用手指在地上划着，李同学也不理他，一个人跑去填写学习单。带队老师微笑着走到张同学身边："老师也累了，能在你身边坐会儿吗？""嗯。"他不抬头，仍看着自己在地面上划动着的手指。看来老师略有点儿强迫的分组安排，并没影响到老师和他的交流。"张同学，谢谢你。"他听老师这么一说，停下划动的手指，睁大了眼睛诧异地看着老师。"谢谢你，老师从你身上学到了统筹规划的意识。从前面你参加活动的表现，老师能看出，你对时间、对事情的安排非常有序，今天早上，你也是在老师指定的时间准时到达的。"张同学的嘴角露出一丝微笑，他扬了扬眉毛，"我妈给我测过智商，我智商高着呢。"老师说"那给你出个智力题好不？""没问题。""有个人，他有一个木桶，这个木桶长的有特点：组成木桶的板子里，有一块儿比别的都短一截，还有一块儿比别的都长一截。那么你说说，如果想把这桶装满水而不溢出水，所有组成木桶的板子里，哪块儿板子起的作用是决定性作用。""太小瞧我了吧，当然是那块儿短的板子呀，"张同学骄傲地说。"嗯，是的。那么咱们看看，2个人组成的小组，每个人都有优缺点，每个人都有块儿长的板子，也有块儿短的板子。如果2个人团结起来就可以取长补短。你说两个人组成一个木桶，那和单个人组成的木桶，哪个能装的水多呢？"他的眼皮耷拉下来，没有吭声。这时带队老师好像忽然醒悟般地说"哇，第4组都快完成了吧，我看他们动作好快呀！"张同学抬头看了看，想了想，然后迅速向李同学跑去。

【案例反思】

每一扇稚嫩心门里，都有一方纯净。老师在活动中要时时关注每个孩子的心理状态，细心解开郁于其中的小小扣结。在他们心门之间搭起一座彩虹桥，让心门间的美德馨香彼此融合在一起。在本案例中，教师通过细心捕捉张同学的心理，根据他的心理特点，设置问题情境，让同学自己得出正确结论，然后再用他自己得出的结论来引导他，从而顺利地实现教育的目的。

相信每个孩子心底都有美德的积淀，在彼此团结合作的科普活动中，难免会有小小的扣结，但是"雪怕太阳，花怕霜"，小小扣结怕的是老师的"火眼金睛"和正确引导。只要细心慢步地走进稚嫩心门，就能用心嗅出美德，并把美德汇聚的馨香带给每个孩子，让他们在品味美德馨香中进一步加强彼此团结协作的精神。

【案例点评】

此案例实质上反映的是教育活动经常遇到的学生人际冲突化解和教育有效组织的问题。不论是何种教育活动，首先解决的是学生成长中需要解决的"烦恼"和问题。在团队科普教育活动中关注学生个体实际、恰当化解个体冲突、及时实施有效教育，体现了教师个性化德育的理念和教育的智慧，也为教师在科普教育行动提供了可借鉴的案例。

在一年多的研究实践中，老师们结合自身专业活动，开展了卓有成效的探索，形成了重要的实践研究成果。在研究实践中，老师们有效运用教育及心理学理论，理性认知、反思和破解教育活动中存在的问题，养成了撰写活动案例和活动反思的良好教育习惯，形成了一系列行之有效的优秀科普教育活动案例。彭玉明老师通过团队协作策略，解决了专业实践活动中"有效组织"的问题；穆晓萌老师运用角色互换策略，有效探究小组活动中团队合作的问题；王海涛老师运用分层教学策略，解决了小组学员"学力"差异的问题；汪小丽老师运用对比策略解决小组活动中教育实效性问题；刘辰彬老师运用榜样示范、激励性策略以及课题研究策略，解决了科学研究兴趣培养和创造性激发的途径问题；王悦老师、杨韬老师通过反思科技竞赛中的突发事件处理，归纳总结出学生问题解决策略等。

课题研究的过程本身就是改进科技活动方式，促进科技育人实效提升的过程。在此次研究实践中，课题组对兴趣小组学员、参与科技大篷车活动的学生、部分学校科技兴趣班的学生进行了问卷调查，依此检验改进策略带来的改变及效果。调查共下发问卷180份，回收率100%。问卷涉及了科技活动对学生创新意识、实践能力、合作精神培养、良好习惯养成等方面的影响。问卷采取开放式答题方式。以下是部分学生的调查反馈节选。

学校科技班学生：愈钻愈有乐趣，以前，我有一些题总是想不出就算了，可现在，我会十分认真地思考，一定要打破砂锅问到底。不管是在学习上还是生活中，我喜欢多问几个为什么，遇到不懂的问题，不放弃，一定要弄明白。

创意构建学生：老师让我们组装各种零件，搭出一个造型，我试了很久，终于成功了，活动锻炼了我的创造能力。

创新发明工作室学生：做木梁承重实验的时候，我十分认真地根据老师教的方法多次实践；测量过程中，我坚持一次又一次的测量。经过努力，我终于做成了木桥，体会到成就感。

DIY工作室学生： 在活动中，老师让我们用10张白纸做成一个纸塔，我们开动脑筋，动手实践，虽然在制作过程中遇到了许多困难，但我们还是想出了解决的办法，真的很开心。

DIY活动，小组的组员必须团结一致，快速定好方案，并且为了争取高分要适当增加幽默因素，这都需要每个组员的配合，如果出现意见不统一，就会导致小组失败。这两次表演，我们小组的队员都很配合，虽然有意见不统一的时候，但最后还是求大同、存小异，快速定好方案，每一次合作，我都会感到合作的重要性。

以前的活动，我一向喜欢自己一个人，认为什么事情一个人都可以做好，从来不喜欢和别人合作，但在科技活动中，我懂得了合作的重要性，比一个人要好很多。

趣味智能运动会参与学生： 在做"大力金刚"实验时，我们反复调试支撑架的结构，找支撑点，算支撑面积，一次又一次，感觉自己真是一个科学研究者。活动结束后，我们仍在思考，想着如果把四角再加固一下，结果应该会更好。

我们用牙签和橡皮泥来支撑练习册，开始时我们只想到把牙签横着放，而没有想到把牙签竖着放。经历失败后，我们对结构加以改进，成功了。

"你说我画"，就是考验队员的配合，一开始组长说的不太具体而我们的队员又争抢着画，最后没有完成任务。下一次活动我们吸取了上一次失败的教训，团队合作，一起努力，终于得到了高分。

电子技术工作室学生： 在不断实践的过程中，我们对科学的探究能力逐渐形成了，比如面对一个要在电路板上插接的复杂电路，我会不断地尝试，如果失败了，我会不断对照图纸去检查、去修改，直到正确为止。在连接电路时，之前我总是乱放零件，在老师的提示下，我知道做事要有章法，码放东西要有规律，否则会导致零件丢失。

科幻画工作室学生： 参加科幻画小组的活动，我的收获很多。有一次我画画的构思和基架与其他同学不一样，老师夸奖了我，让我意识到在设计中与众不同是有优势的。参加学校科技月比赛时，有一道题特别难，我用一种特殊的方式表达出来了，轻松夺冠。

模型组学生： 一次模型制作，老师指导我们时教了方法，还鼓励我们自己想想其他的方法。我决定试一试，我没有按照老师的方法去做，用了不同的方法，而且我的方法比老师的容易，老师表扬了我。我原来做什么事都没有章法，妈妈总是说我"眉毛胡子一起抓"，现在，我做事之前脑子里都有完整的构造图。

单片机工作室学生：我以前做单片机的编程题平均用时4分钟，一直难以提高速度。在老师的帮助下，我掌握了一种新的编程方法。我用这种方法尝试后发现，速度一下子提高了很多。我认识到做任何事情，除了勤学苦练以外，掌握正确的方法很重要。

科技制作工作室学生：老师带着我们做大船、不倒翁、小摇篮、欢乐转盘。我们的制作大部分是使用废木料、瓶盖等废旧物品，这是老师对我们进行的环保教育。

通过调查与分析，我们看到教师在辅导学生开展科技活动中有针对性地改变策略所产生的明显变化，特别是在教师的引导下，学生在良好习惯养成、合作精神、创新意识以及探索和钻研等方面都有了不同程度的进步与提升。

3. 教师科技育德能力现状研究及对策

教师是科技活动德育策略研究的主体，教师育德能力及水平直接影响着课题研究及科技德育的实效。在课题研究的过程中，我们对教师开展科技德育的现状进行了分析和研究。

（1）教师科技育德能力现状分析。课题组通过采用座谈、观察、资料分析等多种方法，对教师在科技活动中的德育现状与存在问题进行了如下探讨与分析。

① 教师对德育理论及概念的理解。当前理论界对德育概念的理解与说法非常丰富。如：德育即道德教育的简称；德育即思想品德教育或品德教育；德育即思想政治教育或政治思想教育；德育即理想教育、道德教育、纪律教育、生活指导教育、市场经济意识教育等。目前教育理论界对"德育"的概念不够统一。课题组从教师对德育理论及概念的调查了解得知，一些教师对德育概念的理解还局限于对狭义德育及道德教育的理解，而对广义德育（即德育是道德教育、政治教育、思想教育、法制教育和心理教育等方面的总称）了解较少。加之广义德育内容日渐泛化，部分教师对如何在科技专业活动中准确贯彻德育难以把握。

② 教师对德育策略方法的把握和思考。我们在调查中发现"策略"一词对教师来说或许还较陌生，但在日常工作中教师已在自觉或不自觉地进行着德育策略的应用，并基本掌握了德育策略应用的几个视角。从调查中可以看出，专业科普活动规范要求、养成教育、动手实践能力指导是教师较常用的

策略方法。但从对这些方法应用的追踪调查可以看出，教师在德育策略方法应用上更多的还是一般的规范要求，存在较大的被动性和主观性，对科技活动本身的育人资源挖掘不足，策略应用上更缺乏主动设计和理性应用以及持续性。从我们的实践经验出发，一般来说同事间的相互启发，更能刺激教师的思维，并为教师的德育策略方法应用提供支持。因此我们应多为教师提供交流的平台，为其提供相互讨论、相互观摩、协同工作、合作研究的机会。但与此同时，我们也应认识到，发展教师的德育策略应用能力，提升其德育策略应用水平是一个长期的过程，需要综合运用各种方式。每种德育策略方法都有其优势的一面，若能结合专业及学生实际综合运用，扬长避短，必能更好地促进教师德育策略应用能力的提升。

③ 对教师教育案例存在问题的调查与分析。我们在访谈与资料分析中发现教师在撰写教育案例、观察记录中存在如下问题：教师不知道教育案例怎么写；教师找不到事情可写；教师找不准典型案例；教师发现案例"线索"却不去写；教师对教育案例加以"修饰"；教师为"写"而"写"；教师分析观点有误。

从对教育案例的分析中我们进一步认识到：我们一定要引导教师形成对教育实践活动反思和"再认"的习惯，在教育反思和再认中，找出检验德育效果的正反经验，进一步检验并形成规律性的认识，否则即便教师掌握了案例撰写的方法，也只是描述和再现事件，不能获得正确的知识，实现教师的自我成长。此外，专业研究人员、机构负责人等都应对教师的反思、案例撰写给予支持、引导，以使教师的教育行为和育德能力得以提升。

（2）教师科技育德意识及能力提升的策略。教师育德意识及能力即教师在教育过程中将科技活动及其本身的德育功能有机结合，并能展开行之有效的方法和策略应用，不断对其进行主动的思考、评价、探究、调控改进的能力。对教师德育意识能力培养策略的研究是实现本课题研究目标的重要内容。研究过程中我们采取了以下策略。

① 德育理论及方法培训。加深教师对德育深刻含义的理解并切实引导教师对德育意义作用、方法、步骤等的认识，是使教师能够加强科技育德意识并进而具备提升育德能力的前提与基础。因此，我们的研究首先从帮助教师加深对德育内涵、意义、内容、形式、方法、策略等六方面内容的理解把握开始，为教师更好地进入下一阶段的培养研究做理论上的基础准备。为此，我们采用了个人自主学习并撰写读书笔记、专家专题培训、小组互动研讨、外出参观交流、团体形成共识的五段式方法，引导教师在参与"寻找学习材

料、分析思考学习内容、归纳提升理性认识"的过程中加深、加强对学习过程的融入。在学习培训中,我们引导教师形成了对德育内涵、意义、作用、内容、方法以及科技活动育德有机结合等的共识。

② 典型案例研究。研究中我们发现,对于一般教师来说,其科技活动中德育策略应用很难笼统概括,因为德育策略是教师在具体教育互动中的行为应用,其效果要体现在教师的内省再认和学生的思想行为实践中,同时,德育策略及其应用效果只有通过团队交流,才可使教师在思维的交流碰撞中不断产生新的思想火花,获得正确的教育理念。案例是教育情境的故事,不同的人对故事会有不同的解读,因此案例十分适宜用来交流和研讨。我们将案例研究作为促进教师德育策略研究的重要形式之一,引导教师结合自身的科技活动教育行为,经常性提炼典型的德育案例;并组织教师对来自教育实践的真实、典型、针对性强的案例展开讨论(如"从 FLL 到 FTC 的成长""分享更美丽""小车冲出跑道之后""'小马虎'变形记"等)。实践证明,撰写并研究来源于教育活动实践的、符合实际需求的具有复杂冲突的教育案例,是改善教育行为、提升科技活动育人品质的重要形式。

教育反思案例:创造力培养的"怪象"

今天和孩子们一起完成了一次创意美术的课程。活动的学生分为两组,一组以 5 岁左右的幼儿园孩子为主,二组的学生年龄稍大,主要是 10~12 岁的小学高年级学生。活动的内容是请学生以自己的手掌为基础,在围绕手掌勾勒出形状后,在上面添加线条图案,变成创意性的图画。活动结束后,我发现了这样一个奇怪的"现象",孩子年龄越大想象力越受限制。年龄小的一组学生创作的作品想象力丰富,简单的形状在孩子们的创意下变成了可爱的小鸟、孔雀、章鱼、树木……可是高年级组的孩子呢,望着手掌不知如何造型,很长时间无法画出想象的图形。无奈之下我让高年级的学生欣赏了低年级孩子们的作品,这样算是帮助他们打开了思路,模仿之下终于完成了作品。初看一下,不太相信,因为没有研究表明人的想象力、创造精神和创造力,会随着年龄和学历的增长而递减。并且,我们教育的重要目标就是培养学生的创新能力。这个原因是什么呢?这个问题值得我们反思。

③ 典型活动研讨交流。有效的专业引领对教师成长具有重要的意义。课题组在开展研究的进程中,通过对教师开展的科普教育活动进行观摩和剖析,引导教师进行自我反思和集体研讨,促进教师专业反思和科技育德能力的提

高。在组织教师进行系列活动的反思研讨中，课题组注意把握了以下几点。

　　a. 在倾听与对话中把握教师已有的德育策略应用经验。

　　b. 在提问与质疑中（如针对教师反思片面的问题；针对教师反思抓不住重点与根本的问题；针对教师反思不深刻的问题……）引领教师改善德育策略方法。

　　c. 在总结与提炼中，提高教师科技育德应用策略的能力。

 活动实例反思摘录：

　　……在科学精神即创新意识培养的具体教学实施中，应注意以下问题。a. 关注学生的主体意识，把每一个学生都当作具有自己独特经验和情感态度的人，与学生建立真诚、平等、信任的相互关系，为学生的主动发展提供宽松、融洽的心理氛围。b. 对学生的指导应表现为帮助学生安排适宜的学习材料和活动情景；帮助学生理清自己想要学习什么，而不是规定他们必须学什么；帮助学生找到适合自己的活动方式，发现自己所学内容的用处、所做事情的意义，而不是要求学生按统一的方式接受他们无法感受、不能理解其意义的东西。c. 学生在具体的活动情景中随着问题的解决和兴趣引发而产生出新的问题时，教师应意识到那些新问题产生的必然性，肯定其存在的价值，鼓励学生不断发现新的问题，获得新的感受，达到自我教育的目的，培养其创新能力。d. 学生在活动中遇到困难时，教师可给予适当的帮助，但是不能急于求成、包办代替，而应鼓励学生自己动手解决问题。当他们依靠自己的力量越过重重障碍获得成功的时候，他们会感觉到自身的价值和学习的意义，从而愿意更深入、更持久地投入到学习活动中。e. 重视学生在学习过程中的自我评价和自我改造，使评价成为学生反思自我、发现自我、发展自我的过程；允许学生对问题的解决持不同的方案，允许学习结果的表现形式丰富多样；关注学生在某一些方面的特别收获，同时顾及学生的个体差异，推动每一个学生在原有水平上有新的提高。

　　……

　　在科幻画的创作活动中，我们采取让学生共同参与的方式，集体创作一幅《保护地球家园 爱护环境 共绘美好画卷》的科幻画，学生们把自己对未来低碳生活的创意画到画卷之上。这种方式有利于培养学生合作的意识。a. 这种作画不同于以往个体创作，个体创作只考虑自己的画面就行了，把自己的画画好，不用顾及其他，而集体作画则不然，需要考虑方方面面的因素，在画好自己画的同时要考虑画面的整体效果，要有集体合作的意识；b. 这是一种能力的培养，因为我们每个人生活在社会中都不是一个纯粹的个体，都要有社会性，这是作为一个社会人的属性决定的。培养孩子的集体协作意识，在做事时避免自私和孤僻，可以让孩子更易融入集体和社会，拥有一个健康的心理……

教师专业活动是探索德育策略的重要载体。只有在真实的教育实践活动中才能获得有价值的研究素材，只有在实践的基础上，教师才能获得更多理性的认识，并不断改进德育策略和探索路径，进而提升教师的专业育德能力和智慧。

（五）结论与讨论

科技活动中德育策略的研究是一个从宏观教育管理到微观教育行为改变的综合过程。通过研究进程的开展，崇文科技馆在主体性问题解决和需求导向两个路径、教师教学行为改进以及个性化德育策略应用等方面进行了有益的探索，并取得了阶段性的研究成果。科技活动中德育策略的探究既是提升科技德育育人品质的过程，更是一个不断探索科技德育规律的过程，是一个不断因教育环境、条件变化而不断探索、改进的循环上升的过程。因而，在本课题研究的基础上，对今后的探索提出以下讨论和建议。

（1）加深教师对科技活动德育科学内涵的理解与认识。

（2）引导教师以自身现有知识理论和实践经验为突破点进行有效德育的策略研究。

（3）培养教师按科学步骤进行科技德育的研究和探索。培养教师的育德策略可按以下过程进行：第一步发现问题，引导教师反思自己的科技教育活动并梳理出其中存在的问题，而后选择特定的问题予以关注，并在可能的范围内搜集与此相关的资料，以批判的眼光审视自己的观念和行为，进一步对发现的问题加以确认；第二步建立假设，引导教师在自己的知识中搜寻与当前问题有关的信息，或通过阅读书籍、请教专家、集体研讨等方式，提出解决问题的各种假设，并对假设的效果进行预测；第三步验证假设，引导教师对假设进行深入思考，实施行动计划，积极验证假设，并在验证假设中发现问题，开始新一轮的实践循环，从而形成有效的科技活动策略链。

（4）重视为教师搭建科技活动德育策略探索、合作、研讨的平台。

（5）充分发挥教育反思及案例对教师育德能力提升和自我成长的促进作用。

课题负责人：柳小兵

核心组成员：郝玉林、王晨楠、康玮 等

二、情景教学在模型活动中的应用

情景教学侧重于以人为本、立德树人的教学理念，追求让学生融入创设的情境，积极参与学习，自主和合作的有效结合使得现场教学有了其独特的魅力。实现模型的活动通过情境教学能有效地激发学生的学习兴趣和创造一个舞台，让学生表现自己的能力，让他们可以在情境中展示自己。练习模型技术，掌握模型制作技能，让学生可以有全方位的体验。教师要注意让学生知识与技能可以一起发展，并且从中发掘出有意义的思想品德教育。

（一）建立情景教学的设置

1. 创建具有深刻意义的背景，提高学生的兴趣

在模型制作教学中，通过对环境背景的设置，让学生代入设定的角色；通过有针对性地设置关卡与难题，激发学生的创造能力与想象能力。例如在废土求生模型制作活动，设定了一个未来地球环境被破坏的背景，提出模拟生存的问题，让学生代入一个求生的角色，每个求生小组制作一个庇护所模型。在活动中，老师首先给学生观看废土电影，讲解故事背景，从而激发学生对于模型活动的兴趣，活跃模型活动的课堂气氛。学生根据活动设定的条件来思考怎样制作？用什么材料制作？解决什么求生难题？在思考中发挥学生的创作能力。

2. 激发学生的小组合作

在活动中，教师要发挥引导作用，引导学生在学习模型知识时，自己进行探究，让学生在自己的想象与创造中，提高实践探究能力。在废土求生模型制作活动中，学生分为3个求生小组，每个小组都有自己的分工与定位，每个组设一名求生组长。每个小组对应的环境中，只会提供本环境中才有的材料，而且每个环境会设定一些难点（如雪山水资源很少，沙漠木头很少，平原需要防范野兽等），学生分组讨论如何利用现有材料建造避难所，并合作完成任务。

3. 培养学生，创新研究

在废土求生模型制作活动的准备工作中，为使学生主动参与，教师要有意识地将学生带进未来的场景，让学生自己体会未来环境被破坏后生活的艰难。

结果发现，开始时，学生的想法不是很多，随着课堂的进一步深入，学生的兴趣与想法渐渐多了起来，同学们的讨论次数也越来越多，大家对模型课程也产生了很大兴趣。

4. 创设情景，培养学生优秀的品质

怎样在模型活动中对学生进行思想品德教育呢？教师要善于观察并引导学生。在废土求生模型制作活动中，通过电影来引入话题，电影中有美丽的风景还有残酷的环境，激发学生对美的向往；学生观察并了解故事背景，通过扮演生活在未来废土世界的人，练习如何制作一个未来生存的场景模型；场景中可以含有很多的地形元素，水、草、土、雪等，并且可以模拟环境对未来生活的影响，激发学生对环境保护的关注与决心。

（二）在实施情景教学时应注意的问题

在废土求生模型制作活动中实施情景教学还应注意以下问题。

1. 以完成教学目标为出发点

废土求生活动的活动目标。

（1）知识与技能：学生能够运用制作模型知识动手将模型制作出来。

（2）过程与方法：通过参与活动，学生能够加强观察能力与动手能力，通过合作制作模型，学生能够增强团队合作能力。

（3）情感态度与价值观：通过此次活动，让学生能够认识到保护环境的重要性，并且有想法去参加各种环保活动。

（4）美育目标：通过让学生代入角色，模拟体验环给恶劣给生活带来的影响，引发学生的环保意识，引导学生主动去发现日常生活中的环保问题，将来更加注意保护环境。

设立目标要简捷并易达到，如废土求生模型制作活动中，让学生可以在活动中充分地锻炼自己的制作能力，以及在活动的过程中，发挥主观能动性，积极发现问题、解决问题，并且激发学生环保的理念与兴趣。这样的目标就容易达到。

2. 合理的创设故事背景

创设情境要使主线的故事背景具体一些，让学生在体会故事情节的过程中，不会太过于发散自己的思维。在设置情景的过程中，要遵守物理学定律以及规律，不能天马行空，学生的设计也要合理。

（三）情景教学在模型活动中的运用

1. 提高了学生的积极性、主动性

同样的教学内容，在不同的模型小组中运用情景教学法与一般教学方法作为对比，情景教学法更能激发学生的兴趣，让学生更好地融入活动中。学生在活动中发挥主观创造力与想象力，更适合新时代的教育理念。

2. 师生之间架起沟通的桥梁

使教师融入学生，促进师生交流。

3. 激发了学生学习模型的兴趣

学生对课堂的兴趣会大增，从而更喜欢上模型课。

（四）小结

新课程提出了以学生为本，一切为了学生的理念。教师不仅要教学生学知识、学技能，还要做学生的人生导师，全方位地引导学生拼搏向上、努力进取。

——吴振维

三、美育在中医药文化实践活动中的实施与探究

中华美育精神立足于"以美育人、以美化人、以美培元"的中华美育思想，主要包含"中和之美""礼乐教化""风骨"与"境界"等内容。中华美育精神扎根中国传统哲学，追求"天人合一"的境界，给人以向美、向善、向上的引领。美育的规律，就是对美欣赏的规律。它的奥秘即在人们欣赏美时所发生的美感之中。美感是人们对客观现实美的主观感受，是人们在审美活动中直接欣赏对象的美而激起兴奋愉悦的感情状态。把美育融入日常教育活动之中，可以使学生不断地得到美感的陶冶，从而逐渐形成自觉地认识美、热心地追求美的习惯，潜移默化之中树立正确的审美观念、陶冶高尚的道德情操、塑造健康优美的心灵。

一个拥有悠久历史的国家必定有自己的根脉，一个拥有灿烂文化的民族必定有自己的灵魂。中华优秀传统文化是中华民族的"根"和"魂"，是中华民族的"精神命脉"。中华美育精神包含家国情怀，凝聚人们建设美好家园的力量。陈宝生强调，大力传承和弘扬中华优秀传统文化，是发展美育最丰富

的资源、最基本的根基。中医药是我国的医学精髓，中医药文化是中华优秀传统文化的重要组成部分。将中华优秀传统文化和美育相结合，特别是将中医药文化和美育创新性融合，能够引导学生在中医药文化实践活动中认识美、发现美、创造美，提高学生审美水平、培养学生审美能力。

在活动中，学生学习中医药民俗文化故事，追溯中华传统习俗起源，认识中华传统节日，品尝中医药的药膳药饮。在美育过程中，用美的事物对学生进行情感教育，陶冶学生的高尚情操、塑造学生的美好心灵。利用名医故事、传说唤起学生的体验性情感，组织学生角色扮演还原历史情景；让学生揣摩历史人物心理，进行同理心换位思考，在活动中产生对名医医术和人格的敬佩等评价性情感；通过中医药手工制作、药物炮制技艺实践、中医器具的使用，培养学生动手操作能力，让学生养成善于观察的好习惯，激发学生创新思维；开发中草药实验田，学生体验中草药种植，记录中草药植物生长日志，进行中草药绘画写生等。这些充满乐趣的实践活动会激发学生积极向上的美感享受。在活动过程中，教师要注重以学生为主体，引导同学之间相互交流、互相启发的同时，充分尊重美感的差异性。

2019年，北京市中医管理局在东城区、昌平区、石景山区三区率先启动中医药文化资源调查，后续扩展到全市，将中医药文化资源进行分级，以便资源挖掘与保护。其中包括中医药非物质文化资源五类：中医药人物类、医疗技艺类、药物炮制技艺类、中医药生活方式类（宗教与医药、医药民俗、养生文化）、中医药教育及师承类。还包括中医药物质文化资源五类：中医药堂馆类、中医药古迹类、名医故居类、中医药文献类、中医药器具类。

以北京的同仁堂为例。同仁堂是一个从老北京大栅栏里扬名的中医药老字号。自清康熙八年（1669年）创建，至今已有350多个年头。同仁堂为乐氏家族的人员所创办，乐氏家族的第26代乐良才（北京乐氏家族的第一代）在明永乐年间（1421年），随着明朝的迁都，由浙江宁波来到北京，奠定了乐氏家族在北京发展的基础。同仁堂有悠久的历史、厚重的文化，并且"遵古不泥古，创新不失宗"。依托同仁堂可以开发出丰富的美育资源，进行的美育形式可以分为如下几类。

第一，开展同仁堂中医药文化讲座。从中医药的历史知识讲起，讲述同仁堂350多年的悠久历史，用视频和图片的形式展示地道药材和加工炮制的专业知识，联系生活实际讲解如何安全用药。第二，组织参观同仁堂基地。参观久负盛名的同仁堂老药铺，了解牌匾文化和堂徽含义，体验中医诊疗服务，亲自体验抓药，体验"戥秤称量"。参观同仁堂的智慧仓库、生产车间和未来实验室,了解中药饮片各不相同的生产、加工方式。第三,制作中医药相关制品,例如中草药香囊、艾草垫等。历代同仁堂人始终恪守"炮制虽繁必不敢省人工,品味虽贵必不敢减物力"的古训,树立"修合无人见,存心有天知"的自律意识,造就了制药过程中兢兢业业、精益求精的严细精神。在活动过程中,同仁堂的历史、文化和精神以真实故事、视频图片、实物场馆的形式生动具体地展示在学生面前,学生在这样积极向上的美育氛围里,陶冶情感、激发美感,逐渐形成认识美、追求美的习惯,从而树立起美的理想,养成美的情操,形成美的人格。

社会主义核心价值观贯穿于教育的方方面面,任何一个活动、任何一堂课都不能偏离立德树人的根本任务。要引领广大师生更加广泛深入地感受中华优秀传统文化,尤其是加深对中医药文化的了解和热爱,增强继承和弘扬中华优秀传统文化的自觉性。中医药文化作为中华传统文化的重要组成部分,已经潜移默化地融入普通人的生活。校外教育与校内教育相辅相成,将中医药文化与校内学科相融合,开展丰富多彩的实践活动,在审美中育人、在育人中审美,提升青少年综合素养,使学生初步树立正确的人生观和道德情操,陶冶高尚的情趣,进而在审美中成长、在成长中审美。

——王佳、康玮

 德育优质项目——"品百草药香 承杏林文化"中医药科普系列活动

一、活动设计

(一)依据基础

崇文科技馆中医药科普项目组贯彻《中国的中医药》白皮书精神,积极配合东城区"健康·成长2020""文化·传承2030"工程,设计开展了主题为"品百草药香 承杏林文化"中医药科普系列活动。

（二）理念目标

该项目组立足于《中国学生发展核心素养》的文件精神，向学生渗透中医药背后的人文精神。例如"保护五官，从小做起"中医讲座，引导学生培养健康生活习惯的同时，积极向学生渗透中国传统文化理念，以此增进学生对传统文化内涵的理解。

活动课程目前以小学生为主要对象，他们对于中医药文化的了解主要来源于电视传媒以及祖辈的介绍，没有系统、准确的概念。处于此年龄段的学生乐知好学，乐于了解中医药背后的故事，同时愿意与伙伴合作共同解决问题。针对此特点，我们的活动课程力求体现两个特点。

第一，体验教育。中医药不仅是优秀的文化资源，而且是具有原创优势的科技资源，是具有现代科学价值的宝库。项目组极为重视学生的亲身实践，帮助他们在丰富多彩的综合实践中解读中医药文化，利用现代科技，深入挖掘与提炼中医药精华，体验与感悟中医药文化精髓与魅力，从小树立爱中医、信中医、学中医、用中医的理念。孩子们主动学习、主动实践、主动探究，在体验中快乐成长，提高认识社会、适应社会、参与社会的能力，树立敢于实践、勇于创新的意识。

第二，主体意识。活动课程立足于学生，以学生发展为本，达到传承中医药文化的目的。孩子是活动的主人，孩子们是活动最主要的参与者，我们的活动宗旨是尽可能多地吸引孩子们参与活动。我们将此理念转化为现实，实现了以学生为中心、以教师为引导的校外中医药文化教育模式。

基于以上两点，项目组通过一系列活动，提高学生的社会参与度，重视体验过程，充分发挥学生主体作用。例如，组织实施"我讲你听，手拉手共承杏林文化"活动，学生们变身小讲解员给自己的同伴讲，给学弟学妹讲，给社会人讲，将自己学到的中医药文化传播给更多的人，服务社会，增强社会担当。

（三）结构内容

"品百草药香 承杏林文化"中医药科普系列活动，重点字是"品"和"承"。"品"：帮助学生认识到中医药文化不仅是中国传统优秀文化的重要组成部分，而且具有创新文化的潜质，是中华民族长期同疾病斗争的智慧结晶，为中华民族的繁衍昌盛发挥了重要作用。"承"：中医药学是中国传统科学中沿用至今的富有中国文化特色的医学，它具有的系统理论体系、独特的诊疗方法和显著的临床疗效,不仅在中华民族五千年的历史发展中占有重要地位,而且在当下,乃至今后的岁月,也将始终担负着促进健康的重要角色。

活动课程内容分为中医药的前世、中医药的今生两个板块,展现中医药文化经久不衰的魅力及功能。两个板块分别题为"前世——时光流转 悬壶济世"和"今生——千年传承 药香依旧"。第一个板块帮助学生了解中医药几千年来在理论、诊断、治疗等方面的发展以及历代名医的高明医术和高尚医德。第二个板块帮助学生认识到中医独特的理论体系与独到的诊断方法在当今社会中,在人们养生、疾病预防、治疗、康复中依然且必然发挥的优势作用。

活动课程类型为科普活动,在活动设计及课程开发中,通过中医药发展的历史脉络,学生充分理解了科技在中医药文化发展中不可或缺的作用。我们从中药命名、产地、性味归经、炮制等方面挖掘科技点进行科普教育,将中医药文化与科学知识融入孩子们乐于接受的活动方式,融入他们的学习、生活。

活动课程框架如下。

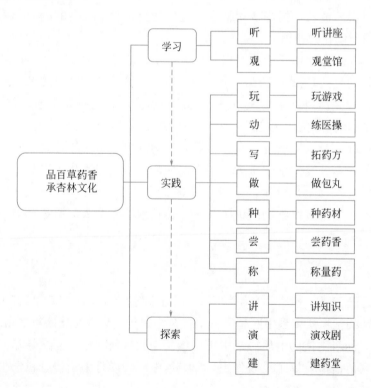

二、支持与保障

我们团队核心教师全部都是崇文科技馆在编在岗教师,并且职责明确。

组长:一名,负责活动整体组织、协调。

组员:四名,两名负责活动策划、文案、资料整理;两名负责活动实施及学生管理。

由于项目组教师非中医药专业人士,为保证活动的科学性、严谨性,活动全程均有中医药专家指导。活动前,我们确定主题、策划活动、制订方案,在落实活动细节的过程中,专家针对活动中相关的中医药知识给予我们细致的培训。在活动实施过程中,专家也全程参与,及时指导。活动结束后,专家与我们就活动内容与形式进行总结,以利于之后活动的开展。

项目组与北京同仁堂、北京中医药博物馆等多家社会资源单位合作,带领学生们走进堂馆,将社会资源转化为教育资源。我们有明确的项目管理办法和安全管理制度,责任到人。崇文科技馆投入经费满足项目发展需求。

三、过程与方法

我们不仅制订了完整的学期计划、科学合理的活动方案和学期总结,有效运用现代教学手段为活动服务,而且根据学生的需求研究分析学情,在活动中运用恰当的教学方法、采用正确的教学策略、使用多元的检测方式保证活动顺利开展。

(一)运用恰当的教学方法

我们以趣味式的教学方法从"品"和"承"两个层面对活动内容进行组织和梳理,运用讲授法、探究法、实践法等方式,以学生为中心,注重培养学生核心素养,培养学生综合实践能力和合作能力,培养学生严谨的科学精神,突出校外教育实践育人特点。

1. 讲授法

项目组聘请专家通过简明、生动的口头语言向学生们传授中医药知识和技术以及中医药发展的脉络,传播健康生活理念。在参观同仁堂和中医药博物馆活动中,组织学生听专家讲座"中药的味道""矿物也是药";在"中医

与节气"活动中,听专家讲座"中医话清明""中医话端午";在"中医与校园"活动中,听专家讲座"保护五官 从我做起"……专家的讲解清晰精炼,设问解疑,还有现场互动,激发了学生的求知欲和积极的思维活动,使学生们在短时间内获得了大量中医药学的系统知识。

2. 探究法

我们运用问题探究式学习法,耐心组织指导,帮助孩子们通过比较独立的探究和研究活动,探求问题的答案。在"小小讲解员"活动中,每个身为讲解员的孩子领到讲解稿后,我们并没有让孩子照本宣科去读,而是指导他们借此机会深入地了解中医药中的科学知识。孩子们在梳理讲解稿时,提出了各自感兴趣的科学问题。例如"'针灸铜人'的科学原理是什么?""种植三七为什么要挡住强光?"……我们并不急于给出答案,而是引导他们通过阅读、观察、思考、讨论等途径主动探究,自行发现这些问题的答案。

运用探究式学习法组织活动时,有时是学生独自完成,有时是学生分小组合作完成。例如我们的一部分活动是由教师确定主题,由学生从感兴趣的问题入手自行设计学习单,这时往往需要一个团队共同研讨、设计。在此过程中,孩子们进行头脑风暴,集思广益、主动学习、团结协作,主动学习的能力也得到了加强。

3. 实践法

结合学生年龄特点,项目组设计了一系列实践活动:"玩"中医小游戏、"动"练中医操、"写"拓药方、"做"药包和药丸、"种"药材、"尝"百草、"称"量中药……学生们在玩与做的过程中,了解中医药的知识,提高解决实际问题的能力和多方面实践的能力。例如在"称"量中药的活动中,学生深入理解了中医讲究的"三分医、七分药""三分辨、七分量"的古训,这两句古训阐述了称量在中医治疗中的重要作用,如果没有质量好、计量精准的中药作为保障,即使医生开的方子再精妙也难以奏效。这次实践活动帮助学生懂得了做事要有严谨求真的科学精神。

(二)采用正确的教学策略

为了达到良好的活动效果,活动中我们运用以学生为中心的教学策略,例如发现教学、合作学习、情境教学。

1. 发现教学

在组织学生聆听"矿物也是药"的讲座时,孩子们对这个题目非常感兴趣,于是我们从学生们好问的心理出发,把活动过程划分为一个个的发现过程,制订出具体要求。孩子们在专家的引导下,依靠活动提供的专业材料及实物,自行发现和解决问题。整个学习过程就是一个"自我发现"的过程。最终,学生在好奇心的驱使下,了解到某些矿物中含有中药成分,并自主发现且区分了这些矿物中的药物成分哪些对人体有益、哪些有害。在自主探究的学习中,他们有了新的发现。

2. 合作学习

合作学习可以改变教师主导、学生处于被动地位的局面,从而激发学生的主动性和创造性。在"保护五官,从我做起"活动中,学生们分成6个小组,每组6人,以合作和互助的方式共同完成小组的学习目标——"准确地找寻穴位"。分工时善于组织的为组长,善于画图的为穴位记录员,善于动手的为五官穴位找寻员(2人),善于文字的为总结员,善于展示的为展示员。学生们相互帮助、鼓励,每一名成员都最大限度地感受到被其他成员所接纳的愉悦,在完成任务的过程中更为积极,能力水平也提高得更快。

3. 情境教学

形象、具体、生动的场景能够引发小学生好奇、好动、好问,这是他们的年龄特点和心理特征。我们选择鲜明而富有典型意义的场景,将学生迅速带入具体的情境中获得真切的情感体验。例如,我们带领学生们走进古香古色的中医药博物馆,以典型的场景引发学生对中医药的态度体验,从而帮助其了解中医药文化。博物馆内古色古香的陈设、琳琅满目的展品,加上浓浓的药香,使学生们很快进入了中医药文化的氛围,再辅以专家故事的引领,医学史的发展脉络鲜明地展现在学生的眼前。这种情景式的带入使孩子们的学习充满了乐趣。孩子们主动积极地参与活动,顺利实现了活动目标。

(三)使用多元的检测方式

我们运用多元检测方法,对学生进行激励性评价。过程性评价与结果性评价相辅相成,观察、检测学生参与的效果是否达成活动目标。检测的方法视具体活动而定,有的采用赏、做、说、展等方式,有的采用讨论、表演、交流、学习单、反馈、观察、访谈等方式,了解学生认识、探索、制作、展示、沟通合作及情感升华的情况。

四、成绩与效果

"品百草药香 承杏林文化"中医药系列活动开展的一段时间以来，覆盖了东城区十来所学校，上万学生感受到了中医的魅力，活动得到了领导、教师、学生及家长的一致好评。

1. 学生双收获

（1）收获一，传承中医药文化。学生们在活动后表示，深切感受到了中医药文化的魅力，认识到中医药是中华传统文化的瑰宝，作为中华文化的传承人，有责任传承中医药文化，并将其发扬光大，使中医药更好地为人类服务。不少孩子希望通过自己的努力学习，将来能够从事中医药事业，用中医药知识造福全人类。

（2）收获二，宝贵的人生体验。孩子们表示，活动过程既是知识与技能的提升，也是宝贵的人生经历，多次活动体验后能够清晰地感受到自信与成长的力量。学生们通过参与活动课程，提升了多方面的能力及人文素养，培养了严谨的科学态度和精益求精的精神，提升了他们与伙伴合作的能力……这些收获，为孩子们今后的个性发展搭设了更好的平台。

2. 教师三发展

（1）发展一，教学相长。随着活动的开展，我们的教师逐渐增长了对中医药文化的理解和认识，更加深了对中华文化的敬佩之情。我们教师要和学生一起学习成长，要向"生活"学习，"生活"才是我们真正的老师，真正实现教学相长。

（2）发展二，校内校外融合。校外、校内教师精诚合作，实现校内校外的融合。崇文科技馆老师与学校校长、德育主任、年级组长、班主任多次研讨，寻找与学校活动及课程的结合点，探讨如何将活动纵深发展。校外教师在活动组织和把握上具有指导性和创新性，校内的教师助力活动的广度和深度，二者实施互动、优势互补，提高系列活动的实效性。

（3）发展三，教师形成梯队。我们的核心项目组不仅有经验丰富的教师，还吸收了校内的年轻教师、崇文科技馆的两位新入职教师，他们参与活动的策划、组织、实施，大家携手努力，共同为孩子们的成长服务，实现了项目组教师的梯队培养。

3. 参与机构发展

在崇文科技馆开展的弘扬中华传统文化活动中，项目组一直是主力，发挥着重要的作用。我们积极参加机构开展的相关教育教学活动，例如在"六一"创客嘉年华活动中，作为创客节的活动项目之一，我们团队策划的"药食同源——制作八珍糕"的活动成功开展，效果很好。

4. 社会效应好

（1）第一，为学校服务。项目组对学校开展的中医药科普活动给予关注与指导，一方面提供专家指导，另一方面送活动入校园。传统节日清明节与端午节时，我们应学校要求组织相关中医药科普活动，应时应景，丰富学生的课外生活。目前，中医药科普活动已经在一些小学落地生根，形成了具有一定规模的主题活动。同时，更多学校也给予了关注，今后我们的中医药科普活动范围会越来越大。

（2）第二，为社会服务。我们通过各种渠道和方式宣传中医文化，在组织的各种活动中，尽可能地提供家长参与的机会。随着活动的深入，孩子们对中医药课程的兴趣越发浓厚，各方面能力均有提高；家长真真切切地感受到了孩子们的成长，感到由衷的欣慰。在参与了实践课程后，孩子将讲座中学到的中医保健知识带入家中，有更多的孩子可以在日常生活中准确辨识一些常见中草药，家长肯定地说："这是文化课程无法达到的效果。"学生与家长携手，在家庭中建立良好的中医药文化环境，共同养成良好的生活习惯。

我们还开展了社会服务，成功培养了一批小讲解员。文汇小学的小讲解员在中医药博物馆以北京市第一批儿童志愿者的身份，向前来参观的人们宣讲中医药博物馆馆藏，将所学的知识服务于社会，他们虽显稚嫩但自然大方的表现得到了参观者的高度赞扬。

未来，我们计划继续扩大活动的规模以及覆盖面，丰富活动类型，切实提高活动质量，增强趣味性，迎合学生的需求，争取更多学生的参与，力争打造校外中医药科普教育品牌，让中医药项目成为广受学生喜爱、广受家长好评的优质活动项目。

——王悦、朱庆真、康玮、王佳、张一夫

第三节 活动方案分享

方案 1-1　我讲你听，手拉手共承杏林文化

活动依据

1. 指导思想

落实《东城区青少年"文化·传承 2030"工程实施意见》：中医药传统文化是我国医学发展的精髓，依托活动基地资源，在丰富多彩的综合实践中传播中医药文化，普及相关知识，研习中医药文化，培养对祖国传统医药的认同感和自豪感，树立健康生活理念。

2. 活动背景

中医中药是中华民族文化的瑰宝，不仅为中华文明的发展做出了重要贡献，而且对世界文明的进步产生了重要影响。

围绕北京市"三个一"项目建设，以传承中国传统文化、弘扬中医药文明、培育学生核心素养为宗旨，加强优秀传统文化的浸润，给孩子们提供更优质的活动。

3. 学情分析

本次活动参加人员为文汇小学 3 年级 40 人，5 年级 10 人。

3 年级 40 名学生在 4 月刚刚听了中医药博物馆卢馆长带来的"中医话清明"讲座，对中医药文化产生了浓厚的兴趣。

5 年级学生曾经作为"参观者"参观过北京中医药博物馆，而这次活动中他们将以"讲解员"的身份再次走进博物馆。而且，5 年级招募的 10 名学生非常愿意参与社会群体活动，乐于表现自我。

活动目标

（1）"手拉手"共同参观中医药博物馆展厅，了解中医药基本知识，初步了解中医药的发展历史与成就。

（2）结合"我讲你听"的方式，交流分享中医药文化，锻炼沟通交往能力。现场体验制作香囊，锻炼动手能力，收获活动成果。

（3）主动参与互动体验活动，合作学习中建立团结友好、互助互爱的合作态度，积极交流学习成果，提高参与探究中医药文化的兴趣。

（4）明确学生是活动的主人，是活动最主要的参与者。让学生体验参与活动的快乐，培养学生的主体意识。

活动时间与地点

活动时间：4小时。

活动地点：北京中医药大学的中医药博物馆，又称北京中医药博物馆，创建于1990年。中医药博物馆主要展出内容分为中药综合和中国医学史两部分。中药综合展厅里，从药用植物的标本到中药饮片，从药材实物到丸散成药，汇聚着中药的精华。漫步在中国医学史的展厅里，会感悟到中国医药的恢宏和深邃，历代名医塑像则切切实实象征了中医药的传承和发展。

活动对象及规模

学生50人，教师7人。

活动内容与形式

（1）北京中医药博物馆卢馆长为小讲解员佩戴"杏林小讲解员"绶带。

（2）"我讲你听"手拉手参观中国医学史展厅。

（3）"我讲你听"手拉手参观中药综合展厅。

（4）共同制作防蚊虫的香囊。

（5）中医药博物馆卢馆长为小讲解员颁发北京中医药博物馆"小小讲解员"聘书。

活动准备

（1）策划活动内容，制订活动方案。
（2）制订活动安全预案，落实活动及安全工作。
（3）前往北京中医药博物馆商讨活动内容。
（4）与5年级组和3年级组学生分别商讨活动，研究细化活动内容。
（5）为3年级学生介绍场馆资源，提出任务。
（6）在5年级召开主题班会"杏林文化我来讲 我是小小讲解员"，招募小讲解员。
（7）培训小讲解员，校内2次，赴北京中医药博物馆实地演练1次。
（8）布置活动环境，安排活动项目。
（9）设计并制作活动用学习单、评价表、招募书、绶带等。
（10）落实活动当天车辆。

 ## 活动过程

活动环节	教师活动	学生活动	设计意图
活动准备	引导学生进入活动环境	—	—
活动开始	（1）引领学生融入活动氛围。 （2）介绍活动内容，分配活动任务。 （3）卢馆长为小讲解员佩戴"杏林小讲解员"绶带	【小讲解员】 领取任务：准确生动讲解展厅展品。 【小参观者】 领取任务： （1）跟随讲解参观，并填写学习单。 （2）贴星评价小讲解员。 （3）小参观者们为小讲解员们鼓掌加油	明确活动内容和任务，激发学生参与活动的兴趣，营造友好和谐的气氛
参观中国医学史展厅	（1）组织引导学生参观中国医学史展厅。 （2）帮助学生梳理传统中医药的历史进程，认识发展进程，深入体会中医的贡献	【小讲解员】 （1）讲解砭石； （2）讲解甲骨文与中医药； （3）讲解张仲景； （4）讲解针灸铜人； （5）讲解陈李济老药店。 【小参观者】 （1）参观，并填写学习单。 （2）贴星评价小讲解员。 （3）初步了解中医的发展历史与成就	小讲解员与小参观者互动交流，了解中医药的发展历史，感受传统中医药文化的深邃魅力

续表

活动环节	教师活动	学生活动	设计意图
参观中药综合展厅	（1）组织引导学生参观中药综合展厅。 （2）帮助学生了解中药的基本知识	【小讲解员】 （1）讲解五灵脂； （2）讲解牛黄、马宝； （3）讲解雌黄与雄黄； （4）讲解三七； （5）讲解冬虫夏草。 【小参观者】 （1）参观，并填写学习单。 （2）贴星评价小讲解员。 （3）认知中药	突显学生的主体地位，通过小讲解员和小参观者的互动，认知中药，了解中药中的趣味知识。 加深相互了解和共同体验的快乐
巧手做香囊	（1）引导学生了解香囊配方和药效。 （2）教师分发中药药材和香包	（1）学习配方药材与功效。 （2）自己动手，体验制作中药防蚊虫香囊	学生们既动手又动脑，收获劳动成果
活动总结	（1）卢馆长为小讲解员颁发北京中医药博物馆"小小讲解员"聘书 （2）学校领导总结活动。 （3）教师致结束语	（1）小讲解员领取聘书、发表感言。 （2）小参观者们为小讲解员们鼓掌祝贺。 （3）倾听教师讲话并思考	强化活动效果。 从参与活动的自信升华至文化自信，激发热爱祖国传统中医药文化的情感

活动效果测评

1. 活动过程中

（1）各环节中观察全体学生活动积极性和活动效果。

（2）小讲解员能否自信地、生动地讲解。

（3）小参观者填写学习单，并对小讲解员做出评价。

（4）小讲解员和小参观者是否有交流互动。

（5）中医药博物馆卢馆长和金牌讲师潘老师陪伴全程活动，并对小讲解员贴星评价。

（6）学校随行领导和老师对小讲解员贴星评价，观察小参观者的学习效果。

（7）展示活动成果——香囊。

2. 活动结束后

（1）访谈小参观者的学习感受。

（2）与小讲解员交流收获和成长。

（3）与学校领导座谈，总结本次活动成果，计划今后的系列活动。
（4）与中医药博物馆卢馆长和讲解员潘老师讨论活动效果。
（5）向学生家长在微信群反馈活动。

——王悦

识艾叶、品艾叶、用艾叶——中药艾叶香囊制作

方案 1-2

活动依据

1. 国家政策

党的十八大以来，中医药发展成为国家战略，提倡坚持中西医并重，传承发展中医药事业。

2. 核心素养和劳动教育

在《中国学生发展核心素养》中，明确提出要培养学生自主发展健康生活理念。在抗击新冠病毒肺炎疫情中，中药具有独特优势并发挥了重要作用，其中艾叶起到了一定的预防作用。

本次活动中，通过实地考察艾草种植园，学生可以直观地观察到中草药种植方式和生长状态；通过尝试亲手采摘艾叶，学生可以体会中草药种植的辛苦；通过手工制作艾叶制品，学生可以初步体验劳动的价值，养成热爱劳动的好习惯。

3. 学情分析

本次活动参与者为 4 年级学生 20 人。4 年级学生具有一定的动手能力，能使用针线进行简单的缝纫。作为本次活动的前期准备，学生先参与线上讲座"古诗文中的艾叶""端午节和艾叶香囊"，通过课本中的端午节小故事和古诗文初步了解艾叶的性状。激发学生渴望进一步去了解艾草。本次实践活动为学生们营造一个新的学习体验环境，使学生能够身临其境地学习中医药知识。

活动目标

（1）学生在中草药种植地能实地观察到生长状态的艾草的特性，并能用语言总结归纳出来，锻炼头脑思辨和语言表达能力。

（2）学生在缝制艾叶香囊的过程中，能初步掌握运用针线缝制香囊的技巧，锻炼动手操作能力，体验劳动的价值。

（3）通过实践活动培养学生对中医药文化的兴趣，激发学生继承中华优秀传统文化的意愿。

（4）在实践活动中让学生初步体验劳动的价值，收获劳动成果，培养学生热爱劳动的好习惯。

活动时间与地点

活动时间：8 小时。

活动地点：北京教学植物园。北京教学植物园是全国唯——所专门为中小学相关学科教学实习、科普及环境教育提供服务的教育教学单位，是"北京市科普教育基地"。其中常年种植的中草药植物有艾草、枸橘、板蓝根、何首乌、虎杖、羊蹄、黄精、玉竹、铃兰、丹参、益母草、薄荷等。

活动对象及规模

小学 4 年级学生 20 人，教师 8 人。

活动内容与形式

（1）学生聆听专家讲解，从植物学的角度考察中草药种植地，并以小组交流的形式，重点探究具有芳香气味的中草药植物——艾草的特性，完成学习任务单。

（2）学生回顾课本《道德与法治》中的端午节小故事，并品读线上讲座中学到的关于艾叶的古诗文，从课本中了解艾草的特性。

（3）学生制作可以随身佩戴的项链式、手链式的艾叶中药香囊。

活动重点和难点

活动重点：认识艾草的特性和艾叶的中药功效。

活动难点：制作艾叶中药香囊过程中针线的使用。

活动准备

（1）制订活动方案和活动安全预案。
（2）分别前往北京教学植物园、学校商讨确定活动内容。
（3）开展"古诗文中的艾叶""端午节和艾叶香囊"两次线上科普活动，作为本次活动的前期准备。
（4）准备活动所需材料，设计并制作活动用学习任务单。
（5）前往北京教学植物园提前布置活动环境，准备防疫用品，安排活动项目。

 ## 活动过程

活动环节	教师活动	学生活动	设计意图
活动准备	（1）学生在家长带领下，前往北京教学植物园。 （2）教师携带活动材料，在北京教学植物园门口清点人数，测体温		引导学生进入活动环境
活动开始	教师引领学生来到药用植物园，介绍活动内容，分发学习任务单。每3位学生自由组合为一组	学生领取学习任务单，分小组进行活动	明确学生本节课任务，并提出具体学习要求
考察药用植物园	（1）教师组织引导学生考察药用植物园。 （2）教师帮助学生了解药用植物园中的中草药植物	学生在教师的带领下考察药用植物园，认识园中种植的中草药植物	（1）激发学生学习中医药知识的兴趣。 （2）锻炼学生记忆力，加强学生思维的全面性与逻辑性
考察药用植物艾草	教师引导学生来到艾草种植区，讲解艾叶的中医药知识	学生完成学习任务单，小组合作探究	促进学生小组合作交流，调动学生学习积极性
室内中药香囊讲座	教师由小学4年级教材《道德与法治》中"风俗阅读角：端午节"入手，引导学生了解中药香囊的历史、艾叶香囊的药效。回顾前两次活动内容，品读关于艾叶的古诗句	（1）学生聆听教师讲解，了解中药香囊的历史、艾叶香囊的药效。 （2）品读关于艾叶的古诗句。 （3）学生通过"鼻闻"，即直接鼻嗅法和揉搓鼻嗅法，"手摸"，即手摸法和手捏法，"眼看"，即直接观察法，探究干艾叶的性状	（1）激发学生对中医药知识和古诗文的兴趣。 （2）引导学生了解鉴别中草药的方法

续表

活动环节	教师活动	学生活动	设计意图
制作艾叶中药香囊	（1）教师分发香囊制作材料，包括干艾叶、彩色布、彩绳、装饰珠子、针线等。 （2）教师讲解香囊制作步骤	学生制作艾叶中药香囊	培养学生动手实践能力，培养劳动意识
交流与感恩	在老师指导下，学生制作感恩贺卡，并将制作好的艾叶香囊送给陪同到现场的家长，或回家后送给家长，感谢他们对自己的抚养和教育	学生制作感恩贺卡，与制作好的艾叶香囊一起送给家长	促进亲子互动，进一步和谐亲子关系，引导孩子们学会分享，懂得感恩，让他们从小就拥有一颗感恩的心
活动总结	（1）组织学生整理教室桌面保持环境卫生。 （2）总结活动目标实现情况，分析活动中出现的问题，点评学生表现。 （3）组织参与活动的全体老师、学生和家长进行合影	（1）学生整理桌面环境卫生，归还针线剪刀等工具。 （2）学生填写活动评价表、交流活动感言	（1）培养学生良好的整理卫生习惯、表达能力和倾听习惯。 （2）培养学生传承中国传统中医药文化的意识，引发学生对后续课程的兴趣
活动结束	家长带领学生回家		安全返家

活动效果测评

1. 活动过程中

（1）教师在各环节中观察学生活动积极性和活动效果。

（2）学生填写学习任务单，即时检测活动参与效果。

（3）学生展示活动成果——艾叶香囊项链和艾叶香囊手链。

2. 活动结束后

（1）学生填写活动效果评价表。

（2）教师对班主任和家长进行回访。

——王佳

方案 1-3　花开课外校外　厚植家国情怀

活动依据

1. 教育理念

深入贯彻坚持以美育人、以文化人，提高学生审美和人文素养的精神，在课外校外教育教学中着重体现全员育人、全过程育人、全方位育人，着力培养青少年认知、创新、合作的综合能力和德智体美劳全面发展的综合素质，设计此次成果展示活动。

2. 学情分析

校外教育教学活动常以小组教学或者社团活动形式进行，教学成果展示既是对教育教学效果的检验，也是给广大青少年学生搭建展示与交流的平台，可以更好地展示素质教育成果，将课外校外教育教学成果进行有机的结合与展现，以此进行活动的设计与实施。

活动目标

1. 知识与能力

（1）学生能够更好地掌握和展示所学专业知识，强化校外教育教学知识点，提高专业素养和技术水平；

（2）学生通过演奏等舞台表演方式，能够增强自信心、提高合作能力及团队协作能力，培养大局意识和全局观。

2. 过程与方法

（1）学生能够通过舞台完整地进行展示；

（2）学生能够运用自主学习、合作学习的方式享受快乐学习、健康成长的过程。

3. 情感与价值观

（1）学生能够通过展示提高学习兴趣、提升凝聚力；

（2）学生通过参演和观演，能够发现美、感知美、欣赏美、表现美；

（3）在中国共产党建党100周年之际，学生通过爱国、爱党主题展示，能够弘扬爱国主义精神，热爱中国共产党，增强归属感与民族自豪感。

 活动时间与地点

活动时间：1.5小时。
活动地点：东城区少年宫剧场。

 活动对象及规模

师生共200人。

 活动内容与形式

通过舞蹈、合唱、器乐、诵读、京剧、科技表演等内容，进行综艺类成果展示。

 活动重点和难点

活动重点：学生在展示活动中能够提高知识素养，增强自信心，欣赏美、表现美，"社会责任"和"审美情趣"核心素养得以进一步培养与提升，综合能力、人文素养和全局意识得到培养。

活动难点：学生在活动准备与实施过程中团结协作、互帮互助、克服困难，完整地呈现舞台演出。

 活动准备

（1）活动策划。确定导演工作组，策划筹备活动，完成活动方案，联系参演师生，召开活动推进会，确定活动形式。

（2）活动排练。制订排练推进表，通知参演师生进行分练、合练、彩排。

（3）活动场地。了解活动场地，根据彩排调试灯光音响等设备设施，布置剧场。

（4）活动通知。面向参演、观演师生分别发布活动通知，收取回执，邀请嘉

第一章 德育实践

宾参与活动，根据防疫要求制作现场座位图。

（5）活动预案。完成活动安全预案，做好安全教育工作。

（6）活动分工。确定人员分工，召开工作人员会。

（7）活动宣传。撰写新闻稿，邀请媒体，做好活动宣传工作。

活动过程

活动环节	内容安排	设计意图
第一环节 明确目的	（1）开场前准备。 参演师生：完成准备工作，等待登场。 观演学生：领取国旗、中国共产党党旗，入场完毕	引导参演学生认真对待活动的每一环节，珍惜登台机会；激发观演学生对活动内容、形式的兴趣；增强学生对祖国的热爱之情和对民族的归属感
	（2）播放"防疫须知""观演须知"，提出活动要求，规划场地应急路线。 师生：认真观看，提升安全意识，遵守活动要求，培养良好的日常行为习惯	注重学生的行为养成教育，体现活动全过程育人，提升学生遵守规则的意识，培养学生应对突发事件的能力
	（3）东城校外教育短片。 师生：认真观看，了解东城校外乐园的发展足迹与精彩瞬间	引导学生进入活动，通过视频短片让师生对活动有初步的了解，通过视频方式体现校外教育育人情怀，师生共同为中国共产党建党100周年献礼致敬，厚植家国情怀
第二环节 活动引入	（1）【开篇】主持人引入。 （2）【序幕】阳光艺术团表演参演学生：认真演出。 观演师生：认真观看	参演学生能够运用社团相关知识，观演学生初步了解社团的组成，对校外教育教学形成认识，学会团结合作，互相配合
第三环节 进入篇章	（1）【我爱我的家】篇章。 主持人：介绍篇章。 参演学生：表演西乐、舞蹈等节目。 观演师生：认真观看	学生学会专业知识，能够健康快乐地成长，懂得欣赏美的事物，增强对于校外成长家园的热爱之情
	（2）【我爱我的国】篇章。 主持人：介绍篇章。 参演学生：表演书法、京剧等中华民族传统节目，融入科技元素。 观演师生：认真观看	学生能够懂得坚持不懈、持之以恒，收获精彩演出，传播弘扬中华优秀传统文化。借由本次活动表达对祖国的热爱之情，厚植爱国主义情怀，进行爱国主义教育

续表

活动环节	内容安排	设计意图
第三环节 进入篇章	（3）【我爱中国共产党】篇章。 主持人：介绍篇章。 结合中国共产党建党100周年主题，通过视频短片与舞台表演相结合的形式，认真完成演出。 参演学生：认真演出。 观演师生：认真观看	学生通过展现专业知识，体现课外、校外丰富多彩的活动。重温中国共产党的光辉岁月，不负新时代的光荣使命，学生珍惜美好时代，朝着梦想不断努力，为成为德智体美劳全面发展的社会主义建设者和接班人做出新的更大贡献
第四环节 总结活动	（1）【结束语】主持人收尾。 （2）组织全体参演师生代表及观演代表合影留念	总结本次活动，展望在新时代继续启航的校外教育。 学生珍惜、共享辛勤付出所收获的素质教育成果。

活动效果测评

（1）通过线下交流，以小组及社团为单位，组织收集参演学生对于此次活动准备和演出过程中的体会与收获，以检测活动效果。

（2）通过调研，了解参与学生家长对于孩子参加活动的成长、收获等各类反馈。

（3）通过问卷、访谈形式，了解中小学、校外教育机构参与师生对于课外校外教育的感想感受，以及对素质教育成果展示活动的体会与希望，为课外校外教育有机结合、校外教育更好地发挥职能起到一定思考作用。

——王雨涵

方案 1-4 **实验室中与百草对话——品藿香**

活动依据

1. 指导思想

（1）坚持中西医并重，传承发展中医药事业。

（2）落实《东城区青少年"文化·传承2030"工程实施意见》：中医药传统文化是我国医学发展的精髓，依托活动基地资源，在丰富多彩的综合实践中传播中医药文化，普及相关知识，研习中医药文化，培养对祖国传统医药的认同感和自豪感，树立健康生活理念。

2. 活动背景

围绕北京市"三个一项目"建设，"知杏林·品百草"中医药科普教育活动，以传承中国传统文化，培育学生核心素养为宗旨，立足于给孩子们提供更优质的活动。本次活动旨在带领同学们在北京中医药大学的实验室中参观学习，深刻认识古老的中医焕发的新的生命力。

3. 学情分析

本次活动参与人员为8年级学生50人。参与活动的学生们从5年级就开始融入我们的活动。学生们曾一起走进同仁堂、北京中医药博物馆、中医医院，还曾一起种植中药、绘画草药……可以说，他们对中医药文化有着浓厚的兴趣和一定的认知。考虑孩子们的学习需求和成长需要，我们设计了走进中医药实验室系列活动，以科学的视角研究中医药。

4. 活动理念

（1）培养学生主体意识——学生是活动的主人。以活动为载体，以学生为中心、教师为主导。学生充分发挥主观能动性，"独立、主动和创造性"地参与到活动之中。

（2）重视体验教育——着眼于学生的全面成长，促进学生认知、情感、态度与技能等方面的和谐发展。组织丰富多彩的中医药系列活动，学生们在实践中认知，在学习中体验，在体验中成长。

（3）强化实践探究——以实验室系列活动为核心的学习方式，促进学生自主学习、合作探究的能力。

活动目标

1. 知识与技能目标

（1）掌握药用植物的采集方法，本草园中自主寻找、采集藿香，认知藿香外观及生理特性，了解其药效。

（2）实验室显微镜下观察藿香的植物细胞基本构造，以科学的视角研究藿香的内部结构和药理作用。

（3）制作藿香标本，掌握药用植物标本的制作及保存方法。

2. 过程与方法目标

（1）在已有认知基础上观察并寻找藿香，提高学生自主探究能力。

（2）在显微镜下深入认识藿香的植物属性，提高学生科学研究能力。

（3）在制作中药标本过程中提高学生动手能力。

（4）通过小组学习提高学生沟通与合作能力。

3. 情感、态度、价值观目标

（1）VR体验野外采药过程，了解古人采药的全过程，感受不畏艰难、治病救人的"医者仁心"。

（2）交流分享中药藿香的药用功能，合作学习中理解中医药在中华民族几千年繁衍生息中起到的巨大作用，提升文化自信。

（3）在科学实验中培养严谨求实的科学精神，提高实验室研究的兴趣。

 活动时间与地点

活动时间：6小时。

活动地点：北京中医药大学。北京中医药大学是以中医药学科为特色的全国重点大学，我们置身其中，在独特的药香中感受浓厚的文化氛围。中药学院拥有北京市级重点实验室，同学们在实验室中目睹科研工作者的日常，切身体会严谨的科研过程。有趣的实验活动更能吸引学生体验，他们在实验研究过程中，掌握科学的观察、实验方法，提高思维、分析、探究和解决问题能力。

 活动对象及规模

学生50人，教师8人。

 活动内容和形式

（1）VR体验野外采药过程。

（2）本草园中寻找并采集藿香。

（3）显微镜下解剖观察藿香内部结构。

（4）实验室中制作藿香植物标本。

活动重点和难点

活动重点：自主寻找采集藿香，制作药用植物标本。
活动难点：实验室显微镜下深度探究藿香药用结构。

活动准备

（1）策划活动内容，制订活动方案。
（2）制订活动安全预案，落实活动及安全工作。
（3）了解学生知识层次和实践能力，研究细化活动内容。
（4）前往北京中医药大学商讨活动内容，落实活动环节及安全工作。
（5）设计并制作"初识藿香"学习单。
（6）召开班会，介绍活动，提出任务，将"初识藿香"学习单发给同学们。对学生进行外出及实验室安全教育。
（7）设计"品藿香"实验报告。
（8）统一购买实验室专用白工作服及手套。
（9）前往北京中医药大学布置活动环境，再次落实活动细节。
（10）落实活动当天车辆。

活动过程

活动环节	教师活动	学生活动	设计意图
活动开始	（1）引领学生融入活动氛围	（1）走进北京中医药大学	引导学生进入活动环境，感受大学研究氛围。明确活动内容和任务，激发学生参与活动的兴趣
	（2）介绍活动内容，分配活动任务	（2）思考学习任务	
VR体验野外采药过程	（1）引领学生走进中药DIY鉴别体验中心	（1）参观中药DIY鉴别体验中心	感受中药科学研究氛围。体验古人采药的全过程，感受不畏艰险、治病救人的"医者仁心"
	（2）引领学生们体验"寻找—观察—挖掘"全过程	（2）通过VR虚拟仿真野外采药，体验从翻山越岭寻找中药，到观察药用植物，再到挖掘药材的辛苦	

续表

活动环节	教师活动	学生活动	设计意图
本草园中寻采藿香	（1）引领学生走进药用植物本草园	（1）参观药用植物本草园	通过交流分享"初识藿香"学习单，补充完善对藿香外观及生理特性肉眼可见的认知，进而自主寻找到藿香。 突显学生自主学习的主体地位。 通过实践，学习并掌握药用植物采集方法。 充分认识藿香等传统中医药抗击疫病过程中的贡献
	（2）帮助学生从已有的认知中梳理藿香在传统中医药抗疫过程中的贡献	（2）根据"初识藿香"学习单，通过之前自主学习后的认知，寻找到藿香，了解药效，认识其从古至今在防疫去病过程中的贡献	
	（3）专家指导采集样本方法	（3）学习药用植物采集方法	
	（4）引领、巡视、指导	（4）亲手采集药用植物样本——藿香	
显微镜下观察藿香	（1）引导学生正确使用显微镜	（1）正确使用显微镜	深层认知中药藿香，研究其生物属性，了解其显微结构，从科学的视角深入研究藿香的内部结构和药理作用。 小组合作学习，强化学生实践探究式学习方法，提高自主学习、合作探究的能力
	（2）分组	（2）2人一组，合作学习	
	（3）引导学生观察研究药用植物——藿香	（3）在显微镜下观察藿香的内部结构，观察花、茎、叶、根等不同部位的显微结构，了解植物细胞的基本构造和药理作用	
	（4）专家指导用科学的记录方法，整理、归纳所学知识	（4）填写实验报告	
制作药用植物标本——藿香	引导、巡视	体验制作药用植物标本。 （1）取出采集的藿香（植株、叶片）。 （2）整形换纸。 （3）固定标本。 （4）贴签。 （5）加盖衬纸	制作药用植物标本，保存植物的性状，以便日后的重新观察与研究。 学生们在实践中认知，在学习中体验
活动总结	（1）巡视与指导	（1）以小组为单位，整理学习单和实验报告	承前启后，提升活动效果。为学生下一步自主探究做好准备。 提升参与活动的自信和实验室研究的兴趣
	（2）专家点评与教师总结	（2）学生分享研究成果	
	（3）布置延伸作业，提升学习效果——请同学们回顾在今天的活动中解决了什么问题。思考又产生了哪些新的问题，便于下一阶段的研究	（3）梳理问题，提出质疑	

活动效果测评

1. 活动过程中

（1）各环节中观察学生活动积极性和活动效果。

（2）VR体验过程中学生能否体会到野外采药的不易和医者不畏艰难、治病救人的高尚品格。

（3）"初识藿香"学习单完成情况，学生能否通过已有认知自主寻找采集到藿香。

（4）学生能否在显微镜下观察到藿香的内部结构，了解其药理作用，并准确填写"品藿香"实验报告。

（5）学生能否认识到藿香在传统中医药抗疫过程中的贡献。

（6）制作药用植物标本，分享成果。

（7）小组交流、分享、合作是否顺利。

2. 活动结束后

（1）以班会的形式，分享活动成果，并梳理新的问题。

（2）与学校领导及教师座谈，总结本次活动成果，计划今后系列活动的内容。

（3）与中医药大学专家讨论本次活动效果，研讨下次活动内容。

——王悦

古诗词中的百草药香——莲蓬与莲子

活动依据

"古诗词中的百草药香"课程，为市级"三个一"优质项目。我们坚持把"活动育人"作为提升质量、促进青少年全面成长的举措。通过进校园开展"百草药香系列课程"及科普活动，促进校外教育的"创新转型，融合发展"。

崇文科技馆的中医药活动注入了科技知识的内涵，从中药命名、产地、性味归经、炮制等方面挖掘科技点进行科普教育。将中医药文化与科学知识融入学生生活，将中医药文化与科学、艺术、语文、数学多学科融合，采取学生乐于接受的方式，培养其核心素养，实现中华文化的传承。"莲蓬与莲子"为"百草药香系列课程"12节之一，以莲花、莲蓬、莲子中涉及的可挖掘的中医药文化因素为载体，对学生进行中医药科普课程的教育。

本课程学员为文汇小学5年级、6年级学生30人。中医药活动已在该校开展几年，形成一定规模的系列活动与课程，学生兴趣浓厚，有一定的中医药知识基础。前期调查表明，大部分学生对莲蓬、莲子有一定认知，希望深入学习相关中医药知识，积累诗词文化，但个别学生对古诗词的阅读兴趣不大。

活动目标

1. 知识与技能目标

（1）观察研究莲蓬及莲子的构成，了解莲房、莲子、莲心的药理作用，增进对于莲花特点的了解。

（2）知道莲蓬、莲子及根茎均可入药或食用。记录制作莲子汤等的饮食方法，认知古人的养生智慧。

2. 过程与方法目标

（1）观察莲蓬及莲子的结构，填写学习单，提高观察能力、探究能力。

（2）在剥莲子、制作莲蓬杯垫、相关饮食活动中培养动手实践能力，培养劳动意识。

（3）过程中学会记笔记，在小组合作中提高认真倾听、主动沟通表达能力。

3. 情感、态度、价值观目标

（1）增强对祖国优秀文化及传统医药的认同感和自豪感，树立健康生活理念。

（2）享受交流、动手实践的乐趣，提高审美情趣，体验科学严谨的态度与合作精神。

（3）增强变废为宝、垃圾分类的意识，树立正确的劳动观点和劳动态度。

活动时间与地点

活动时间：9月，时长1.5小时。

活动地点：文汇小学。

活动对象及规模

高年级学生，30人。

活动内容与形式

（1）同忆莲花、悟文化。引导学生对于"莲花出淤泥而不染"品质的了解。

（2）认识植物、析药香。交流莲蓬、莲子、莲心均可入药或作药膳用于健康身体的知识。

（3）变废为宝、学动手。联系生活，动手制作莲蓬杯垫，体验变废为宝。

（4）学做药食、思收获。学习相关饮食制作方法，树立健康生活理念及劳动观念。

活动重点和难点

活动重点：探究学习莲的植物属性，了解莲房、莲子的结构及药理药效。

活动难点：了解莲子内部结构。

活动准备

（1）设计制作PPT、学习任务单。

（2）购买莲蓬（30个），一次性手套、食品袋、剪刀若干。

活动过程

活动环节	教师活动	学生活动	设计意图
同忆荷花、悟文化（10分钟）	（1）引导学生观察，并回忆所学诗句，让学生说说对莲花的认识。（2）演示准备好的课件，让学生观看图片与学习诗句。	（1）参加交流： ① 描述莲花特征。 ② 回忆对应的诗句或话语，表达对莲花的喜爱。如：出淤泥而不染；亭亭玉立……	（1）师生同忆莲花特质，共同感悟中国文化，引导学生对于莲花高洁品质的了解。

续表

活动环节	教师活动	学生活动	设计意图
同忆荷花、悟文化（10分钟）	（3）请学生回答：莲花浑身是宝，你了解哪些？ （4）引出活动主题，明确任务： 　　了解莲蓬、莲子的外形及结构，莲房、莲心的药理药效，制作"莲蓬杯垫"等	（2）谈认识，如：荷叶做粥，莲子可吃、做莲子羹，莲藕…… （3）明确任务。 （4）填写学习单，写出描写莲花的诗句。重温关于莲蓬的词，如《清平乐·村居》	（2）在讨论中初步感知莲花浑身是宝，可观可药用的情况。 （3）初步了解中国人民将莲花、莲子用于健康生活的智慧，增进对其探究的意识
认识莲子、析药香（55分钟）	（1）指导学生认识"莲"。 ① 各部名称及功能。 荷花—— 荷叶—— 荷梗—— 莲须—— 莲蓬—— 莲子—— 莲子心—— 藕—— ② 莲的全身是宝，介绍其药用价值。 （2）引导学生认识莲蓬。 ① 介绍相关知识。 ② 发莲蓬，指导学生观察莲子、剥莲子。 ③ 指导学生记笔记。 （3）指导学生认识"莲子"。 ① 指导学生观察莲子外形，纵向将莲子分为两半，结合课件讲解莲子内部结构。 ② 指导小组合作学习。 ③ 指导学生填写学习单、记笔记。 （4）引导学生分享交流，请学生提出不懂的问题并小结	（1）学习"莲"的相关知识。 ① 结合PPT的文字与图片，找出各部位及名称。 ② 说说自己了解到的莲的药用价值。 ③ 记笔记。 （2）学习"莲蓬"。 ① 根据课件，认识莲蓬的相关知识。 ② 观察莲蓬，辨别莲房、莲子。 ③ 自己动手剥出莲子（保证莲房相对完整，为之后制作莲蓬杯垫做准备，留出两粒备用，余者放入食品袋（为家庭作业使用）。 ④ 记笔记。 （3）学习"莲子结构与药效"。两人一组，合作学习，研究交流。 ① 取一粒莲子观察莲子外形，将莲子分为两半观察内部结构，结合课件记笔记，完成学习单。 ② 戴上一次性手套，取另一粒莲子掰开，品尝莲子和莲心的味道，体会莲心的药用功能。 （4）说一说莲心的味道，想一想其药效。结合分享，补充学习单内容	（1）学习记笔记。 （2）了解古人为健康生存而积累的生活智慧，知道莲各部位均可入药，或为药膳。 （3）培养学生的观察、探究能力。知道剥莲子的方法，能够细心动手实践，抓住重点记笔记。 （4）引导学生在小组合作中积极交往，品尝莲子和莲心的味道，认真倾听，主动沟通表达，有效实现互动
变废为宝、学动手（15分钟）	指导制作"莲蓬杯垫"。出示课件，介绍生活中杯垫的用途（隔热保护桌面）。将剖开的莲蓬表层制成杯垫，既美观实用，又废物利用	按照课件步骤制作。 （1）安全使用剪刀。 （2）小组合作、互相检查。 （3）分类处理垃圾，整理桌面（莲房、莲子皮为湿垃圾，即厨余垃圾）	（1）引导学生联系生活，增加变废为宝的生活智慧。 （2）增强垃圾分类意识。 （3）提供互助合作的契机，促进学生联系生活经验进行实践，培养良好习惯

续表

活动环节	教师活动	学生活动	设计意图
学做药食、思收获（10分钟）	（1）介绍莲子、莲心的食用方法。 ①银耳莲子汤。 ②莲心茶。 （2）指导学生记录收获及自我评价、分享交流。 （3）小结学生的分享并布置作业	（1）阅读莲子、莲心食用方法，说说其药用价值。 （2）填写学习单，写出收获并自我评价，分享交流实际获得与活动感言。 （3）课后完成家庭作业，利用余下的莲子和父母一起制作莲子汤、莲心茶	（1）引导学生认知古方今用的养生智慧，增强对祖国优秀文化及传统医药的认同感和自豪感，树立健康生活的理念。 （2）促进师生互动、生生互动，学知与传承。 （3）引发学生对课后实践的兴趣，结合实际进行劳动教育

活动效果测评

1. **过程性检测**

观察学生在活动中的参与状况及主动学习、分析问题、合作学习、认知古人养生智慧、学习记笔记、动手实践的情况。

2. **终结性检测**

从学生完成的学习单中，检测其对莲房、莲子、莲心的药理作用，对莲花特点等方面的认识程度。

3. **学生互评**

通过学生的发言、过程记录，检测学生在小组合作中的倾听、主动沟通、表达能力以及感悟文化及对传统医药的认同感，树立健康生活理念及劳动观念等的实际获得等情况。

——康玮

走近大国工匠——探寻景泰蓝科技工艺精髓

活动依据

（1）加强传统文化的劳动教育和道德教育，合理利用具有体验性、实践性和参与性的活动场所；积极探索参与式、体验式、互动式的活动方式；促进校内外教育的有机结合；学生在亲身体验和直接参与中增长知识。《全民科学素质行动计划纲要（2006—2010—2020年）》指出：开展多种形式的科普活动和社会实践，增强未成年人对科学技术的兴趣和爱好，初步认识科学的本质以及科学技术与社会的关系。

（2）学生在活动中了解、体验、感受景泰蓝工艺制作的魅力，从而感受到工匠们在工艺细节上认真用心，感受他们一丝不苟的工匠精神、严谨的工作态度，增强民族自豪感和对科学技术的热情。学生了解景泰蓝在中华民族传统文化发展中的重要地位并体会工艺技术变革对经济及社会进步的重要推动作用，激发民族自豪感。

（3）充分利用中小学生实践活动，在每个活动环节中渗透德育。

（4）本次活动以小学5年级学生为主，以景泰蓝"掐丝"工艺实践体验为主线；在活动之前学生查阅资料，了解景泰蓝的历史沿革，学生对景泰蓝从概念上有了初步了解，但对制作工艺技术的认识还不够，也没有动手实践过。学生们想要了解景泰蓝的具体制作工艺技术，他们也很想自己亲自动手体验每一道工序的制作过程。教师要站在学生的角度，开展学生座谈，了解学生的需求。

活动目标

（1）学生通过活动，知道我国非物质文化遗产中景泰蓝（珐琅）的整个制作工艺；了解景泰蓝的基础知识和主要的四道制作工序，并能够讲出制作的主要工艺程序。

（2）通过亲自动手体验"掐丝"这道工序，培养学生动手能力。

（3）培养学生静下心来专注做好一件事的认真严谨的态度。

活动时间与地点

活动时间：2小时。

活动地点：景泰蓝厂。

活动对象及规模

中高年级学生 60 人。

 活动内容与形式

参观讨论、动手实践、填写学习单。

 活动重点和难点

活动重点：认识、记住景泰蓝（珐琅）的四道制作工序。

活动难点：学生亲自动手练习"掐丝"技术，体验工具的使用和一丝不苟的工匠精神。

 活动准备

1. 学生准备

提前了解景泰蓝的相关知识；活动前分成几个小组，以便在活动中进行讨论参观，完成学习单。

2. 教师准备

（1）设计学习单，准备纸、笔、相关知识的资料、掐丝工具。

（2）与学校劳动教育实践活动内容相结合，与学校老师沟通活动策划方案；与学生交流座谈，了解学生的需求；以学生为主体，研究细化活动组织工作，修改并确定活动方案。

（3）编写活动需要的学习单，编写主持词、讲解词等文案。

（4）与活动场所负责人联系沟通，确认场地，做好准备工作，安排好学生当天的参观、动手实践活动内容。

（5）制订活动安全预案、租用车辆。

3. 相关知识

景泰蓝工艺品要经过制胎、掐丝、点蓝、磨光等多道工序。这次活动主要了解景泰蓝制作的其中四道工序。由于时间限制，只对"掐丝"工序进行重点练习。

工序一：制胎。按照设计者提供的图纸设计成初始形状。将紫铜板经过火烧加温变软后，用锤子不断地敲打，使之变薄，弯曲成为图纸上的形状。最后经过焊接，形成我们所需要的铜胎造型。一款景泰蓝作品是否具有美感首先取决于第一步制胎的工艺，根据不同的胎型要求操作工艺分为三种：半机械化制胎、手工制胎、錾花制胎。

工序二：掐丝。按照底稿花纹的形状，将扁铜丝（横断面是长方形的）掐出各种花鸟、山水、鱼虫、人物等图案的轮廓，这是一个非常精细的工作。每条线条该多长，该怎么弯曲，都要认真思考，要把铜丝恰如其分地剪好曲好，然后用钳子夹着，在极稠的白及浆里蘸，粘到铜胎上去。

工序三：点蓝。是一个选色和配色、润色的过程，釉料是以石英、瓷土等一些矿物质为原料进行粉碎制成的珐琅粉，主色调为红、蓝、黄、绿等颜色，将釉料点涂于烧焊好的铜胎轮廓线中，且颜色的深浅过渡要浑然天成，毫无断层和突兀的感觉。这样就形成了色彩斑斓的画面。用工合适的画面，能够自然地透露出景泰蓝瓶的灵性和生机。

工序四：磨光。磨光的过程，可以使一件初步成型的景泰蓝更加平滑和圆润，一般要经过粗砂石、细砂石、黄石、木炭反复四次打磨、抛光，使蓝料与铜丝平整。

本次活动体验的是四道工序中的重点"掐丝"工序。老师启发学生动手体验用工具将铜丝弯曲成纹样图案的形状。学生反复练习，体验用工具掐丝的制作过程。景泰蓝作品的精致与否，取决于丝工的技术。丝要垂直于铜胎，掐出的图案在瓶颈处要有收的感觉。然后还需采用特殊的胶黏剂，将掐好的图案和铜胎粘在一起。

 活动过程

活动环节	教师活动	学生活动	设计意图
导入	介绍景泰蓝历史和知识	听老师介绍景泰蓝历史和知识，从中受启发	（1）了解认识中国特色手工艺品——景泰蓝。 （2）引导学生的兴趣，引导学生感受工匠师傅们的智慧和辛勤劳动
活动过程	（1）请专家介绍景泰蓝厂的制作工艺。	（1）聆听景泰蓝工艺的介绍。	（1）学生了解制作工序，观察、学习每道工序的制作过程。

续表

活动环节	教师活动	学生活动	设计意图
活动过程	（2）老师带学生参观并讲解景泰蓝制作的四道主要工序。 （3）引导学生观察工匠师傅的严谨精细的工作态度。 （4）引导学生认真观察大师掐丝的动作和技巧。 （5）设计问题： ① 用什么工具点蓝？ ② 点蓝需要注意什么？	（2）参观学习工厂生产线和制作工序。 （3）学生从讲解、参观中观察、了解四道工序。 （4）学生观摩大师掐丝的过程。 （5）分组参观四个工序，学习并填写学习单	（2）引导学生感受工匠师傅们的娴熟技能和辛勤劳动。 （3）设置问题，引起学生注意，促使学生主动学习并质疑提问。 （4）德育渗透：了解手工艺匠人的聪明才智，体会他们认真、严谨的工作态度和他们为国家做的特殊贡献
活动重、难点（活动亮点）	（1）引导学生动手练习掐丝的手法和工具的使用。 （2）组织学生对作品进行展示、讲思路、评比。 （3）指导学生完成学习单。 （4）设计问题： ①"掐丝"工艺的丝是用什么做的？ ②"掐丝"时要注意些什么？ ③ 请写下体验制作"掐丝"这道工序的感受	（1）分小组体验掐丝环节的操作。 （2）制作成品后互评，并评选出优秀的成品。 （3）完成学习单。 （4）分组谈谈对"掐丝"工艺的感受体会，对学习成果进行交流讨论，并回答问题	这步体现教学重点、难点：体验练习用工具掐丝；强调练习过程中的安全；学生互相观摩，互相学习，找到自己的优点与不足
总结	（1）总结珐琅在中国传统文化中的地位和重要性。 （2）引导学生完成学习单。 （3）总结此次活动学生的整体表现。 （4）设计问题： ① 制作景泰蓝的工序主要有哪几步？ ② 你对景泰蓝制作的哪道工序最感兴趣？	回顾本次活动，谈谈自己的收获	（1）增强学生的民族自豪感、爱国情，激发他们对科学技术的热情。 （2）体会工匠精神

活动效果测评

（1）过程性检测。观察学生在活动中的参与度以及讨论的热烈程度，认真观察学生练习"掐丝"这道工序时出现的问题。

（2）终结性检测。统计学习单的完成情况（完成程度）。

（3）学生互评。学生通过动手实践体验掐丝并完成成品，互相评价成品。师生点评成品好的好在哪里，差的差在哪里，总结这道工序的制作难点和技巧，学生对自己的动手能力也有了新的判断，最后评出优秀的成品。

老师通过以上方法，可以检测出本次活动的效果、重难点的完成情况，可以在下一次的活动中改进不足和问题。

——张洁

走进北斗的世界，探寻世界的北斗

活动依据

1. 指导思想

在《中国学生发展核心素养》中，科学精神和人文素养共同构成了文化基础的内涵，青少年科技教育是培养青少年科学思维和科学精神，提高青少年科学素养，引领青少年构建适应社会发展的科学文化知识体系的重要形式。好奇心是人的天性，对科学兴趣的引导和培养要从娃娃抓起，使他们更多了解科学知识，掌握科学方法，形成一大批具备科学家潜质的青少年群体。

2. 活动背景

2020 年，北斗三号最后一颗全球组网卫星在西昌成功发射。中国"北斗"成为全球四大卫星导航系统之一，中国成为世界上第三个独立拥有全球卫星导航系统的国家。此次活动可以让学生全方位了解北斗系统，为我国能自主研发出的北斗系统而倍感自豪，提升学生科学素养，激发他们的科创意识。

3. 学情分析

北京市东城区青少年科技后备人才拔尖培养计划的学生是初中和高中学生，他们对科学有浓厚的兴趣，有较好的科学基础，具备突出的综合科学素养，愿意进行科学探究活动。通过前期调查了解到，虽然学生们对于北斗导航系统的知识了解较少，但都希望对此领域有更深的认识，对活动充满兴趣。

活动目标

1. 知识与技能

通过了解北斗卫星导航高精度定位在智能交通、精准农业、精准授时、航天航空等各个行业中应用的广度和深度，学习授时及 GPS 数据采集等基本知识，激发对中国北斗的兴趣和热爱，增强科学探究能力。

2. 过程与方法

通过"看""听""问""探""说"五个环节，学生对中国北斗导航系统进行全方位的认识，提升科学兴趣及科技创新能力。

3. 情感态度价值观

学生近距离了解北斗卫星导航系统，感受中国科技从无到有，从区域到全球，从可能到无限可能的科技强国，学习科学家精神、北斗精神，在科技教育中厚植爱国主义情怀。

活动对象及规模

东城区青少年科技后备人才拔尖培养计划学生 40 人

活动时间与地点

活动时间：2.5 小时。

活动地点：北斗卫星导航馆（大兴区科创十二街 8 号）

活动重点与难点

活动重点：学生动脑、动口、动手、动情，从不了解中国北斗到知北斗、讲北斗、爱北斗。激发学生探索我国前沿科技的兴趣，提升学生爱国主义情怀和民族自信。

活动难点：学习授时及 GPS 数据采集等基本知识，培养学生科学探究及科技创新能力。

活动准备

（1）活动前期问卷调查，了解学生对相关知识的了解程度和兴趣点。

（2）撰写活动方案，突出学生在活动中的主体性。

（3）邀请北斗方面的专家；提前了解与北斗导航相关的知识；将纪录片《北斗》提前给学生观看。

（4）活动前期到北斗卫星导航基地，沟通活动安排，准备场地和物品。

（5）做好安全预案和防疫相关准备工作。

活动内容

（1）看——北斗前世今生（20分钟）：参观北斗体验馆，了解北斗发展。

（2）听——北斗是怎样炼成的（40分钟）：邀请北斗专家讲研发过程。

（3）问——北斗，请回答（15分钟）：学生与专家就感兴趣问题交流。

（4）探——北斗大挑战（40分钟）：分为4组，每组10人进行动手实践。

（5）说——北斗梦，中国梦（每组5分钟）：展示动手实践成果并说活动感受。

活动过程

活动环节	教师活动	学生活动	设计意图
活动准备	集合出发，前往活动地点。进行活动前安全培训，提出活动要求		
活动导入	引导学生寻找身边无处不在的北斗在时间和空间的应用	通过前期对北斗的了解，分享自己知道的北斗	激发学习兴趣，建立活动期待
看——北斗前世今生	组织学生有序进入参观区域，认真听专家讲解，引导学生进行学习资料搜集、内容的讨论和探究方法的讨论	跟随专家来到北斗卫星导航应用体验馆，认识多种北斗高精度定位仪器，深入了解北斗卫星导航高精度定位在智能交通、精准农业、精准授时、航天航空等各个行业中应用的广度和深度，学习北斗的前世今生	体会为什么中国的北斗是一流的北斗，也是世界的北斗。学生在参观过程中提出问题与专家交流，通过与专家交流提升学生自主学习能力、发现问题、探究问题能力，突破难点

续表

活动环节	教师活动	学生活动	设计意图
听—— 北斗是怎样炼成的	梳理总结参观中北斗卫星导航系统的组成、发展和现状，向学生提出导航定位最基本的三个问题："现在在哪里？要去哪里？怎么去？"通过提问引出专家讲座。教师通过问答检验学生在参观中的自主探究学习质量，鼓励学生分享好的自主探究学习方法，鼓励学生积极表达所学所想。为下个环节"问"做铺垫	学生听专家讲座，讲座内容： （1）结合中国发展讲述卫星创新技术的重要性，从时间、计时工具开始深入浅出，讲解授时、卫星定位的知识； （2）北斗卫星导航系统的定位、测距原理，使同学们清楚地明白其运作原理。 （3）"北斗"研发的坎坷历程。北斗科学家们克服种种困难前行的科研过程和"北斗人"身上的"航天精神"	（1）教师通过对参观内容的梳理，检测学生"看"环节的学习效果，加深学习印象。 （2）学生掌握授时、卫星定位、测距原理等知识；认识到北斗卫星导航系统研制具有里程碑式的意义，从无到有、从落后到逐步赶超这个过程的不易；"北斗人"艰苦奋斗、自力更生、团结协作、攻坚克难、追求卓越的"北斗精神"。
问—— 北斗，请回答	教师预设问题：中国为什么要研发北斗导航？北斗导航离我们的生活还有多远？北斗导航系统会给我们的生活带来怎样的改变？并鼓励学生提出自己感兴趣的问题	通过前两个环节的学习及活动前对北斗的了解，学生踊跃提问，与北斗有关的科技发展方面、民族精神方面以及国际交流等方面的问题，体现了学生的科技素养、创新精神和爱国情怀	（1）通过向专家提问、交流、讨论，激发学生好奇心和探索精神。 （2）鼓励学生勇于思考、善于表达，培养学生科学探究及科技创新能力。 （3）引导学生关注中国科技发展。
探—— 北斗大挑战	（1）老师将学生分为4组，每组10人，每组完成两项任务。 （2）向学生布置要完成的任务。 （3）提出此环节活动要求。 （4）发所需仪器及物品，告诉学生使用时的注意事项	学生动手实践： 任务1. 场地测量。先后用智能手机和手持北斗高精度移动终端，测量一段固定场地，与真实长度和面积做对比。 任务2. 北斗识字。在一张A3纸上写下"北斗"二字，然用用接收机沿着纸上"北斗"的笔画采集多个坐标。最后把采集的数据导出，记录在北斗终端，之后再投放在电脑地图上，最后成功呈现出由坐标点连成的"北斗"二字	（1）学生通过实际操作感受北斗的精准定位和GPS数据采集，更加形象直观地了解北斗卫星导航系统，北斗就在我们身边。 （2）学生了解北斗实时导航、快速定位、精确授时、位置报告和短报文通信的强大功能。 （3）培养学生动手操作的能力，逻辑思考的能力。 （4）分小组完成任务，培养学生团结协作、互相帮助、共同面对困难、克服困难

续表

活动环节	教师活动	学生活动	设计意图
说——北斗梦，中国梦	结束语：北斗系统象征着中国人民的科学探究精神，青年学子要努力学习、不懈探索、积极创新，为实现中华民族伟大复兴的中国梦做出自己的贡献	以组为单位，每组5分钟，通过自主、合作、探究学习和实践操作，展示上一环节"探"动手实践成果，并分享今天活动收获	学生们动脑、动口、动手、动情，从不了解中国北斗到知北斗、讲北斗、爱北斗，激发学生探索我国前沿科技的兴趣，提升学生的爱国主义情怀和民族自信
活动结束	合影留念、感谢活动场地所有工作人员、收集学生活动收获感想 乘车返回		通过收集活动感想检测活动效果，并感谢现场工作人员的付出

活动效果测评

（1）观察学生活动中的情况，检测学生自主学习水平。
（2）通过提问、交流、互动、总结等环节，了解学生活动效果。
（3）活动后对学生进行访谈，了解、收集学生参加活动后的收获和感想。
（4）对参与活动老师进行访谈，从其他角度检测活动效果。

——张净

方案 1-8　感受传统文化魅力，探索陶瓷"前世今生"

活动依据

1. 指导思想

以学生发展为中心，加强思想道德教育为核心，培养实践能力为重点；积极探索参与式、体验式、互动式的活动方式；学生在亲身体验和直接参与中增长知识。

科迪探索俱乐部教学理念是：在生活中探索，在探索中成长，用科学的方法启迪智慧人生。我们的课程从实际生活出发，用科学的方法进行探索，开展实践活动。文化是一个国家、一个民族的灵魂。文化兴国运兴，文化强民族强。所以在活动设计的时候，我们的某些内容会辐射到中华传统文化上，并且本次活动也与国家提出的劳动教育相结合。

2. 学情分析

该学期计划为带着俱乐部初中部的学员探索生活中的"食"，第一单元从厨房中的科学实验（一些实验）入手，第二单元观察厨房中的厨具——碗、盘子（陶瓷），刀（金属材料），第三单元为厨房中燃料（天然气、煤炭等）的探究，形成以"食"为中心的一个知识网，而陶瓷这一课位于第一单元厨房中的科学实验后，学生已经掌握了一定的实验能力和数据分析处理能力，它又是第二单元厨房中的厨具的第一个知识点，为金属材料的学习奠定了基础，所以陶瓷这一课处于一个承上启下的重要地位。

初中的学生已经具备了一定的科学素养和科学知识的储备，而且具有一定的实验动手能力，并且初三的化学课中有涉及陶瓷的相关知识，所以我们把陶瓷的探索实践活动安排在初中，也是对校内知识的一个有益补充。利用场馆的资源进行探索、体验活动。用科学的方法，从陶瓷的发展历程及其变化过程两方面进行探索：一方面从历史的角度，探索陶瓷"前世""今生"——演变、发展历程；另一方面从物质变化的角度，探索陶瓷从"前世"——坯料到"今生"——陶瓷成分是如何进行转变的。初步了解陶瓷是如何从"前世"到"今生"的。在体验环节，利用科学知识解释一些现象，启迪智慧人生，感受传统文化魅力。

活动目标

1. 知识与技能

（1）学生通过查资料、分享故事，初步了解陶瓷的发展历程，以及故事背后的科学原理，并且从中感悟到中华陶瓷文化的魅力；

（2）通过参观环节，在任务单的引导下，初步了解陶瓷的原材料、材料变化过程。

2. 过程与方法

（1）通过注浆活动中的探究实验、分享、交流、展示，学生完成注浆体验过程；

（2）初步了解并体验注浆的方法和过程。

3. 情感态度价值观

学生在"说、赏、制"的过程中，勇于探究，初步体验陶瓷制作以及劳动带来的快乐，激发了对陶瓷的兴趣，加深了对中华传统文化的理解和发自内心的热爱。

活动时间与地点

活动时间：130 分钟。
活动地点：北京陶瓷艺术馆。

 活动对象及规模

初中学生 50 名。

 活动内容与形式

（1）说陶瓷。分享故事、专家点评、教师梳理（互动）。
（2）赏陶瓷。任务驱动、探索瓷"变"（观看、整理）。
（3）制陶瓷。做匠人、承技艺（体验）。
（4）送陶瓷。传递祝福，懂得感恩。

 活动重点和难点

活动重点：初步探索陶瓷从"前世"到"今生"的转变，感悟传统文化魅力。
活动难点：感悟传统文化魅力。

 活动准备

（1）策划活动内容，制订活动方案。
（2）与北京陶瓷艺术馆联系，双方就活动准备、安保组织深入沟通并提前做好防疫消杀工作。
（3）召开学生的活动准备会，对学生进行问卷调查，提前布置"陶瓷小故事"。
（4）设计任务单。
（5）与学校教师交流，了解学生特点与知识水平，与艺术馆的老师等一起设计、完善活动的内容和形式。
（6）准备活动用品，布置活动场地。
（7）制订安全预案，召开工作人员会，落实岗位分工与职责。

活动过程

活动环节	教师活动	学生活动	设计意图
创设情境（5分钟）	设问：我们今天的主角是谁？	了解活动的主题、内容和任务	明确活动的主题、内容、目的
环节一：说陶瓷（20分钟）	介绍共同主持活动的北京陶瓷艺术馆专家老师，组织学生依次按照陶瓷的起源、发展演变顺序讲陶瓷故事	听一听、说一说、理一理陶瓷的起源、逸事等，初步了解陶瓷的演变发展历程及背后的科学知识、人文精神	通过讲中国陶瓷故事，感悟陶瓷是我国劳动人民智慧的结晶。由专家实时点评、梳理陶瓷的相关知识，加深学生对陶瓷文化的了解，强化活动效果
环节二：赏陶瓷（25分钟）	分发任务单，引导学生文明、有序参观，在讲解老师的带领下探索瓷"变"过程中由于原材料以及烧制温度的不同，最终导致陶和瓷不同的性质	在任务单的指引下，从化学变化角度探索陶瓷的"前世"——坯料、"今生"——陶瓷的成分，欣赏感悟陶瓷变化之美	通过参观，发现陶与瓷原材料不同、烧制温度也不同，所以最终导致陶和瓷不同的性质，感悟化学反应的奇妙，感受中华陶瓷文化魅力
环节三：制陶瓷（60分钟）	（1）注浆是把泥浆浇注在石膏模中使之成为制品的一种方法。组织学生进行配料和水比例的探究实验，并按照任务单的步骤组织学生完整体验注浆的过程。 （2）在步骤最后请学生谈谈：通过今天的注浆活动，你收获了匠人身上的哪些品质呢	（1）按照任务单，自主探究水和配料的比例，同学间进行分享交流。 （2）按照探究结果进行配料、水混合，制成泥坯。 （3）将泥浆注入自己喜欢的模具中。 （4）干燥、初步成型。 （5）烧制（由工人师傅统一完成）。 （6）分享交流：匠人身上的一些优良品质，如：锲而不舍（实验失败了，寻找原因继续实验、继续配比）、一丝不苟、坚守等	通过探究体验环节，学生从配料、水比例的探究—制泥坯—注浆—干燥成型，完整体验了注浆的过程，当了一回匠人，亲身体验制陶瓷的过程，感受陶瓷变化过程中的科学知识和自己动手的乐趣，感悟陶瓷文化的魅力
活动小结：（送陶瓷）有话对你说（20分钟）	（1）引导学生分享、交流今天的收获，并引导学生将自己的作品送给他人，并在贺卡上写上自己的祝福。 （2）北京陶瓷艺术馆馆长对学生寄语	（1）学生谈谈自己的收获，并在贺卡上写下自己想说的话。 （2）学生感悟自己肩上的责任，陶瓷的"今生"在我们手里	（1）通过畅谈感受，能及时反馈学生活动后的情感与认知程度。 （2）通过书写贺卡环节，懂得感恩

续表

活动环节	教师活动	学生活动	设计意图
活动延伸：传播中华传统文化知识	布置作业、提出任务要求	回去后，与家人、朋友、同学分享今天的收获	从我做起：弘扬我国的传统文化知识，强化活动效果

活动效果测评

过程性评价：活动过程中，观察学生完成学习单的积极性和体验环节学生的作品呈现。

终结性评价：

（1）通过任务单的完成情况，判断学生是否了解了基本知识。

（2）通过现场采访，了解他们的收获和成长。

——赵爽

方案 1-9 分类垃圾箱的创意设计与制作

活动依据

《教育部办公厅等六部门关于在学校推进生活垃圾分类管理工作的通知》中要求：各地教育部门和学校要高度重视学生生态文明教育，根据不同年龄段学生的认知水平和成长规律，将生活垃圾分类知识融入教材，与课堂教学内容有机结合，着力提高广大青少年学生的生活垃圾分类和资源环境保护意识，使学生从小养成勤俭节约、垃圾减量、低碳环保的行为习惯。

基于此，该学期开展"小小机械设计师——科技环保小达人"系列课程，共有4次活动，分别是"垃圾分类，我有责""分类垃圾箱的创意设计与制作""家用智能分类垃圾箱的产品设计与制作"和"垃圾分类，公益宣讲"。

本活动为系列活动中的第2课，用公益广告动画的形式营造出问题解决的环境：课程导入环节，基于生活垃圾分类的真实问题，创设四种分类垃圾箱的使用情景激发学生学习兴趣。

  5、6年级的学员经过在崇文科技馆多年学习已经掌握了简单的机械结构知识和基本工具的运用，对垃圾分类有一定的认识，能说出几种常见垃圾箱的结构案例，对设计制作类课程尤其是源于解决生活问题的课程内容比较感兴趣，喜欢任务驱动和角色扮演的活动形式。

活动目标

1. 知识与技能

  （1）学习垃圾分类知识，了解设计与生活的密切联系，理解产品设计的一般过程和要素。

  （2）能根据不同场所的使用需求，运用发散思维和设计要素，勇于创新，完成分类垃圾箱的创意设计和模型制作。

2. 过程与方法

  感受工程师的设计过程，初步学会有计划、有步骤、有目标、有方向地开展设计活动。

3. 情感态度价值观

  能够关注到生活中垃圾分类问题，强化环保意识，初步形成为他人设计、与公益同行的意识。

活动时间与地点

  活动时间：2小时。

  活动地点：设计与制作活动室。

活动对象及规模

5～6年级学生，12人。

活动内容与形式

结合任务情境，以"帮助张博士解决烦恼"为出发点，学生化身"小小工程设计师"，通过小组合作、任务驱动的形式，体验产品设计的一般过程，完成分类垃圾箱的创意设计和模型制作。

活动重点和难点

活动重点：理解产品设计的一般过程和要素，运用发散思维，勇于创新，完成四个场景的分类垃圾箱的创意设计和模型制作。

活动难点：初步形成为他人设计、与公益同行的意识。

活动准备

（1）教师在活动前了解学生情况；
（2）整理教学素材PPT、活动评价表等；
（3）活动用材料及工具；
（4）设计活动流程。

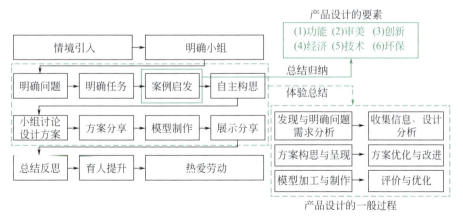

活动流程

青少年科技教育"策"与"行"

活动过程

活动环节	教师活动	学生活动	设计意图
情境引入 （6分钟）	（1）展示有关垃圾问题的图片。 （2）问题引导： ①垃圾都产生在什么样的环境下？ ②面对这些垃圾我们应该怎么做呢？ ③垃圾分类非常重要，那你们知道垃圾分类的好处吗？ （3）播放关于垃圾分类的视频	（1）学生观看图片，认真思考，积极发言。 （2）学生回答问题（表达出：垃圾是污染环境的重要源头之一，垃圾分类非常重要等观点）。 （3）学生认真观看视频，了解垃圾分类的好处	（1）引导学生发现问题。 （2）认识垃圾分类的重要性。 （3）引出主题，鼓励学生大胆表达
明确小组 （5分钟）	引导学生分组：3人/组。 组织学生设计队名、分享交流	学生组内讨论，确定团队名称，写在桌牌上。 简单介绍队名含义	强化团队意识。 鼓励大胆表达
明确问题 （4分钟）	模拟公益广告的形式，明确问题：环保设备中心的张博士遇到了苦恼，我们一起了解下（展示相关视频）	学生观看动画，了解活动任务	明确活动要解决的问题
明确任务 （5分钟）	（1）组织学生抽取活动任务：四个信封，每个里面有张博士的一个苦恼（即对应一个场景的设计需求）。 （2）教师分发任务信封	学生了解所分配的任务内容，并根据任务卡要求，分配角色，明确分工	抽取任务的形式激发学生好奇心
案例启发 （12分钟）	（1）展示6组对比案例图片：引导学生总结出一个产品设计的要素：功能、审美、创新、经济、技术（结构、规范等）、环保（可持续发展）。 （2）带领学生绘制思维导图：通过一个设计案例思维导图，将产品设计要素巧妙融合到设计过程中	（1）通过案例启发、思考、总结，理解设计的要素。 （2）通过思维导图的引导，学习设计构思的方法	案例启迪设计思维，引导学生总结产品设计的要素
自主构思 （15分钟）	（1）每组提供一份资料学案。关于不同场景垃圾的种类及分类垃圾箱的使用需求等信息。 （2）组织学生绘制思维导图。帮助学生理清设计思路	学生带着问题思考、阅读，搜集有用资料。 垃圾一般分为哪几种？ 常见的垃圾桶颜色有哪些？ 社区里的垃圾主要有几种？ 社区的分类垃圾箱，我们要考虑它有哪些特点。 绘制产品设计思维导图，将设计要素融入其中，形成初步的构思	鼓励每个学生深度思考和参与，促进自主学习

续表

活动环节	教师活动	学生活动	设计意图
小组讨论，设计方案（15分钟）	明确方案设计图的要求： （1）产品最佳使用角度图； （2）结构分解说明图	小组讨论，融合每个人的构思优点，融合设计要素，完成风格独具的产品方案设计图	引导学生从抽象的构思图转换到具体设计
方案分享（8分钟）	方案呈现：组织学生展示设计方案，组间分享交流，投票评价。 给予指导意见	分享展示设计思路与方案	组间分析评价，鼓励学生大胆表达
模型制作（25分钟）	（1）选材要求：材料标定虚拟价格，模拟材料超市的形式供学生选择。 （2）制作要求：分类垃圾箱的创意模型（能展现设计理念即可）。 （3）指导学生规范操作，确保安全	自选材料，团队合作，动手实践，将自己的设计方案转化成模型小作品	（1）学生学会合理选材，避免浪费。 （2）体验创造的快乐
展示分享（8分钟）	组织学生走向舞台进行作品展示交流。 投票方式进行，组间评价	分享展示模型作品，组间相互学习、评价，收集有效建议	组间展示交流，促进作品改进完善
总结反思（6分钟）	（1）引导学生总结归纳。 （2）活动点评：引导后续改进的思考	回顾活动过程，总结归纳产品设计的一般过程和要素，思考后续优化方向	强化活动效果，锻炼学生归纳总结的能力
育人提升（8分钟）	（1）播放张博士的感谢视频。 （2）活动正向点评：激发学生学习的热情，树立学习的信心。 （3）提出希望：学习了分类垃圾箱的创意设计，老师希望它更像一粒种子，一粒创意的种子，这粒种子能够在你的心里生根发芽，开出更多更美的创意之花，怀揣着这颗助人为乐的心，帮助到越来越多的人	学生感受帮助他人是一件快乐的事情。 想一想：你还能设计一些什么产品让生活变得更美好呢？ 把今天学到的构思以及设计方法，应用到更多的产品设计实践之中	挖掘活动德育因素——为他人设计，与公益同行。 引导学生关注生活细节，用创意改变生活
热爱劳动（3分钟）	引导学生从身边做起，从点滴做起	工具归类复位，桌面整理干净	强化劳动意识

 ———— 活动效果测评

活动中，从过程性检测、终结性检测、学生自评、学生互评以及学生与教师互动等方面进行评价，并根据情况进行奖励（本活动中采用活动币激励的方式）。

（1）过程性评价的重点。积极参与、大胆表达、乐于思考、分工明确、有效讨论、团队良好合作、分析评价、主动参与、乐于实践、安全操作、爱劳动、主动承担任务、桌面整洁等。

（2）形成性评价。学案任务、明确分工、产品设计思维导图、方案设计图、学案、选材表，完成作品。

（3）学生及组间互评。通过投票、交流等环节进行互评。

——王雅菊

方案 1-10　寻古探今——我在"故宫"修建筑

活动依据

1. 活动背景

"完善中华优秀传统文化教育"是深化教育领域综合改革的重要任务。为了培养学生核心素养中人文底蕴的审美情趣与实践创新中的技术运用等能力，我们在传统的木工课程体系中，加入一节创意实践模拟制作课程，来增强学生对于木工的代入感，以便学生可以从中感受到古代工匠的优秀文化传统。

中国传统建筑多以木结构为主体，由此木作便成为营缮中最重要的技艺之一，木匠更有百艺之首的美誉。故宫作为世界现存最大的以木结构为主的古代宫殿建筑群，凝聚了木作营造技艺的精华，也是古代建筑文化精华的浓缩。

学生在制作古代木制建筑模型的过程中，在一分一毫、一纵一横的精确度量中，可以感悟历史的积淀，理解古人的工匠精神，学习中华民族优秀的传统文化。

2. 学情分析

学生活动前参观北京故宫博物院（以下简称北京故宫），感受宫殿技术与艺术完美结合的最高境界，感悟中华优秀传统文化的无穷魅力。

不用一钉一铆，便可立足于世 600 年的宫殿给学生带来的震撼感，将使他们对于木制榫卯建筑这项古人智慧与技艺的完美结合产生浓厚的兴趣。在之前学生已经接触过木工的基础技能学习，对于木匠传统工具的应用也有了系统的练习。希望这次的活动可以让学生在制作模型的过程中，体会榫卯与斗拱结构的精确及优美，感受到古人的智慧及优秀的传统文化。

活动目标

1. 知识与技能

（1）学生学会勒线的技巧。
（2）学生掌握墨斗的用法以及学会墨斗弹线。
（3）学生能制作坐斗与确定斗口的大小。
（4）学生能制作拱并可以与斗完美衔接。
（5）学生能制作升和小斗并可以将斗拱基础结构组合出来。

2. 过程与方法

通过扮演故宫建筑修缮小组成员，学生能增强小组合作能力，增进交流能力。

3. 情感态度与价值观

通过此次活动，学生能够磨炼心性，锻炼耐心，认识到在制作模型时需按照精细缜密的尺度标准。

活动时间与地点

活动时间：2 小时。
活动地点：模型活动室。

活动对象及规模

模型制作小组学员：6～8 年级学生共 12 人。

活动内容与形式

教师创设场景，将学生引入装饰成故宫修缮技艺部的模型活动室，宣布故宫准备修缮在 1923 年因失火焚毁的建福宫花园主建筑延春阁，故面向全国招募两个故宫修缮木工小队（学生扮演），因皇家园林规制极高、结构精密，所以需要每个木工小队出一份延春阁底层斗拱结构修复烫样，经故宫负责人（老师扮演）审核取一队最优秀的工匠进宫缮造。

学生扮演的工匠将分成2个工程小队，每队6人。完全还原斗拱的制作流程，按照工程建设标准单，从选料开始，用勒子在木料上刻画出直线，再以中线为轴，左右度量，墨斗弹线，铅笔截线，运用手钻、刨子、笔刀、凿子、刻刀等各种模型工具锯割、刨削、砍凿，最终完成等比例还原斗拱模型烫样。完成后进行工程交付，由故宫负责人（老师）、两个工程小队按照工程验收单进行评测，甄选出一个最优秀的修缮小队。

活动重点和难点

活动重点：学生自己制作出精确的斗拱零件并且完整拼接基础斗拱结构。
活动难点：自制零件的组合度能否符合标准，误差能否低于5%。

活动准备

（1）教室准备。教师将教室布置成故宫修缮技艺部，制作故宫修缮技艺部场景背景图，提高学生的代入程度。

（2）防疫准备。准备消毒纸巾、洗手液、备用口罩等防疫物品。

（3）教学准备。斗拱平面结构图、斗拱立体解构图、斗拱介绍PPT、实物参考图、等比例参考模型等。

（4）材料准备。木板、木块、模型锤、模型锯、刨子、木工刀、设计纸、墨斗、勒子、铅笔、尺子、凿子、墨线、丙烯颜料、铅粉、手钻等。

（5）相关知识。以下是故宫建筑图片及斗拱结构。

坐斗

拱

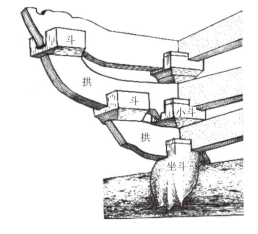
斗 拱 斗 拱 小斗 坐斗

汉代斗拱样式 升 拱 斗

活动过程

活动环节	教师活动	学生活动	设计意图
引入活动 （5分钟）	教师讲述历史，1923年6月，静怡轩、延春阁、敬胜斋及中正殿等皆焚毁于火，无数珍宝化为灰烬	学生在之前参观故宫时已经见到了修复后的建福宫，并且了解了清朝建福宫延春阁的结构及样式	建筑的结构与历史的文化背景息息相关。学生在学习模型制作的同时也在了解历史文化。 熟悉清朝斗拱制式结构
情境创设活动 （15分钟）	1999年，在时隔70多年后，故宫博物院启动了建福宫花园复建工程，面向全国招募两个故宫修缮木工小队（学生扮演），因皇家园林规制极高，结构精密，所以每个木工小队都要出一份延春阁底层斗拱结构修复烫样（模型），经故宫负责人（教师扮演）审核取一队最优秀的工匠进宫缮造	学生12名，每6人一队，编成两个木工小队并且各选出一名队长。每名队员领取身份腰牌，证明自己宫廷修缮师的身份	学生分成两个小队，在队与队之间形成竞争关系，队内形成合作的关系，有利于促进学生在活动中开展小组内的合作，并且利用竞争关系来增加学生的制作动力。 每名学生拥有自己的身份证明，增强学生的代入感

续表

活动环节	教师活动	学生活动	设计意图
发布制作任务 学生分组活动 （15分钟）	教师发布制作的任务，需要制作6根底柱，每柱上接3朵斗拱，由坐斗、拱、小斗、升4部分组成，其中需要木工6人，分别负责绘图、打样、切锯、打磨、组合及上色。发布工程建设标准单	工程小队根据负责人发布的任务进行队内分工，确定每名队员负责的项目及具体的职责要求，确认工程建设标准单并开始制作烫样	有了工程建设标准单，便对模型的制作质量有了一定的要求与限制，学生扮演的工人可以明确本次活动需要制作的模型零件及每道工序的步骤要求。学生也可以有更强的代入感，将自己与工程队融合起来（注意：突出重点，尺度的精确）
讲解安装结构 （10分钟）	教师播放PPT介绍这次修缮要制作的斗拱，按照山面压檐面的构件组合规律逐层安装，各层横纵构件既相互咬合又相互限制	木工小队了解斗拱这个巧妙的力学构件，通过过渡，将大面积的载荷可靠地分散传递，起到四两拨千斤的力学作用	对于斗拱的原理进行讲解，一是学生可以了解古人木结构的精巧文化，二是对接下来的制作有很大的帮助
烫样制作活动 （60分钟）	（1）勒线：教师提出问题，在当时那个年代，并没有长尺这样精确的工具，要如何将木材切割成笔直的材料呢？ 木工小队观察并了解勒子的用法	小队进行思考与讨论，使用勒子进行划线。木工小队成员使用勒子将木材进行划线以备之后制作使用。	体会古人的智慧，以及对于工具的理解与应用，学习传统的木工文化
	（2）墨斗弹线：教师提出问题，在古代，没有铅笔这样的画图工具，如何在木材上绘制纵横线呢？ 引导木工小队观察并了解墨斗的用法	小队成员进行讨论观察学习，使用墨斗弹线的方法由小组成员在木材上进行直线的绘制	感受古人发掘各种工具的智慧，以及木工精细的工匠精神
	（3）坐斗的制作与斗口的确定：教师根据工程建筑标准单，三层斗拱的长宽高有严格的限制。 如果想满足这三部分的限制，坐斗的大小与规制决定了整体的规格。如果斗口设计有误差会影响之后工程的制作	木工小组在研究规格时要进行计算，并且按照斗口的大小和长短，由绘图、打样、切锯、打磨等工匠一起合作进行坐斗的制作，来给整个斗拱打一个基础的底座	斗口作为坐斗正面的槽口，在清代斗拱中起着衡量建筑尺度标准的作用，学生无论是制作木建筑模型还是任何模型，都要有一个尺度的标准和比例。 要严格遵守这个标准来制作，使学生对于模型形制的要求体会更加的深刻（突破难点，确定基础建筑尺度，精确计算减小误差）

续表

活动环节	教师活动	学生活动	设计意图
烫样制作活动（60分钟）	（4）拱、小斗和升的制作：根据之前斗口的大小来制作拱、斗及升。斗与拱之间的衔接零件升和拱与拱之间的小斗起着承上启下的重要作用。教师发布这项制作任务与规制要求。按照工程建筑标准单来规范执行	木工小队根据自己制作的坐斗和斗口的大小，来确定拱的大小与形状。由小组进行分工制作。按照步骤与规制，精确测量以减少误差。木工小队测量尺度并且根据已经确定的斗口与已经制作的拱来模拟组装，以便确认衔接部件的位置及大小	每个小队在拱的制作中，明确每个人的职责，并且进行磨合与合作，锻炼学生的合作动手能力与小队内学员的交流能力。每个小队在制作小斗与升的过程中，也是对自己制作的斗拱进行一次验证，验证大小与规制是否合适，当初测量制作的斗口是否合理。学生既锻炼了自己的耐心又体会到斗拱结构的精细与古人的设计智慧
	（5）上色与组合：教师发布任务，进行最终的上色与组合。按照工程建筑标准单来执行	每个小组的油漆工对斗拱零件按照要求上色并且小组开始合作组合斗拱	学生在拼搭中，体会到斗拱精细到毫厘的精巧结构，感受到古代匠人精巧的设计理念与工匠精神（对重点进行检测）
总结归纳活动（10分钟）	教师将两个组的斗拱进行验收，根据工程验收单进行评价（按照验收单的误差尺度，对难点进行检测），最终选出一队能够进宫缮造的木工小队	木工小队将组合完的斗拱烫样进行交付，对照验收单进行验证，发现问题，自评与互评，并且进行总结	严格的验收体现出建筑的高标准与严要求，学生理解在工程制作与模型制作时需按照精细缜密的尺度标准
整理活动（5分钟）	教师要求施工小队将教室恢复原样，以备其他修缮组进驻	木工小队将自己制作后的残余材料根据分类回收整理	锻炼学生的动手能力，并且培养学生的卫生意识

活动效果测评

（1）验收学生工程队的斗拱模型，进行评价，计算验收单分数。

（2）学生完成自我评价表。

（3）提问学生的收获与感悟。

（4）教师观察学生表现并且根据活动过程效果检测表，对学生活动表现进行整体测评。

——吴振维

> 方案 1-11

小房子存钱罐

活动依据

1. 指导思想

校外教育以加强思想道德教育为核心,以培养实践能力为重点。

2. 活动背景

响应党的十八大精神,勤俭、节约。

3. 活动理念

爱国意识需要从小培养,爱国行为可以从点滴做起。

活动目标

(1)掌握液态胶水的粘接方法,制作一个存钱罐。

(2)从小树立正确的理财观念,明白勤俭节约、积少成多的道理,养成良好的生活习惯。

活动时间与地点

活动时间:90分钟。

活动地点:室内。

活动对象及规模

模型组新学员12人。

活动内容与形式

制作存钱罐,以个人设计制作为主,穿插小组合作学习。

活动重点和难点

活动重点：小房子存钱罐的制作。
活动难点：使用液态胶水正确粘接木制层板。

活动准备

（1）策划活动内容，撰写活动方案。
（2）带领老学员，设计"小房子存钱罐"。
（3）裁剪切割小房子存钱罐材料。
（4）液态胶水的使用方法。将2个要粘接的零部件对正比齐放在一起，用左手捏住，右手拿502胶水瓶沿两个零部件间的缝隙点胶，让胶水渗入缝隙，保持状态捏住10秒，胶水干透后再松开。粘接时，手和眼睛保持一尺以上距离，防止胶水飞溅入眼睛。
（5）相关知识。在古代人们管存钱罐叫作扑满，其实是一个只有一个小口的陶罐。人们会把一些零钱放进去。以前的存钱罐是只进不出，只有等到装满或急用的时候把它摔破，帮助人们渡过难关。别小看这个存钱罐，它可以积少成多，在关键时刻发挥作用。

活动过程

活动环节	教师活动	学生活动	设计意图
导入 （5分钟）	（1）出示一个存钱罐：这是什么？ （2）教师摇一摇：你们猜猜里面有什么？ （3）介绍存钱罐。 （4）出示一些存钱罐的图片，然后让学生说一说自己的存钱罐是什么样的，攒下的钱都用来做什么。 （5）今天用做建筑模型的方法，制作小房子存钱罐	学生学习了解存钱罐的相关知识，并在教师引导下发言，表达出现在存钱罐已经成为我们小朋友熟悉、喜欢的生活用品，它可以将我们的一些零花钱、散落在家里的硬币积攒起来做一些有益的事。	从生活中熟悉的生活用品入手激情引趣，初步感悟存钱罐的作用

续表

活动环节	教师活动	学生活动	设计意图
知识讲授 （70分钟）	（1）出示已做好的小房子存钱罐。 ① 学生观察存钱罐的造型。 ② 在小组内，用自己的语言来描述一下它的特点、材质等。 （2）发放材料并引导学生进行制作。 ① 发放材料。 ② 介绍材料模板。 ③ 引导学生说说制作的步骤。教师通过学生的交流，梳理出制作的步骤。 ④ 针对操作中的难点进行讲解和演示。 a. 想一想液态胶水的使用方法。 b. 教师演示液态502胶水的正确使用方法。 c. 强调使用胶水的安全。 ⑤ 出示制作要求并开始制作。零件制作用到哪块取哪块，不要一起全取下来。 在制作中教师要关注学生操作方法是否正确、关注学生使用胶水的方法是否正确，时刻强调制作安全。及时发现学生操作中的普遍性问题并进行讲解演示	① 学生观察小房子存钱罐，并以组为单位进行材质、造型特点的交流。 ② 学生以组为单位，组长领取材料，并分发给组内的每个人。 ③ 学生看材料，互相说一说。学生要根据之前学过的模型制作方法，在小组内说说，怎么来制作小房子存钱罐。 学生要认真倾听教师的讲解，仔细观察教师的演示操作，记住安全事项。学生按照活动要求，开始制作。如果有问题随时在小组内或找老师寻求帮助。 ① 小房子四面墙与地面的粘接。 ② 房顶与四面墙的粘接。 ③ 烟囱的粘接。 ④ 门的制作。 最后组装完成小房子存钱罐	利用知识迁移来制作小房子存钱罐。在制作的过程中掌握技术操作的难点
展示评价 （5分钟）	（1）组织小组内进行作品展示，互相评价。 （2）组织学生将作品在全班展示，并进行互评。	学生在小组内进行作品的展示，同学之间互相对作品进行点评。 由小组推荐或自荐在全班进行展示，全班进行评价。 同学间互相找问题，总结粘接技巧	—
总结提升 （10分钟）	（1）组织学生谈自己的收获。 （2）教育学生还可以利用废旧材料来进行存钱罐的制作。发挥想象力、创造力，勤俭节约、变废为宝	（1）分享收获。 （2）打算怎样用这些存起来的钱？	情感教育，树立正确的理财观念

活动效果测评

  通过本次实践活动，同学们可以感悟到积少成多的道理，积累起来的零钱可以去做很多有益于国家和人民的事。同时通过小房子存钱罐的制作，学生掌握液态胶水的正确使用方法。

——周君

第二章
创客创新

第一节
创客教育研究

一、青少年创客教育实践研究

（一）课题提出的背景

1. 选题缘由

2016年9月，《中国学生发展核心素养》总体框架向社会发布，核心素养成为当下课改的核心概念。核心素养包括6大素养，具体为人文底蕴、科学精神；学会学习、身心健康；实践创新、责任担当。创客教育是创客文化和教育的结合，强调兴趣、实践、分享，能够培养学生跨学科解决问题的能力、团队协作能力和创新能力。青少年创客教育实践研究将有助于把核心素养的理念落地生根，助推课程改革。

北京市东城区崇文青少年科技馆自2014年7月开展创客项目以来，以引进、倡导和践行创客理念为起点，在全区校外教育机构中率先实施青少年创客教育实践探索。其中在教师创客团队建设、选拔学生创客团队、检验创客成果、举办小创客挑战赛、对外交流合作上已经形成自身特点，但是当把创客活动和教师专业拓展相结合，进一步提升和拓展创客教育内涵时，缺乏系统的对青少年创客教育和培养青少年创新能力之间关系的研究已成为发展中的问题。本课题从优势特色项目和教师专业发展两方面入手，研究创客教育与创新能力培养之间的关系。

2. 研究意义

学生问题意识不强，实践能力缺乏等问题是我国在20多年的基础教育改革里一直重视的问题，创客教育为中国教育改革提供了另外一种思路。创客教育的特点是采用自下而上的大众创新方式解决教育问题。将创客文化引入学校，引导全体教师、学生和家长将创客精神融入自己的工作和生活中，可以促进我国的教育创新，进一步提升我国的教育质量和人才培养水平。

在实践上，经过研究形成的一批优秀案例对开展青少年创客教育的活动项目有指导作用；在理论上，丰富青少年创新能力培养的手段，对进一步提升崇文科技馆及东城区校外教育教学质量有所帮助。

（二）概念界定

1. 创客

"创客"这个词源于英文单词 hacker/naker，是指出于兴趣与爱好，努力把各种创意转变为现实的人。《中国创客白皮书》将创客分为广义和狭义两个层次，广义的创客是指将自己的创意想法变成现实并乐于分享的人，而狭义的创客就是指利用开源硬件和软件将创意现实化的人。综合创客的核心理念，创客就是基于自己动手，通过团队合作，把与众不同的想法变成现实的人。

2. 创新人才

在何克抗教授的观点中，创新人才是指具有创新意识（实现创造发明的目标与动力）、创新思维（创造性思维，形成创新的思想、理论、方法与设计）和创新能力（把创新的思想观念、理论方法，或产品设计转化为有价值的、前所未有的精神产品或物质产品的实践能力）等三方面素质的人才。

不论从哪些方面定义，创新人才都应具有创新精神，具有发现问题、解决问题的基本特点，除了创新意识、创新思维、创新能力，创新人才还应具有综合设计能力和动手实践能力。本课题希望"创客教育"能够培养学生的创新能力、动手实践能力和解决问题能力。学生们由于兴趣驱动，通过自主合作、交流、共享，体验逐步攻克难题和创造性解决问题的造物过程。

3. 创客教育

本课题对创客教育的概念界定为：青少年创客教育是指将创客文化与教育相结合，基于学生兴趣，以项目学习的方式，使用数字化工具，倡导造物，鼓励分享，培养青少年跨学科解决问题的能力、团队协作能力和创新能力，最终目的是把青少年培养成具有创新意识、创新思维和创新能力的一种素质教育。

（三）主要研究目标和内容

1. 研究目标

总体目标：通过青少年创客教育实践，研究创客教育的实施与培养青少年创新意识、创新思维、创新能力之间的关系。

具体目标：从学生学习层面进行研究，探索学生在学习中自身创新意识、创新思维、创新能力的提高。从教师专业发展层面进行研究，探究教师通过学习创客教育内容自身专业能力的提升。

2. 研究内容

从目前开展的创客教育为切入点，通过研究创客教育的内涵，整合课程资源和实施的案例，探索青少年创客教育课程体系，完善评价体系。

通过课程资源的整合与开发、不同课程的实施，采用评价来检测学生的创新意识、创新思维和创新能力是否得到真正提高。

通过教师专业化发展，实施针对教师的创客、STEAM 等培训，提高教师实施创客教育能力。

（四）研究方法

1. 行动研究法

通过参与课题的各位教师按照总研究目标制订个性研究计划，实施研究步骤，对学生创客教育实践情况进行分析，分析后再研究调整重新实践，在这样循环反复的过程中进行青少年创客教育的实践研究。

2. 案例研究法

教师有意识地记录能够反映自己教学思想、教学理论的教育案例。而通过教师对具体教学事件描述、总结和分析，可以研究教师在专业发展方面的成长。

3. 访谈法

通过与其他校外机构或者学校的领导、教师面对面的交流，了解其他校外机构或者学校实施创客教育的途径、方法；了解他们面临的问题、困惑。再通过分析收集的材料，制订研究计划。

同时为达到研究目标，也要借助影像器材、创客工具，采用空中课堂、"互联网+"等现代技术手段进行辅助研究。

（五）研究的过程

1. 准备阶段（2016 年 6—8 月）

完成相关资料、文献搜集整理，撰写立项报告，初步制订研究方案。

2. 实施阶段（2016年9月—2019年8月）

课题组完成专家论证，进行开题。各个成员根据课题研究目标、研究方法制订个性化研究方案。王海涛、杨韬分为一组，从教师层面通过案例研究法，研究青少年创客教育的实施对教师专业发展的影响；刘辰彬、杨阳分为一组，从学生层面通过行动研究法，对课程体系构建和实施进行研究，探索青少年创客教育对学生创新思维、创新能力的影响。

首先，课题组基本梳理出崇文科技馆已有的精品课程体系，并以部分课程为案例启动案例研究。

其次，帮助课题组成员提升课题研究方案的科学性和规范性，针对课题组成员在研究方案的设计与实施中遇到的问题，课题组开展三维打印技术、Arduino智能控制技术等创客技术培训与活动研讨，邀请吴俊杰等专家进行指导。课题组组织教师参加北京市教育委员会（简称北京市教委）、北京市科学技术协会（简称北京市科协）组织的专题研讨及培训活动，如2017年1月参加东城区创客技术及实践应用专题培训，2019年参加"基于STEAM+融合创新实践理念的馆校融合科技教育专家队伍建设主体培训"等。

再次，多次组织科研课题推进会，如2018年1月5日，课题组参加东城区校外教育"科研月"暨课题交流展示活动，介绍了本课题研究推进的情况。专家围绕创客教育课程开发、教育模式等开展了大量研究，并对如何进一步梳理和提炼研究成果进行了指导。

最后，2018年1月22日，课题组组织开展东城区青少年创客教育高峰论坛活动。课题组介绍了创客教育培养学生核心素养、促进学生创新能力提升的实践经验。部分学校创客教师介绍创客教育的观点及学校创客教育经验。高校创客专家针对创客教育的校内与校外内涵特点，创客活动、创客运动与教育的关系等问题展开研讨与交流，并对课题推进提供了方向性的指导与支持。

3. 总结阶段（2019年8—9月）

完成《青少年创客教育实践研究报告》，完成收集、整理工作，进行青少年创客教育成果和论文的汇编工作。课题组对课题研究进行总结及反馈，对课颢结题进行反思和改进。

（六）研究结果

1. 理论研究结果

课题研究开题以后，课题组教师进行了大量的文献查阅工作，通过文献综述理清了创客教育的起源与历史,梳理了我国创客教育在探索与发展中的已有成果,并对青少年创客教育的教育定义、教育理念、教育内涵进行了展开论述,以此来把握创客教育的发展趋势,促进中小学生创客教育教学与课程更好的深化和发展。

(1)创客教育定义。通过实践研究,提出了对创客教育的定义:"勇于提出创新想法,敢于动手造物,善于团队分工与协作,具有解决问题与自主学习能力,具有设计思维和加工制作能力,乐于分享想法和经验的一种综合性实践教育"。

(2)创客教育理念。崇文科技馆创客教育的理念是开展全人教育,即创客普及活动和创客人才培养并重,即在东城区各中小学校开展创客普及活动,通过创客主题式科普嘉年华、创客普及讲座、创客科普大篷车进校园等多种形式普及创客理念,让更多的学生了解创客、体验创客、喜欢创客。在此基础上对喜欢创客、愿意深入学习创客知识与技能、热爱动手制作、乐于分享经验的学生开展创客人才培养,主要是通过一套完备的四级课程模型开展分层教学。

(3)创客教育内涵。崇文科技馆创客教育开展六年来,通过不断总结创客教育实践经验,提出了创客教育的内涵:一项跨学科性、综合性、高门槛性的创新教育模式。

① 跨学科性。从创客教育定义中我们不难看出,创客教育鼓励学生动手造物,而动手造物的过程就是一个跨学科解决问题的过程。这个过程需要学生的自然科学知识、数学知识、工程知识、技术加工能力等不同学科的知识和技能,体现了学生参与创客活动的跨学科性。

② 综合性。创客教育是倡导学生造物的过程,而造物的过程是一个综合性解决问题的过程,需要学生提出新的想法,发现新的问题,分析问题,并解决问题,这个过程是一个综合能力(例如创新意识、设计思维能力、自学能力、与人沟通能力等)的运用过程。

③ 高门槛性。创客教育的跨学科性和综合性就决定了它的高门槛性。通过创客教育实践发现创客教育倡导的造物是创客教育的核心,但是很大程度上中小学生离造物还有很大的距离。一方面是各学科知识储备不足,创客基本知识与专业技能欠缺,另一方面是综合能力有待加强,各方面的能力还比较欠缺。因此创客教育从本质上说是一项具有较高门槛的创新教育模式。

2. 创客教育途径探索结果

(1)开展创客普及活动,激发学生创客学习兴趣。

① 基于整合的创客主题式科普嘉年华活动实施探究。连续开展区域性创客主题式科普嘉年华活动，进行创客普及教育实践、创客普及课程实施、创客普及成果展示探索。如2017年5月26日"文化小创客，创意大梦想"庆六一少年创客嘉年华，2018年1月22日"创客+人工智能"主题东城区学生创客节，2018年5月22日"科技筑梦，创客创新"东城区学生工程创客文化节暨少年创客嘉年华，2019年5月31日"快乐智造，助力成长"东城区中小学生创客嘉年华等。课题组探索与中小学校、高校与研究院所、企业、社会单位有效协作，以开放包容、优势互补为特点的创客普及课程实施整合策略，组织崇文科技馆小组一线教师自主设计原创性创客普及活动，邀请创客资源单位（如北京青橙创客教育科技有限公司、北京塞恩奥尼文化传媒有限公司、鄂尔多斯少年宫等优质创客资源单位）展示优秀创客普及活动。创客主题式科普嘉年华活动实施以来，开展创客精品普及活动，如"MEV机动电能车""涂鸦机器人""会说话的相框""小球马拉松""Cell Robot细胞机器人""小U看世界"等约60个项目，参与体验的学生达2000余人，印制活动手册、活动成果集等4000份。创客主题式科普嘉年华活动构建了学校、科技馆、社会优质资源单位联动，依托90分钟一次的创客体验式课程，让每一位参与活动的学生动手体验，分享收获，感受创客，喜欢创客。活动一直以来深受参与学生、老师的好评，崇文科技馆还会把创客主题式科普嘉年华活动继续办下去，让更多的东城区的学生了解创客，热爱创客。创客主题式科普嘉年华活动经过全馆教师的不懈努力，已经成为一项北京市知名的创客教育新"名片"。

② 开展创客普及讲座。崇文科技馆创客团队教师到中小学校开展创客讲座，仅在2018年前往北京市东城区文汇小学开展"人人都能做创客"的普及讲座便惠及学生300余人。

③ 开展创客科普大篷车进校园活动。开展创客科普大篷车进校园活动，创客团队教师前往东城区中小学校开展创客普及活动，将创客理念和创客文化传递给学生。四年来累计进校园60余所，受益学生近万人。

（2）从兴趣培养到专业发展，探索创客人才培养模式。通过崇文科技馆创客团队六年来开展创客教育实践，不断摸索、梳理，总结出一套创客人才培养模式：四级创客人才培养模式。

四级创客人才培养模式，可表示为"金字塔"模型，处于最底端的一级课程是向学校提供的基础创客课程，课题开展以来，现阶段共有东城区15所中小学校利用劳技课程、课后330课程、校本课程、社团课程、社会实践课程等开设创客一级基础课程,成为创客基地学校,开展创客基础知识与技能学习。二级课程是由崇文科技馆提供的专业创客课程,教授学生三维建模、3D打印、产品设计、机械加工、智能控制等多门二级专业创客课程,学生的创客知识与技能不断提高。三、四级游学课程是由国内高校、知名创客空间提供的高端创客课程,继北京创客空间、上海新车间等地游学后,2017年7月,崇文科技馆学生来到北京师范大学数学系,开展Solid works三维建模的课程学习。课题推进过程中,课题组将四级课程模式逐步完善。我们在创客教学实践过程中发现在中小学校开展创客一级课程,可以最大范围地为热爱创客的学生开展基础创客知识与技能的学习,让更多的学生走进创客教育。在此基础上,我们对参加学校一级课程学习的学生进行选拔,选拔优秀的学生学习科技馆更专业的二级课程,科技馆在二级课程中开设有六个大类的专业创客课程,学生可以根据自己的喜好进行选课学习。在此基础上我们会再次选拔优秀学生开展游学课程学习,从一级课程到四级课程,学生的创客思想与专业技能不断提高,逐渐成为一名合格的青少年创客人才。

学生在学会使用各工具(包含数字化工具)后,能够在创客实践中尝试做出具有创造性的"产品",通过学生制作的"产品",可以发现他们在创新意识、设计思维能力、自学能力、与人沟通能力等方面相对于开展四级课程模式学习前具有较大提升。

(3)创客教育教师队伍建设机制探究。为了探索创客教育理念和创客教育机制,崇文科技馆组建创客教师团队。崇文科技馆创客教师团队成立于2014年9月,是较早成立的一支创客教师团队,团队由主管副馆长牵头,教务处主任、策划部主任参加,12名科技馆兴趣小组一线教师组成。一线教师分别来自创新发明、机器人、智能控制(单片机)、电子技术、创意构建、DI、工艺美术、科技制作、模型等9个方向,是一支多元的创客教师团队。自创客团队成立至今,在馆领导的带领下,团队定期开展教师创客教研活动,通过制度的方式规定隔周三上午为创客教师团队开展创客教研时间,团队先后学习了当时最为热门的快速成型技术、3D打印和开源智能控制硬件Arduino的相关知识,开阔了教师的视野,增长了教师的创客基本技能,同时创客教师团队开展集体教研,共研共讨,以共同打磨一次活动的形式,打造精品创客普及原创活动。

此基础上,坚持"请进来"与"走出去"并重,先后邀请清华大学、北京师范大学等高校的知名创客专家进行专题指导,邀请专家为教师们开展针对性的创客技能辅导。团队注重创客教育的理论学习与研讨,多位教师先后参加由中国科协、北京市科协、中国国际科技促进会（简称科促会）组织的创客专题培训，从创客理念到课程实施，全方位提升教师的创新意识和创新能力。创客团队还选派优秀创客教师前往上海、深圳等地的国内知名创客空间开展参观学习活动，不断提高教师创客思维与创新能力。

崇文科技馆还连续两年开展青少年创客教育高峰论坛，邀请国内知名创客专家、学者开展创客交流，为创客教师搭建了高端学习平台，同时辐射东城区中小学校，邀请中小学创客教师一同参与峰会，与专家、教师共同探讨青少年创客教育发展方向，带动全区创客教师共同进步。

（七）研究结论

本课题认为，将创客文化引入学校，将创客运动转变为"创客教育"，适宜于崇文科技馆的教育发展现状，提升了崇文科技馆的教育教学质量。"创客教育"能够培养学生的创新能力、解决问题能力和动手实践能力，有助于培育学生的核心素养。

1. 对创客教育相关理论的再认识

通过开展创客教育实践，不断总结梳理崇文科技馆在创客教育探索与发展中的已有经验，并对青少年创客教育的教育定义、教育理念、教育内涵进行了探讨与再认识，以此来把握创客教育的内涵和发展趋势，促进崇文科技馆创客教育教学质量与课程开发水平的有效提高，使中小学生的创新意识、创新思维、创新能力得到发展。

2. 创客教育组织协作框架

有创客主题式科普嘉年华活动、创客普及讲座活动、创客三四级游学课程等多种创客教育形式，在推进创客教育实践过程中，形成了以"馆校企社"［科技馆、中小学校、创客教育企业、社会资源单位（高校与科研院所、创客空间等）］有机结合，团结协作，基于资源互补的创客教育组织协作框架。

3. 四级创客人才培养模式

在推进、完善四级创客人才培养模式的实践过程中，随着创客课程的不断丰富，学生从有什么课程上什么课程到喜欢什么课程学什么课程的转变，满足了校外教育课程供给侧改革发展的需要，理清了学校-科技馆-优质社会资源单位间的关系和定位，探索出一套合格创客人才的培养路径，构建起一只近千人的创客阶梯化学生社团，组建了一支由大学教授、社会组织专家、高新企业负责人组成的创客专家团队。

4. 创客教育教师团队

在课题研究的引领下,通过领导带领、全员参与、制度建设、集体教研、"请进来"与"走出去"并重、举办创客教育高峰论坛等多种形式构建创客教师队伍建设与培养机制,组建起一支具有一定创客教育理念、较高创客专业水平、一定创客课程开发能力的创客教师团队。

5. 开创"崇文创客"新模式

崇文科技馆创客教育坚持开展全人教育,即创客普及活动和创客人才培养并重,在创客普及活动中青少年创客科普嘉年华活动已经打造成为一项北京市知名的创客普及教育新"名片"。在创客人才培养路径的探究中科技馆创客团队创新地提出、建立并完善了四级课程模式,得到了业内的认可,先后有多位领导、教育同仁莅临崇文科技馆开展创客教育的调研和经验交流,崇文科技馆的创客教育工作得到了领导、专家的肯定,崇文科技馆的创客教育经验被业内称为"崇文创客"模式。

(八)课题研究后的思考

(1)继续完善创客教育课程体系的开发。
(2)继续开展创客教育课程评价体系的研究。
(3)继续开展创客教育课程教学实践与教学评价、学生能力变化追踪。
(4)坚持开展教师创客教研与外出学习,不断提升教师们的创客理论水平与实践能力。

课题负责人:郝玉林
核心组成员:柳小兵、刘辰彬、王海涛、杨韬、杨阳

二、倡行创客理念,培育创新人才——区域青少年创客教育实践初探

创客,自 2010 年进入中国以来,成为推动教育创新的新助力。"开源硬件平台和桌面制造技术为能够满足个性化需求的"利基产品"提供了制造工具,而物流体系和电子商务平台则为这些产品提供了销售渠道。两者的结合,就创造了长尾经济;而长尾经济的生产者和推动者,就是热衷于制作和分享

利基产品的创客（maker）。"2010 年，中国第一家创客空间上海"新车间"诞生，随后深圳柴火创客空间、北京创客空间相继诞生。至今，全国已实际运行的创客空间有 50 多家，分布于华北、长三角、珠三角、华东、东北等地区。综合创客的核心理念，创客就是基于自己动手，通过团队合作，利用已有技术，把与众不同的想法变成现实的人。

随着创客运动的兴起和普及，创客精神越来越多地引起了教育者的思考和共鸣。2015 年，我国确定了支持发展"众创空间"的多项政策措施，明确要求"打造良好创业创新生态环境。培育创客文化，让创业创新蔚然成风"。

创客运动为中国教育改革提供了另外一条路。这条路的特点是采用自下而上的大众创新方式解决教育问题。将创客文化引入学校，引导全体教师、学生和家长将创客精神融入自己的工作、学习和生活中，可以在一定程度上促进我国的教育创新，提升教育质量和人才培养水平。

北京市东城区崇文青少年科技馆是面向中小学生开展课外、校外科技教育活动的科普公益事业单位。自 2014 年 7 月接受北京市科协学科俱乐部创客项目以来，崇文科技馆高度重视、积极筹备、认真组织落实创客教育。在有步骤地组建教师创客团队、开展创客师资培训、购置设备器材、构建创客空间、选拔学生创客、开展创客课程体验等多方面实施项目中，取得了一定的进展和教育效果，对区域青少年创客教育进行初步而有力的探索。

（一）组建教师创客团队，开展师资培训

"创客"这个词源于英文单词 Hacker/Maker，是指出于兴趣与爱好，努力把各种创意转变为现实的人。在 2015 年，"创客"首次"闯入"《政府工作报告》，得到国家的大力鼓励和支持。创客热正是因为它超越了行业专业的界限，降低了大众参与创新的门槛。作为校外教育的践行者，崇文科技馆意识到开展青少年创客活动，是培育学生创新意识、能力的重要途径，是把孩子们的奇思妙想和无限创意落地，并转化为现实的一种全新的教育方式。2014 年，崇文科技馆首次引入并倡行创客项目，开展创客教育活动，并把创客活动作为培养青少年学生科学创新思维和创新能力的新的尝试。为了指导创客教育理念，探索创客教育机制，首先组建创客团队，成立由主管副馆长牵头，教务处主任、策划部主任参加的项目运行机构，一线专业教师组成的创客教师团队。

教师创客团队注重创客教育的理论学习与研讨，积极主动参与中国儿童中心组织的创客教研活动，观摩中小学校开展的创客体验课程。在与外界交流，吸取经验的同时，崇文科技馆还结合自己馆内课程的特点，邀请专家为

教师们进行针对性的创客技能辅导。定期开展师资培训，注重教师教育，提升教师业务能力，全方位提升教师创客团队的意识和创新能力。

（二）选拔学生创客团队，进行创客课程体验

结合教师创客团队建设，选拔优秀学生组建学生创客团队。教师创客团队的每一名教师从自己的专业学员中选拔创客团队的成员，共有9位教师组建了6～8名学生组成的创客小分队，定期开展创客活动。其中创客项目主要负责人刘辰彬老师利用寒暑假、周六日，带领20多名同学到清华大学创客空间开展创客课程学习，培养了一批学生骨干；还利用夏令营，组织学生骨干共20人走进广州创客空间、深圳柴火、香港科技馆、香港科技大学……深入实地，体验前沿的创客课程。

（三）践行创客理念，展示创客成果

为检验创客教育，展示创客活动成果，在2015年5月29日，崇文科技馆开展了以"创意 创新 创造——庆六一少年创客嘉年华"主题活动。创客团队中的10位教师分别开展了创意模型、创意水果、导电墨水、积木挑战、mbot小精灵、自主行走的秘密等10项创客课程。北京创客空间（魔盒）、小小牛创意科技公司、慧鱼创新学苑等8家创客科技教育公司应邀参加崇文科技馆的创客嘉年华活动，开展了会说话的魔盒、水下机器人、手绘3D打印等多项创客体验课程，为300余名小学生创设了创客体验的平台。举办此次创客嘉年华活动是响应北京市东城区教委提出的"今年过节在学院"活动，为师生搭设展示创客活动和创客教育成果的舞台，同时也为东城区"龙体""东崇前""天永"等学区的14所小学的320名学生送上了特别的儿童节礼物。学生们通过亲身体验，感受到创客活动的神奇。正如一位参加活动的学生说，在创客嘉年华"玩"一天，也体验不完这么多神奇的活动。少年创客嘉年华活动真正凸显"别样节日、非常体验、阳光少年、创客活动"的特色和亮点。创客课程的精彩不仅受到学生们的欢迎与好评，还得到人民网、《现代教育报》、《北京晚报》等多家媒体的关注。多家网络媒体转载了人民网以"东城300小创客 晒创意过六一"为题的报道。举办创客嘉年华活动是崇文科技馆积极践行创客教育、展示创客成果的首次区域性探索，既是崇文科技馆承担自身作为东城区青少年科技学院的责任，也符合我国当下倡导创客精神与教育相结合的发展趋势。

注重把创客成果带到馆外，实现跨区推广创客成果初探。教师创客团队利用与郊区学校及校外活动站开展牵手实践活动的契机，把13项创客体验课

送到顺义区天竺中心小学,让郊区孩子们也感受创客活动的神奇和魅力,同时向天竺中心小学赠送创客活动器材和书籍,引领他们自主开展创客活动。

区域内积极推广创客理念,扩大创客影响力。崇文科技馆利用东城区第35届中小学科技节开幕式承办方的优势,在开幕式上特别设计创客成果展示环节,向东城区的学生们展示崇文科技馆教师创客团队和学生创客团队的一部分创客成果。穆晓萌老师表演的电子乐器演奏让学生们知道还能这样玩音乐;刘辰彬老师的学生团队用3D技术打印出可穿戴的胸针和领带。在学生们陶醉于创客教师、学生团队的创客成果时,为展示前沿创客成果,鼓舞和激励教师和学生参加创客活动,我们还特别邀请深圳柴火创客空间的工作人员,为大家带来一场创客的视听盛宴。他们展示的水果钢琴、体感机械手、微型四旋翼无人机飞行等项目激荡着学生们的心灵。仿佛在那一刻,全员都被创意、创新、创造吸引,觉得创客活动不仅是创造发明新的东西,更是分享交流创造的快乐过程,也更加深入地理解创客的真正内涵。

(四)实施创客挑战赛,推动创客教育合作交流

2015年,崇文科技馆在前期筹备和师生培训探索的基础上,首次组织东城区青少年创客挑战赛。在8小时的挑战赛中,来自小学、初中、高中的20支参赛队,通过现场命题、团队分工协作,完成了"趣玩——音乐盒子""环保房屋""夜间倒水"等20余项主题创客作品,并逐一进行了创作、设计与展示交流。

在创客挑战赛中,我们看到了青少年创意、创新的火花,更体验了从主题确立、创作团队自主协作分工、角色定位以及为团队荣誉克服困难、超越艰难险阻、共享荣誉时刻的过程及结果教育。孩子们从最初对挑战一无所知,到团队协作,通过设计、软件、技术到企划宣传一系列的紧张攻关,实现了一个完全基于需求的创新过程。

在实施创客教育方面,崇文科技馆没有闭目塞听,禁锢自己与外界交流的脚步,反而注重与其他优秀机构或者单位交流合作,共同探讨创客教育。尤其在学生参与的创客课程体验方面,崇文科技馆向其他优秀机构或者单位提供展示平台,让他们把自己的优秀课程、创客成果呈现给东城区的中小学生们,使他们的创客教育有机会得到进一步检验,同时学生们也能体验到更多有趣的创客课程。在一次庆六一创客嘉年华活动中,崇文科技馆邀请北京创空间、北京酷创科技有限公司、卡魅工作室、乐博趣机器人教育集团等作为活动的支持单位,共同参与创客展示。开放、包容的思想提升了活动的质

量，形成崇文科技馆与其他单位在开展创客教育上优势互补的局面。

崇文科技馆积极学习并引进前沿的创客课程，在共同探索创客教育中提升馆内师资力量；认真研究制订东城区青少年科技创客教育实践活动课程，咨询专家把创客教育与实践活动课程进行较好的融合。崇文科技馆还聘请了北京师范大学的专家研发物联网课程，组织当前物联网课程开发的教育机构对崇文科技馆教师进行物联网课程的相关培训；引进用手机、电脑实时监测环境温度的课程，更好地诠释了利用物联网实现智能气象系统的概念；物联网课程再经过崇文科技馆教师的转化与深加工，使教学内容更贴近学生生活，同时教师能力也相应提高，扩大馆内人才储备。

崇文科技馆在教师创客团队建设、选拔学生创客团队、检验创客成果、举办小创客挑战赛、对外交流合作上积累了一定的经验，在区域创客教育的探索中取得初步成效，也形成了自身特点。崇文科技馆注重把创客活动和教师专业拓展相结合，进一步提升和拓展创客教育的内涵，使"创新不再只是少数人的专业，而是成为了多数人的机会。"但由于创客教育实践探索时日较短，全馆教师在提升创客活动的质量上还将继续积极探索，为开创更加丰富的创新、创意的教育活动，把创客项目实施得更好而努力前行。期待在全员的努力下，崇文科技馆在区域青少年创客教育的道路上形成独特、美丽的风景。

——柳小兵、郝玉林、丁翔宇

三、基于校外科技活动培养学生创新思维能力的教学探索

科技创新是中华民族复兴的强大驱动力，21世纪知识经济时代的制胜法宝就是具有创新意识和创新能力的人才。实践创新是学生发展六大核心素养的重要方面，高度重视学生的创新设计与实践能力培养，是教师义不容辞的责任。

（一）依托校外科技活动平台，迸发创新活力

青少年校外教育是我国教育事业不可缺少的组成部分，也是实施素质教育的重要途径，在全面推进素质教育、构建终身学习型社会的今天，青少年教育承载着对广大青少年培养创新精神和实践能力的重任。

科技活动是青少年校外教育中最具有吸引力、易于为广大青少年接受的教育实践活动之一，相比校内教育更能充分体现教学过程的开放性、趣味性、

实践性、体验性和互动性，更能激发广大学生的创新活力。学生在活动中快乐学习，幸福体验中增长知识、问题探索中创新设计。

因此，充分利用校外科技活动平台，激发学生创新活力，对广大青少年创新思维能力的培养有着重大意义。

（二）关于培养学生创新思维能力的几点思考

所谓创新思维，是指运用已有知识和经验开拓新领域的思维能力，"创新思维是一种新颖而有价值的、非传统的、具有高度机动性和坚持性，而且能清楚地勾画和解决问题的思维能力。"创新思维不是天生就有的，它是通过人们的学习和实践而不断培养和发展起来的。创新的本质是突破，创新活动的核心是"新"。本文从科技活动中培养学生的创新思维能力出发，提出几点实践思考。

1. 源于生活的创新思维启迪

生活是海洋，凡是有生活的地方就有快乐和宝藏，就孕育着创新的灵感和热望。事实也证明无数的创新发明和科技成果都源于生活的启迪。一个创新的想法远离了生活就会变得空洞。青少年教育中的创新思维越贴近生活，就越贴近孩子的理解。分析两种情况，第一种情况，直接向学生提问："你们要是小小发明家，你们能想到的创新发明有哪些？"第二种情况是结合生活，步步引导，"你们觉得生活中哪些科技成果给生活带来了便利？那你们再畅想一下未来还会有哪些创新发明出现呢？生活中有没有遇到一些小麻烦，想一想如何解决？如果你们是小小发明家能否从生活中得到启示，有自己的创新小想法呢？"显然第二种方式更容易激发学生的创造力，因为生活的经验能够给予学生启示。

教学中，教师要注重将课堂活动与生活紧密结合起来，关注课堂之源——生活。使活动教学贴近于生活，联系生活实际，引导学生思考生活、发现生活、改造生活，挖掘和启迪学生的创新思维，赋予课堂以生命和活力。

2. 民主氛围的陶冶——为学生提供一个大胆想象的空间

展开联想，这对于培养学生的创新思维有着重要的意义。在科技活动过程中，教师应该合理创设问题情境，给学生提供一个大胆想象的空间，鼓励和启发学生主动思考、善于思考、独立思考，使之融入想象的海洋中并探寻各种有利于问题解决的思路和方法。

小学生都喜欢问问题，并且喜欢天马行空的想象，这是孩子的天性。我们应站在他们的角度，理解问题的提出，从而挖掘问题的"闪光点"。当学生提出一个问题或萌发一个创造性设想时，无论合理与否，我们都要给予鼓励和支持，因为这是一个促进孩子积极思考问题的过程，灵活的发散和巧妙的联想是获得成功构思的重要方法和途径。

尊重学生的天性，保护学生强烈的求知欲望和创造欲望，为学生创设一个有利于创新的民主氛围，创造一个轻松活跃的思维空间，培养学生锐意进取、敢于质疑、敢于挑战、不墨守成规的独立意识和创新意识。

3. 案例分享——科技知识的积累与升华

知识为创新提供原料，有了扎实的知识才有创新设计的基础。针对小学生的年龄特点，纯粹的理论知识学习难免会显得枯燥乏味，活动中案例分享是一个有效的学习手段。比如开始齿轮传动小汽车的创新设计活动前，分享一个齿轮的应用案例，使学生了解齿轮的传动原理及应用情况；分享小汽车的拆装案例，以使学生了解小汽车的基本结构等。学生通过案例的学习，融会贯通，将知识组合升华再创新。

以案例为载体，知识更加具体形象化，更便于学生理解消化，教学活动中我们应该合理利用案例的启示作用，支撑学生的创新思维。

4. 教师要做引导者，不做主导者

教师在学生创新活动过程中要做引导者，不做主导者。创新设计中教师应该以学生为主导，鼓励学生大胆探究实践，而不是把自己的想法强加于活动中。鼓励学生在活动中自主地发现问题、解决问题，教师提供支持和引导。教师是学生创新活动的组织者、引导者和合作者。在一次以滑翔小飞机创新设计为主题的活动中，学生设计的结构存在小缺陷——螺旋桨旋转过程中会与机体干涉，当时教师直接把问题原因和改进方案告诉了学生，这个情境不但没有激发学生思考，反而限制了学生的思考。试想换一种思路，用问题来引导：我是你设计的小小滑翔机，我想要滑翔，可是不知道哪里出了问题，孩子们快来帮帮我。这样可以更好地促使孩子们思考，唤起孩子们的创新思维。

5. 为学生创造自主合作的空间

为培养学生的创新意识和实践能力，教师在教学过程中还必须创设自主、合作、探究的空间，拓宽学生个性表达的天地，促进学生主动发展。

自主合作是现代教育教学中必不可少的，是实现素质教育、培养学生综

合素质的重要方面。为学生创设一个群体互动的空间，使学生在其中学会相互配合、相互学习、相互启发，学会表达和交流，学会倾听和补充，做到能理解同学的发言，能吸取别人的见解，能对别人的发言进行质疑和评价。这种合作交流的能力，为思维的碰撞提供平台，让创新思维的路更为宽广。

（三）小结

创新已经成为时代的主旋律，科技创新对民族、国家、企业和个人都具有重要意义，作为一名科技教师，我们有责任也有义务以科技活动平台为依托，注重培养学生的创新思维，激励学生的创新意识，提高学生的创新实践能力，为培养未来的科技人才而不懈努力。

——王雅菊

四、STEAM 教育理念下"物联网+"项目的实践探究

（一）STEAM 教育理念

STEAM 源于 STEM（即科学、技术、工程、数学的首字母），后来又引入了艺术。是比 STEM 更加全面的教育理念。有别于传统的单学科、重书本知识的教育方式，STEAM 是一种重实践的超学科教育概念。任何事情的成功都不仅仅依靠某一种能力，而是需要借助多种能力，比如高科技电子产品的制造过程中，不但需要科学技术，运用高科技手段创新产品功能，还需要好看的外观，也就是艺术等方面的综合才能，所以单一技能的运用已经无法支撑未来人才的发展。未来，我们需要的是多方面的综合型人才，STEAM 教育理念因此而产生。

具体来说，STEAM 教育不仅仅是提倡学习学科知识，更提倡的是一种新的教学理念：让孩子们自己动手完成他们感兴趣的，并且和他们生活相关的项目，在过程中学习各种学科以及跨学科的知识。STEAM 其实是对基于标准化考试的传统教育理念的转型，它代表着一种现代的教育哲学，更注重学习的过程，而不是结果。本质上来说，我们敢于让孩子们犯错，让他们尝试不同的想法，让他们听到不同的观点。我们希望孩子们学习到能够应用于真实生活的知识，鼓励孩子动手实践，从而找到自己想要的答案，达到潜能开发的目的。

（二）物联网概述

互联网终端的革命——物联网，它必将成为未来发展的方向，逐渐应用到社会的方方面面，最终推动社会的发展。所谓物联网就是借助互联网的平台，通过射频识别、红外感应器、全球定位系统等传感设备，按照约定协议，进行信息的交换和通信，实现智能化识别、定位、跟踪、监控和管理，在一定程度上来说物联网就是互联网的拓展和延伸。简而言之，物联网就是"物物相连的互联网"。有了物联网，人与人、人与物、物与物之间就能达到360度无死角连接，物联网让原本没有生命的物体学会感知、分析和交流，帮鲜活的生命建立起便捷沟通的桥梁。物联网应用领域广泛，几乎涉及生活的方方面面，很大程度上提高了人们的生活质量，改变了人们的生活、工作以及学习方式。例如：现在的智慧农业，通过相关技术实现对农作物生长环境的实时监测，将数据通过移动通信网络传输给服务管理平台，技术人员对数据进行分析处理，实现农民足不出户管理一片菜园，消费者随时监测农作物生长情况。

（三）基于 STEAM 理念开展物联网项目的目的

物联网是新一代信息技术的重要组成部分，也是"信息化"时代的重要发展阶段，被称为继计算机、互联网之后世界信息产业发展的第三次浪潮。物联网应用领域广泛，几乎涉及生活的方方面面，很大程度上提高了人们的生活质量。开展物联网教育使学生了解目前与我们生活息息相关的科技前沿技术，紧跟时代步伐。

"核心素养"是现在教育界的热词，即学生在接受教育过程中，逐步形成适应个人终生发展和社会发展需要的必备品格与关键能力。核心素养是学生适应社会最基础、最重要的素养。物联网教育与创客教育、STEAM 教育相结合，基于项目式学习，培养学生坚持不懈、大胆尝试的探究精神，提高学生善于发现问题、解决问题的能力，锻炼学生创新思维和创新意识，使学生具备从容面对未来各种未知与挑战的能力，成为国家的建设者和可靠接班人。

（四）基于 STEAM 理念物联网项目的活动实施

1. 物联网项目活动实施的保障条件

（1）开源硬件及图形化软件为物联网项目提供底层支持。开源硬件价格低，入门容易。Arduino 的普及让师生可以在很短时间内开发出属于自己的产品。更重要的是它的价格低，还有 nodemcu wifi 模块，它可以直接进行 wifi 远程控制，兼容 Arduino IDE 开发系统，还附带有基于安卓的 SDK 开发代码，物联网的开发可以一步到位。

可视化编程工具不但免费，而且可以直接控制硬件。Scratch、Mixly、App Inventor 软件提供强大丰富的可视化编程功能，Scratch 这款软件小学生非常喜欢学习。只要教会孩子一些基本的程序结构方法，他们便会创造出很多令人惊喜的作品。小学 2 年级的小朋友就可以学习这款软件了。不仅如此，Scratch 还可以被二次开发，当前已经有国内的厂商把它进行二次开发并改名为 Mblock，S4A 和 Mblock 可以把 Arduino uno 作为测控板来使用。App Inventor 是一个基于云端的、可拖曳的手机应用软件开发环境；它将枯燥的编码转变成积木式的拼图，使手机应用软件的开发变得简单而有趣；即使不懂得编程语言，也可以开发出属于自己的手机软件；具有零基础、无门槛、组件多、功能强和出错少等特点；此外还支持乐高 NXT 机器人，想要用手机控制机器人的时候，只需要使用按钮、文字输入等基本元件即可。

（2）活动室设备配置。活动室具有电脑、电烙铁、焊台、万用表、电子元件材料柜等基本配置，可以给学生提供动手制作的机会，他们可以使用各类金属、木料、塑料以及电子工具进行创作，将想法实现出来。另外为每名学生配备一到两种开源硬件模块（如前面提到的 Arduino uno R3 开发板），和一些常用的模块（比如 LED 模块、光敏传感器、拾音器、可变电阻等）供学生做实验之用。

2. 物联网项目的活动实施

（1）采取体验式活动方式开展物联网普及项目。我们开展的物联网体验式课程，如智能气象系统和智能灯光系统体验。体验式课程以实验探究的方式开展，学生四人为一组，以小组为单位，按照老师设计的既定步骤开展探索之旅，并完成任务单及实验反思。在逐渐了解物联网的概念及应用后，组织学生深入中国科学院（简称中科院）微电子所和自动化所进行考察学习，开阔学生视野，为学生提供更广阔的学习平台。物联网普及活动不仅使学生了解了物联网技术为我们生活带来的改变，而且培养了学生团队合作意识，提高了学生发现问题、解决问题的能力。

（2）采取项目式学习方法开展物联网创意设计活动。物联网技术融合了电子信息、工程技术、智能控制、艺术、设计等不同学科。因此，开展物联网教育要选择多学科融合的项目作为切入点，如：手机遥控智能车，这个项目要用到物理、电子、编程、设计等学科知识。

物联网教育与创客教育、STEAM 教育相结合，让学生在项目制作中学习新知识、新技能，能够提升学生的探究精神，培养团队合作精神，提高学生的观察能力和创新能力。以辅导学生参加"未来工程师"物联网创意设计项目竞赛为例。在第一步选择项目主题时就遇到了困难，学生们很茫然，他们习惯于有一个作品来参照。传统的教育模式以教师的教为主导，常常忽视学生自主学习的主动性；以学习知识、掌握技能为重点，而忽视学生创新思维、解决问题能力的培养。在本次活动中，笔者采用探究式教学方式，引导学生自己描述生活中遇到的问题，找出解决这个问题的限制条件；接着通过各种渠道收集资料，找出前人的方法；在已获得资料的基础上，根据自己拥有的知识提出所有能想到的解决方法；最后在这些方法中筛选出最好的一个。循序渐进地引导学生发现问题、分析问题，解决问题。学生们很快就确定了主题，如：移动智慧书桌、行走的穿衣镜、小燕子作业收发器等。第二步项目分析。引导学生根据项目预计实现的功能进行项目分析，基本确定所用到的电子模块及结构布局，画出整体设计草图，分析项目实施的可能性。第三步项目实施，动手制作。在经过反复斟酌修改项目方案、调整电路模块及整体布局后，学生们终于经过了重重困难，完成了作品的设计、搭建、调试工作。第四步作品展示及答辩。学生面对全体师生陈述作品的设计理念、产品功能及作品制作过程中遇到的问题，解决方法。在本次物联网创意设计项目竞赛中，崇文科技馆参赛学生分别获得北京市一等奖、二等奖、三等奖，并有 7 名学生成功晋级全国赛，并分别获得一等奖、二等奖、三等奖。

（3）活动成效。

① 学生成效。学生了解了物联网理念以及物联网技术应用的领域，掌握了物联网技术知识，具备了以小组为单位，分工合作，自主设计基于物联网技术的作品的能力。基于物联网项目的学习能够让学生在产品制作中学习新知识、新技能，能够提升学生探究精神，培养团队合作精神、观察能力和创新能力。

② 家长认可度。物联网教育以来源于生活、应用于生活为教育理念，以在产品制作中学到新知识、新技能，从而培养学生团队意识、创新能力为教育模式。物联网技术不仅可以让学生学到最新的科技，而且可以给学生提供一个广阔的创新空间。家长对于物联网项目的教育理念、教育模式以及学生在活动中知识的获得方式等的满意度达到了 85% 以上。

③ 教师成长。物联网技术的知识面广、更新快，需要不断地学习新知识，不断地更新知识积累。因此，教师充分利用网络教学平台，馆、区、市教研活动，积极学习交流，深入高校及企业学习先进的前沿技术，加强专业知识学习，提升了教育教学能力；在深入企业物联网基地考察活动中，转变了教学观念、教学行为和师生关系，提高了活动的实施能力。

——张璐薇

五、基于 STEAM 理论的智能单片机课程教学设计

以课题"探索智能木偶剧——S4A 互动智能场景程序设计"为例。

（一）时代背景

2018 年平昌冬季奥运会的闭幕式上，承办 2022 年冬奥会的中国展现了北京 8 分钟，让世界看到了中国的现代化和传统的川北大木偶。于是崇文科技馆开展了探索智能木偶剧的首次专业实践活动，使同学们感受其中的文化底蕴和人工智能技术知识。根据《教育部关于全面深化课程改革 落实立德树人根本任务的意见》，培养各学段学生发展核心素养体系要求，明确学生应具备的适应终身发展和社会发展需求的必备品格和关键能力。笔者结合智能控制单片机兴趣小组该学期侧重编程知识学习的教学计划，设计了一次兴趣小组活动，重点培养学生运用已掌握技术创新实践的能力，树立学生乐学善学精神，鼓励学生勇敢探索，用理性思维寻求解决问题之道，提升学生的审美情趣，积累中国学生应具备的传统人文底蕴。

（二）育人规划

本次参与活动的学生共有 16 人，既有上学期参与过探索智能木偶剧活动的老学员，也有该学期的新学员，年龄为 8~12 岁。学生们勤学好问、充满探索欲望，但沟通表达能力方面较弱。针对新老学生情况，以自愿为原则，组织学生以小组的形式合作学习，促使新生更快地进入我们的学习模式中，老生也有了更多机会锻炼自己的沟通交流能力。

本次活动为该学期 12 次活动中的第 4 次活动，经过之前 3 次活动的学习，学生已掌握 S4A 编程软件的基础操作，包括动作类指令、外观类指令、事件类指令、控制类指令编程使用方法，更有能力较强的学生可综合运用这几类指令完成循环结构任务。

本次活动强化了学生对所学知识的应用拓展能力，用学生喜欢但并不了解的中国木偶剧文化作为切入点，引导学生学以致用，大胆探索智能控制编程知识的艺术化表达。

（三）项目课程结构

第一步，了解中国木偶剧表演文化，学生学会导入音频剧本，能借助 S4A 互动采集控制器综合使用各类指令，增强木偶剧表演过程中智能场景与表演者相互配合的演出效果。

第二步，能结合音频剧本编程设计 S4A 智能场景，学生通过模仿木偶剧表演者动作不断改进智能场景的互动效果，小组学生间通过讨论表演效果，沟通合作。

在活动中，学生通过合作探索智能木偶剧演出体会成就感，并意识到传承中华民族文化的责任感。

（四）教学策略必须以学生为主体

基于建构主义理论，在教师或课程理念提出之前，先触发学生的思想，让学生充分交流构思与想法，形成思维碰撞与辩论；相互合作、尊重个人、合理分工；在时间充裕的情况下引导其反思自己，深入分析，全面思考；当学生提出新观点和新思维时，给予充分的肯定和鼓励，并且教学生将自己的想法进行实现与运用，并用新的经验重新组织学生的学习思路；利用新的思想，结合过去生活中的经验，加入学生的兴趣设计课程。基于 STEAM 理论的科技教育强调将学生置于实际情境中进行科学探究，培养学生的发散思维和逻辑思维。科学探究型教学的基本导向是科学问题，而机器人可以为科学探究提供技术支持，是科学问题研究数据的来源，是科学探究的工具。在智能单片机课程中，教师的教学策略必须以学生为主体，才能达到最好的教学效果。

（五）结语

科技推动教育，随着我国科学技术的发展，中小学生有了更多机会接触和学习智能单片机的相关技术和知识。该课程的教学内容涉猎广泛，综合了多学科知识、趣味性高、实践性强。同时，课程结合了最新、最前沿的科学成果，将 STEAM 教育中提倡的素质教育也涵盖其中，值得大范围应用与推广。

——穆晓萌

第二节 创客教育优质项目

一、Makeblock 智能控制应用

自 2015 年开始筹备 Makeblock 智能控制应用"三个一"创新项目工作以来,崇文科技馆紧密围绕区、市金鹏科技教育发展战略的总体思路,全面贯彻实施东城区的精品特色战略要求,积极践行崇文科技馆"崇文、厚德、励学、创新"馆本文化的核心理念,借助东城区少年科技学院工作平台、科技教育专家导师团、科技教师导师团组织平台、中小学生科技节活动平台,充分发挥了崇文科技馆在全区中小学生科技教育工作中的示范、引领、指导和服务的综合职能与作用。

(一)规划计划

1. 依据基础

为牢固树立和贯彻落实创新、协调、绿色、开放、共享发展理念,深入落实创新驱动和京津冀协同发展战略,在全社会大力弘扬和培育创新精神,提升社会公众科学素质,为北京加强全国科技创新中心建设营造良好氛围,根据《践行"北京精神"在全社会大力弘扬和培育创新精神的若干意见》、全国科技创新大会精神、《"十三五"国家科技创新规划》、北京加强全国科技创新中心建设总体方案、北京市科技创新大会精神和《北京市"十三五"时期加强全国科技创新中心建设规划》,特制定《首都创新精神培育工程实施方案(2016—2020 年)》。

符合《北京市教育委员会关于在全市校外教育机构开展"三个一"活动的通知》要求,在本学期教学计划中设计开展专业创新和趣味实践相结合的活动内容,重点在建立学生自觉有效地获取信息,发挥自身特长在实践中解决问题的能力。

本项目实施依托崇文科技馆智能控制单片机活动室场地,所用设备按活动内容分为初级 Scratch 编程基础、面包板趣味电路、中级 S4A 交互创意编程、高级智能控制互动编程设计。

本项目自 2016 年开始实施，经过几年的实践与沉淀，创新出将智能控制与多学科融合教学的方式，在北京市东城区属首创活动内容，受到了许多专家的认可及本区广大师生的欢迎。

2. 理念目标

本项活动以践行社会主义核心价值观为导向，以立德树人为根本任务，重点培养学生运用已掌握技术创新实践的能力，树立学生乐学善学精神，鼓励学生勇敢探索，用理性思维寻求解决问题之道，提升学生的审美情趣，积累中国学生应具备的传统人文底蕴。

3. 实施情况

本项活动具有完整的一学年教学计划及课程框架（见图 2-1）。更在 2018 年开始与 Makeblock 北京总部共同组织了首届东城区 makeX 竞赛，2017～2018 年第二学期崇文科技馆约 70 名学员参加本项活动，共组建 24 支队伍。

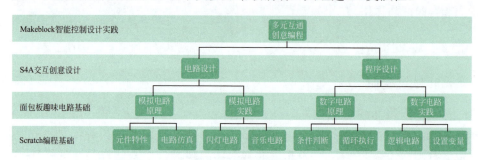

图 2-1　课程框架

（二）支持与保障

1. 师资队伍

本项活动核心教师为崇文科技馆教师穆晓萌，自 2011 年开始负责本区单片机活动教学及相关竞赛培训。

2018 年，崇文科技馆组织开展了 Makeblock 创客工坊教师培训，组建了 Makeblock 智能控制应用相关教师讨论群组。为教师们提供业务交流平台，促进了本区 Makeblock 智能控制相关活动的教学发展。

2018 年 9 月开始聘请中科院心理健康分院专家对原有教师团队开展儿童

教育学心理学提升培训。

2018 年 12 月开始聘请中科院智能控制与自动化相关专业专家对原有教师团队开展专业提升培训。

2. 场地设施

崇文科技馆智能控制单片机活动室占地 50m^2，为本项目固定实施场地，另有 Makeblock 北京总部作为竞赛培训专属场地，场地均有专属人员负责，保证人员设备安全。

3. 制度建设

本项活动遵循崇文科技馆项目管理办法，制定了《Makeblock 智能控制应用项目学生活动管理办法》，2017 年 12 月结合学生成长规律制定了《Makeblock 优秀学生评选办法》，项目实施过程遵循《崇文科技馆安全管理制度》，制定了《Makeblock 智能控制应用项目安全管理制度》。项目负责人为第一责任人。安全管理制度遵循崇文科技馆教学活动管理要求。

（三）方法与过程

1. 教学形式

（1）每学期根据学生情况及教学进度需求编制学期教学计划，学期末时进行一学期的教学总结。

（2）综合考虑 Makeblock 智能控制应用专业特点及教学需求，每次活动均采用教师演示编程步骤，学生分组实践编程设计的方式，利用多种现代化信息技术开展教学活动，丰富教学活动。

2. 教学过程

（1）活动目标。

① 本项活动参与学生年龄为 6 ～ 12 岁。通过引导学生将之前学习的 mbot 机器人基础指令通过 mblock 编程软件编程，完成 mbot 智能小车前进、后退、转弯、停车等多种传感器综合控制任务。

② 本项目的高阶活动内容主要通过与中国传统文化和社会生活为切入点，引导学生学以致用，锻炼学生对所学知识的应用拓展能力，大胆探索智能控制编程知识的多样化表达，例如自 2018 年初冬奥会后，我们就结合中国的木偶文化进行了"探索智能木偶剧"系列活动。

③ 促进小组学生间沟通合作，使学生能在活动中获得成就感，意识到传承中华民族文化的责任感。

（2）活动内容。由于智能控制单片机活动目标通常是进行电机、舵机、多种传感器控制与程序设计知识的学习，对于活泼好动的学生来说稍显枯燥，不利于学生对知识的应用和巩固。所以为了提高学生对知识的多维掌握，我们不断尝试将学习内容与学生关心的生活常识结合、与社会现象结合、与文化艺术形式结合，还与学生喜欢的游戏结合，开发了新的活动内容。

（3）活动重点与难点。活动重点为学生多维能力（倾听、沟通、动手、探索、合作等）的提升。我们的活动不鼓励学生个人英雄主义，要求团队合作完成任务，全方位地帮助学生积累多种直接经验，使学生逐渐摸索出将书本知识迁移的能力。

活动难点是需要学生能将智能控制知识用多种形式展示出来。

（4）活动环节。

① 环节一：创设情境。对于专业实践类活动，我们主要通过视频、演示、参观、问答和动手体验等多维刺激手段作为情境创设，引发学生对活动主题的好奇心与探索欲望。

② 环节二：分析讨论。分组讨论不仅能促使学生间的交流合作，还能帮助学生分析任务，倾听他人意见，在综合思考和互相讨论中，不断巩固所学知识，强化活动重点及知识目标。

③ 环节三：探索实践。在经过讨论，小组内确定任务的实施方案后，学生需要针对任务需求和自己的所长进行分工。通过学生的自主实践，教师指导的形式，小组间互相评价改进，突破活动难点，达到技能提升的目标。

④ 环节四：展示与表达。智能单片机活动本就较难展示学习成果，我们通过设计有主题的多种展示形式使学生进行知识技能和学习成果的展示，也促使学生大胆展示自己，拓宽学生专业思路，使学生获得应用智能控制知识解决问题的成就感。

⑤ 环节五：效果评价。通过学生活动记录单、家长反馈、学生反馈，及巡视观察学生在活动中的主动参与性对活动效果进行评价。

（四）成绩与效果

本项目自 2015 年实施以来，学生参与活动积极性高，学习成果在本区首屈一指，学生在智能控制应用方面专业素养有所提升。

小组学员曾多次在北京科技周主会场进行表演展示，并在全国虚拟机器人设计竞赛、北京市学生科技节等活动中获得奖项。

——穆晓萌

二、可移动模型博物馆

（一）规划与计划

1. 项目背景

（1）项目简介。模型运动是一项以航空、航天、航海、车辆模型为主的综合性科技、竞技体育活动。以其知识丰富性、教育多元性、技术广泛性、竞技多样性、工艺观赏性、娱乐时尚性、市场成熟性、赛制传统性等为显著特点，深受广大专业运动员、模型发烧友，特别是青少年模型爱好者的青睐。

（2）相关政策依据、理论背景。全面展示青少年模型活动成果，崇文科技馆联合北京市中小学生航空、航天、航海、车辆模型四赛组织与实施单位，举办了"北京市中小学生模型科技节活动"。此次活动非常成功，得到了北京市教委领导的高度认可。此后，我们连续开展了4届北京市模型科技节活动。崇文科技馆还将模型活动送到远郊区县，我们走遍了16个区县，足迹覆盖全北京市，直接参与学生人数近十万人次，活动得到远郊区、县教委领导和基层学校的极大欢迎。

2. 理念目标

模型项目是非常适合中小学生开展的一项科技活动。无论是北京市比赛，还是各区县的区赛，都有着非常深厚的群众基础，有些区县每年参赛人数多达数万人。在学生活动中，模型项目始终是不可或缺的一个主打科技教育内容的项目。我们对未来的规划一是将育人放在首位，专注提升学生核心素养；二是内容更加丰富，向着多元化发展。教育的成功在于全面，而不仅仅是一个点。在未来的模型项目教育中，我们要力争实现航空、航海、建筑等多元素融合，设计、制作、操控、创意相互贯通，形式更加多样。

（1）聚焦育人，提升素养。在"育人"方面要紧紧围绕立德树人的根本任务，坚持活动育人、实践育人，坚持兴趣培养和个性化教育，提升学生的科学精神和创新能力。结合科技教育与模型专业的特点，发展学生的核心素养。

（2）内容多元，形式多样。内容更加丰富、多元：实现航空、航天、航海、车辆、建筑、火车等多元素的融合。形式更加多样：通过展示、论坛、体验、研学、竞赛等形式提升学生兴趣与参与感。

（3）优化课程，打造精品教材。为了实现目标的课程化与系统化，计划在三年内依托北京市模型运动协会、十余所基地院校和骨干教师，优化课程，并打造课程的配套教材，并完善配套学材，打造多节样板课。

未来的发展始终要保持：创新性、前瞻性。

3. 结构内容

（1）项目整体架构。模型项目组深入地进行了项目、资源、课程的重组，将航空模型、航天模型、航海模型、车辆模型、建筑模型、火车模型等多种模型进行有机结合。开展内容由从前的单一项目向多元化发展，参与竞赛、展示、活动的层面也更加宽泛。

为落实《国家中长期教育改革和发展规划纲要》精神，探索发现和培养创新人才的途径，深化教育教学改革，创新教育教学方法，项目深度挖掘学生的潜能，探讨科技拔尖人才早期培养模式，打造特色科学领域课程，将学校科技教育需求与国家高端科技资源的科技教育转化相结合，把学习科学精神、科学方法与参与科研实践、掌握科学知识相结合，以提高学生素质、开阔学生视野、启迪学生灵感、增强学生创新意识和动手实践能力，提高青少年学生的科学素养。

依托北京航空航天大学等航空专业较强的著名高校，立足于基础科学、工程与技术科学、航空科学领域，结合中国教育环境与学生特点，通过科技教育培训、科学探索活动、实验室课题研究、远程科技教育等途径，为学生提供高质量多样化的科技教育。

具体实施共设立五级体系模式：

五级学生培养体系模式	
第一级	大量开展线上教学互动，普及模型知识，开设"跟周老师玩模型"这一栏目，经过半年的尝试和摸索，得到很好的反馈
第二级	在学校、社区开展体验式活动和科普面对面活动
第三级	组织有兴趣并且有一定基础的青少年，由崇文科技馆邀请专业领域专家进行专业讲座学习
第四级	对部分有兴趣、有能力的青少年进行专业实操培训，为他们提供与高校、航空研究院，乃至国际尖端机构进行交流学习的机会
第五级	将优秀的学员推荐到专业大学院校与专业航空学院深造

(2）目标。

① 深化完善以"模型科技节"为延续的青少年模型科技活动体系的系统化配套建设。

② 大力促进模型教育与模型科普活动效益、质量、特色"三个水平"的明显提升与持续发展。

③ 学生在活动中亲身体验各类模型的基本特点，培养其对模型的兴趣与爱好。

（3）进展情况。

① 大众科普展示，社区和场馆的科普体验。本项目的展示使命就是将模型项目送至学校、社区、公共展示区域。普及模型知识，宣传模型文化，推广模型运动。

② 模型专业竞技。带领学生参赛获市级以上奖项多达上千个。

③ 常态化模型教学，模型专业课程化。深入地进行了项目、资源、课程的重组，将多种模型有机结合，实现了课程化。

④ 尖端科研探索。搭建一个"启动梦想"的平台，让青少年"未来汽车工程师"的梦想更加稳健地向前迈进。活动中小选手们表现出的热情参与、努力探索、积极创新、锐意进取，是中国实现"汽车强国"梦充沛的原动力。

（4）课程结构。

	"可移动模型博物馆"模型课程结构						
主题	一、飞机模型课程		二、车辆模型课程			三、舰船模型课程	
	动态模型	静态模型	动态模型	静态模型	创意车模	动态模型	静态模型
形式	线下课程与网络课程						
层级	学生层面					教师层面	
	兴趣小组活动	科普实践活动课程	假期研学活动课程	竞赛集训课程		网络课程	师训课程

（5）学生培养层级。

学员	人数/人	年龄/岁	活动目标
研究、创新学员	10	12~18	创新发明类活动、竞赛
专业阶段学员	25	11~18	全国模型锦标赛
提高阶段学员	50	8~15	北京市模型竞赛
初级阶段学员	100	8~15	东城区活动、竞赛
校内后备学员	200	7~15	模型科普活动
体验式学员	1000	不限	模型科普体验

（二）支持与保障

崇文科技馆给予了师资、物力、经费与场地的大力支持，周边金鹏团学校填补不足，还有社会力量助力提升。

1. 师资队伍

（1）核心教师团队（崇文科技馆）。"可移动模型博物馆"崇文科技馆教师团队是有着优良传统的优秀队伍，曾高质量地完成多项市级活动和每年的区级活动，并且在一些国家级活动中也有着出色表现。

团队共五名教师，由校外专家与崇文科技馆教师组成。其中，项目负责人周君，高级教师，北京市模型运动协会副秘书长，北京海模青年队领队，东城区学科带头人，曾任中国国家航空表演队队员，中国国家航海模型队队员，中国石油体育协会模型队教练兼队员。

（2）核心教师团队（中、小学校）。经过多年积累，项目在校内外结合方面取得很大突破和成就，多名校内教师曾与项目核心负责人周君学过经验。经过周老师多年培养，有些校内教师已经成为了行业内专家。

（3）专家团队。由北京航空航天大学、中国国家航海模型队、北京师范大学、首都师范大学、府学小学等单位的专家组成。

2. 场地设施与资源开发

数年来，除在崇文科技馆模型工作室开展活动外，本项目积极进行资源开发，在东城区培植了一批基地学校，帮助十余所学校建立模型社团，项目组经常组织校内外教师交流活动，共同学习进步，提高模型运动专业技能。

3. 经费投入

项目经费的开支包括设备费、材料费、劳务费和专家咨询费。其中材料费占总经费的80%。设备费、劳务费和专家咨询费为活动设计实施、课程体系的建立提供了支持。

4. 项目管理

项目的发展得到了崇文科技馆及教委领导的大力支持，得到北京市模型运动协会和国家体育总局航空无线电运动管理中心等行业管理部门的认可与支持。

（三）方法与过程

1. 教学条件

（1）教学场地条件。模型活动室具有配套的设备设施，能够满足日常教育教学活动需求。

（2）教师教学条件。教师根据课程体系制订学期教学计划，撰写活动方案，准备活动课件、活动材料、任务单，提前检查活动室设备设施，保证活动正常有序开展。

（3）学生基本条件。教师按照学生选拔制度，根据活动内容难易程度、学生年龄层次设计活动内容，符合学生成长规律。

2. 教学过程

（1）整合课程内容。

名称	"可移动模型博物馆"课程内容		
飞机模型课程	动态模型课程内容	静态模型课程内容	
	1. 手掷留空飞机课程	1. 仿真飞机素组制作课程	
	2. 手掷直线飞机课程	2. 仿真飞机手涂上色制作课程	
	3. 弹射飞机课程	3. 仿真飞机喷漆上色制作课程	
	4. 小直升机课程	4. 仿真飞机贴纸涂装制作课程	
	5. 橡筋飞机课程	5. 仿真飞机老化做旧制作课程	
	6. 牵引飞机课程	6. 仿真飞机透明座舱制作课程	
	7. 线操纵飞机课程	7. 仿真飞机防尘罩制作课程	
	8. 遥控特技机课程	8. 仿真飞机展示牌制作课程	
	9. 遥控滑翔飞机课程		
	10. 遥控直升机课程		
车辆模型课程	动态模型课程内容	静态模型课程内容	创意车模课程内容
	1. 橡筋直线车模课程	1. 仿真坦克素组制作课程	1. 创意汽车模型设计课程
	2. 橡筋圆周车模课程	2. 仿真坦克手涂上色制作课程	2. 创意汽车模型制作课程
	3. 电动直线车模课程	3. 仿真坦克喷漆上色制作课程	3. 创意地铁模型设计课程
	4. 电动圆周车模课程	4. 仿真坦克贴纸涂装制作课程	4. 创意地铁模型制作课程
	5. 太阳能车模课程	5. 仿真坦克老化做旧制作课程	

续表

名称	"可移动模型博物馆"课程内容		
	动态模型课程内容	静态模型课程内容	创意车模课程内容
车辆模型课程	6. 空气桨车模课程	6. 仿真坦克履带制作课程	
	7. 电动遥控平跑车模课程	7. 仿真坦克防尘罩制作课程	
	8. 电动遥控越野车模课程	8. 仿真坦克展示牌制作课程	
	9. 油动遥控平跑车模课程		
	10. 油动遥控越野车模课程		
	动态模型课程内容	静态模型课程内容	
舰船模型课程	1. 橡筋直线船模课程	1. 仿真舰船素组制作课程	
	2. 电动直线船模课程	2. 仿真舰船手涂上色制作课程	
	3. 太阳能船模课程	3. 仿真舰船喷漆上色制作课程	
	4. 比例航速船模课程	4. 仿真舰船贴纸涂装制作课程	
	5. 花样绕标船模课程	5. 仿真舰船老化做旧制作课程	
	6. 仿真航行船模课程	6. 仿真舰船水线分色制作课程	
	7. 电动耐久船模课程	7. 仿真舰船锚链制作课程	
	8. 电动竞速船模课程	8. 仿真舰船拉线制作课程	
	9. 油动耐久船模课程	9. 仿真舰船防尘罩制作课程	
	10. 油动竞速船模课程	10. 仿真舰船展示牌制作课程	

（2）线上线下结合。开设"跟周老师玩模型"线上活动课程，深受广大学生和家长的认可。经过半年的孕育，已有稳定流量数千人次。

（3）小组课程与实践活动课程结合。每学期都会参加社会实践课程。比如自然博物馆的全国科普开放日活动，组织学员去当志愿者，让他们接触社会、服务社会。

（4）小组课程与集训课程结合。每次比赛前的集训课程和集训训练都可以很好地与小组课程结合，提高学习效率。

（5）落实立德树人与核心素养培育。特别重视德育工作，聚焦育人，聚焦核心素养培育。

——周君、吴振维、汪小丽、李成兰、陈阿娜

三、青少年创客活动

（一）基本情况

1. 创客的起源与发展

创客一词源于美国，其英文单词为"maker"，是指出于兴趣与爱好，努力把各种创意转变为现实的人。2015年，在"大众创业，万众创新"口号的倡导下，中国的创客文化如火如荼地开展起来。

2. 创客教育

创客教育是创客文化与教育的结合，基于学生兴趣，以项目学习的方式，使用数字化工具，倡导造物，鼓励分享，培养跨学科解决问题的能力、团队协作能力和创新能力的一种素质教育。

3. 崇文科技馆青少年创客教育的特点

（1）开展创客教育时间早。2014年9月，在馆领导的带领下，崇文科技馆率先成立了教师创客小组，开展教师创客教研活动，同年10月，学生创客活动正式开始。

（2）创客教育形式多样。创客普及教育与创客人才培养并重，通过科普嘉年华、创客报告、创客活动进校园等形式开展创客普及教育；通过较为完善的课程体系培养青少年创客人才。

（3）创新的创客教育模式。在培养创客人才中，提出了四级课程培养模式，通过三年的时间将四级课程模式逐步完善。在此基础上，依据学生的学习时间特点，提出了"3+2+2"的一贯制创客教育模式。

（二）项目现状

1. 教师团队建设

崇文科技馆创客教师团队成立于2014年9月，是较早成立的一支教师创客团队，团队由15名一线教师组成，教师专业涵盖智能控制、模型、工程技术、电子技术、头脑奥林匹克、美术、自然科学等，是一支多元的教师团队，而这正是由创客涉及领域广泛的特点决定的。

崇文科技馆通过制度规定，确定隔周三上午为科技馆教师创客教研活动时间，从而在制度上保证了创客教研时间，在内容上开展了系列的技能培训，包括现阶段最为热门的 3D 打印技术和 Arduino 智能控制技术等。此外，团队还定期开展活动研讨，不断研发优秀创客活动。

在此基础上，我们坚持"走出去"与"请进来"并重，先后邀请清华大学、北京市景山学校、北京创客空间、首都师范大学等单位的知名创客专家到崇文科技馆进行专题指导，同时积极选派教师参加北京市教委、北京市科协组织的各项创客培训活动，不断提高教师创客思维与创新能力。

通过积极开展教师团队建设，崇文科技馆创客教师团队不断吸纳不同专业的一线教师，教师队伍不断扩大；通过开展各类教师培训工作，教师创客思想与专业技能得到大幅提升。

2. 创客普及活动

崇文科技馆自 2014 年开展创客教育以来，坚持优先开展创客普及活动，2015～2018 年连续四年开展创客科普嘉年华活动，活动由创客小组教师自主设计原创性创客活动，并邀请国内知名创客资源单位到崇文科技馆展示优秀创客项目，每年为学生提供 20 余项创客精品活动，惠及学生 2000 余人。

此外崇文科技馆还将国内知名创客空间请进来，2015 年邀请深圳柴火创客空间参与东城区第三十五届学生科技节开幕式，柴火创客空间在开幕式上进行了专题报告，并带来了先进的创客作品与学生进行互动，从而使学生了解创客，喜欢创客活动。之后柴火创客空间又应邀为崇文科技馆优秀学员、北京市广渠门中学、北京市第五十五中学、北京市文汇中学等学校开展了创客普及活动。

3. 创客人才培养

崇文科技馆提出了创客四级课程培养模式，并通过三年的时间将四级课程模式逐步完善。该体系可以表示为一个"金字塔"模型，处于模型最底端的是创客一级课程，主要是由学校提供的创客入门课程；处于"金字塔"中间的是二级课程，主要是由崇文科技馆提供的较为专业的创客课程；处于"金字台"顶端的是三级、四级游学课程，主要是由国内高校、知名创客空间提供的专业创客课程。

（1）中小学校一级课程。在崇文科技馆创客教师指导和帮助下，现阶段有 15 所中小学校利用课后 "330" 时间开设创客入门课程，累计受益学生 1000 余人。

（2）科技馆二级课程。崇文科技馆为学生提供了丰富的二级课程，主要由 6 门课程组成，学生可以依据自己的兴趣选择课程。其中三维建模课程、智能控制课程是创客的基础课程。四年来,崇文科技馆对从学校一级课程选拔的学生进行创客基础课程培训,累计培训学生 900 余人。在此基础上,再次选拔优秀学生开展创客提高课程,四年来累计有 100 余名学生完成了全部 6 门二级课程的学习,培养了一批具有专业知识和实践能力的小创客。

(3)三级课程——走进国内知名创客空间。学生通过二级课程的学习后,崇文科技馆会选派其中优秀创客学生前往国内知名创客空间开展学习活动。2015 年 1~6 月,崇文科技馆组织优秀创客学生前往清华大学创客空间,开展了为期半年的创客学习活动。清华大学创客空间特为学生设计了一套适合的专业课程。2015 年 7 月,崇文科技馆组织优秀创客学员前往广州一起创客空间、深圳柴火创客空间、深圳国家创新开放实验室开展学习活动。2016 年 1 月,崇文科技馆学生走进北京创客空间,开展了为期 7 天的多传感器互联学习活动。同年 8 月,学生再次来到北京创客空间,通过 5 天时间开展了 40 小时的创客马拉松活动。活动结束后小创客们展示分享了团队的创客作品。2016 年 7 月,崇文科技馆组织学生走进上海新车间,感受不一样的创客文化,上海新车间的外籍创客专家们为我们的学生带来了全新的创客理念和创客思路。2017 年 7 月与 2018 年 7 月,崇文科技馆组织学生两次来到北京师范大学数学系,开展 Solidworks 三维建模的课程学习。

四年来,崇文科技馆创客四级课程培养模式不断完善,学生创客团队初具规模,现阶段具有阶梯化的创客学员 1000 余人。同时大学科研院所、高技术企业、社会组织的国内外知名创客专家成为崇文科技馆创客专家团队成员,全国各地多家知名创客空间拓展为崇文科技馆资源单位。这些共同助力崇文科技馆创客教育蓬勃开展。

(4)"3+2+2"一贯制创客教育模式。所谓"3+2+2"是指小学 3 年,中学 2 年,高中 2 年的教育模式。笔者在教学中发现有一些学生非常热爱科技,时间最长的学生已经学习了 7 年,因此为了给长期进行科技学习的学生设计一套能够与大学衔接的连续性、一贯制的课程,同时结合创客教育特点,笔者提出了"3+2+2"一贯制创客教育模式,并开展了课程设计,制定了部分课程的课程标准。

(三)创客教育活动建设成效

1. 学生收获

北京市中小学生科技创客活动是北京市教委举办的唯一一项青少年创客

活动。崇文科技馆学生积极参加了北京市中小学生科技创客活动。2015年,崇文科技馆学生包揽8小时互动设计马拉松项目中学组冠亚军;2016年包揽24小时互动设计马拉松项目小学组冠亚军;2017年获得中小学组MEV机动电能车总冠军,FIS科技挑战赛中小学组总冠军,包揽了24小时创客马拉松中小学组一等奖;2017年MEV机动电能车世界挑战赛荣获世界冠亚季军;2017年FIS科技挑战赛荣获中国赛区总冠军;2018年获得中小学组MEV机动电能车冠军、赛道赛冠军,包揽32小时创客马拉松比赛小学组全部一等奖。在北京市教委举办的唯一青少年创客比赛中,崇文科技馆创客团队自第一届比赛至今的四年中一直处于北京市创客教育的最高水平。

2. 公开课、观摩课、研究课

团队成员分别在北京市、东城区校外教育公开课上展示了精彩的创客活动,受到观摩老师好评。

科技馆创客团队王雅菊、刘辰彬、孟旭、商瑞莹、吕文五位老师一同开展课例研究,其中王雅菊老师设计的小小机械设计师系列课程中的"垃圾分类我做主"课例受邀参加了2018年世界课例大会,王雅菊老师在大会上展示了课例研究的过程,分享了课例研究成果。

3. 课题研究

崇文科技馆创客团队于2016年6月和9月分别向北京市教育学会及北京市校外教研室申请开展"青少年创客教育实践研究"的市级课题,得到了专家的肯定,批准立项,并已于2016年12月正式开题。

"青少年创客教育实践研究"课题在北京市课外、校外教育"十三五"科研规划课题优秀开题报告评选活动中荣获一等奖。

4. 知名度与社会影响力

经过多年的专业建设,崇文科技馆的创客工作取得了一定成效,受到国家及市级领导的关注及肯定,也被同行所肯定。

(1)经验分享。苏州教育局局长、美国加州教育局长、鄂尔多斯电教馆馆长等教育主管领导先后到崇文科技馆开展创客调研活动。此外各地少年宫、科技馆负责人也先后带队到崇文科技馆开展创客学习交流活动。

我们的创客经验也通过书籍向外传播。北京市青少年科技中心出版的《中小学生创客教育案例集》,其中收录了崇文科技馆创客空间建设、课程体系、优秀案例等相关资料。同时我们的创客研究《倡行创客理念，培育创新人才》的论文发表于《创新人才教育学报》。团队教师商瑞莹老师的《电琵琶，从我手里诞生》发表于《中国中学生报》。崇文科技馆自编的崇文科技馆创客教育成果集萃——《创客之路》全面展示了崇文科技馆4年来创客教育发展的历程。

（2）国际交流。崇文科技馆学生以中国区冠军身份参加了2017年马来西亚F1 IN SCHOOL世界总决赛，与来自世界30多个国家的青少年一起开展创客活动，交流创客经历。

（3）媒体报道。崇文科技馆开展的创客科普嘉年华活动是崇文科技馆创客普及教育的名片，受到了中国教育品牌网的连续报道。其他媒体如央视视频、千龙网、搜狐视频、优酷、爱奇艺等多家网站也进行了相关报道，创客嘉年华的品牌影响力正在逐步扩大。此外北京市科协、东城区政府等政府网站也对崇文科技馆创客教育活动进行了相关报道。

随着创客教育的深入开展，北京电视台、北京城市广播等新闻媒体也对崇文科技馆的创客教育进行了相关报道。

——刘辰彬、郝玉林、孟旭、商瑞莹、王雅菊、吕文

四、青少年未来工程师活动

（一）政策依据

2006年中共中央下发4号文件《关于进一步加强和改进未成年人校外活动场所建设和管理工作的意见》，意见要求充分发挥不同类型未成年人校外活动场所的教育服务功能。其中要求各类科技馆要积极拓展为未成年人服务的功能。

《全民科学素质行动计划纲要》中指出提高未成年人科学素质行动的任务之一是"开展多种形式的科普活动和社会实践，增强未成年人对科学技术的兴趣和爱好，初步认识科学的本质以及科学技术与社会的关系，培养社会责任感以及交流合作、综合运用知识解决问题的能力"。同时，纲要中还明确了科技馆在提高未成年人科学技术素质行动中的重要作用。

（二）活动目标

"未来工程师活动"以培养全面发展的人为宗旨，着力在核心素养的培养上，

培养有工程素养、工匠精神、团队意识的青少年工程技术人才。学生在普及活动中体验技术加工过程，产生兴趣；开展工程技术人才培养模式，通过三级课程体系，学生的基础课程为工程技术基本技能学习，提高课程为掌握基础设计能力、简单机械结构和激光切割快速加工技术，并通过延展课程学习三维打印和智能控制相关知识，通过不断总结逐渐提高学生技术素养，培养具有社会主义核心价值观的优秀创客人才。

（三）多元课程

1. 中小学校课程

在崇文科技馆负责教师的指导和帮助下，现阶段有 11 所中小学校利用课后"330"时间开设未来工程师课程，主要开设有机床加工创意制作、过山车、木梁承重等课程，四年来累计受益学生 15200 余人次。

2. 科技馆课程

崇文科技馆为学生提供了丰富的二级课程，包括传统的科技制作课程、机床加工创意制作课程。学生通过传统课程锻炼动手能力，不断提高技术素质；学生在提高类课程中，培养了基础设计能力，了解了简单机械结构，感受数字化、精密加工仪器的先进功能，学习在电脑上进行数字化图纸绘制。

3. 游学课程

（1）崇文科技馆未来工程师活动中，学生一行 20 人前往沈阳、大连两地开展工程技术学习体验活动。学生学习工程技术专业课程，参观高等院校、研究所、工厂企业……学生们先后来到东北大学学习机械工程与自动化基础知识；参观了中国科学院沈阳自动化研究所，观看了现在处于世界领先水平的水下机器人实验室；来到中国科学院沈阳科学仪器制造中心参观，又来到沈飞航空博览园等机构进行学习交流。之后学生来到大连中科院物理化学研究所，学习了燃料电池的相关知识，参观了航天催化实验室等一批高尖端实验室，最后学生来到生物化学工厂，了解了真实工厂的生产流程及安全措施，参观了生产车间及质检车间，使学生了解了真实工厂的生产情况。通过 5 天的活动，学生学习了知识，开阔了视野，增进了对工程技术的认识。

（2）崇文科技馆未来工程师活动中，学生 30 人前往清华大学参观了清华大学基础工业训练中心，参观了先进的饮料生产线、汽车制造生产线、机械臂加工车间、金工实习车间等地方，开阔了视野，增长了见识。此后学生还在清华大学、青橙创客开展了四天的技术体验活动，开展了小球的旅行、智慧城市、遥控平衡车等三级课程，锻炼了动手能力，提高了技术素养。

4. 普及活动

开展未来工程师飞行项目普及活动，邀请著名航空科普教育专家汪耆年老师为我区文汇中学、第五中学分校、史家小学、第一师范学校附属小学、第五十五中学等学校开展了"飞跃银谷"和"回旋绕标"两个项目的培训，受益学生近千人。

开展送活动下社区活动，先后前往东城区东花市南里东区、东花市南里南区开展未来工程师体验活动，先后邀请近百名学生体验了简单的科技制作类课程，锻炼了学生的动手能力，激发了学生参与科技活动的兴趣。

（四）成绩与效果

1. 学生收获

崇文科技馆未来工程师项目参加全国、北京市中小学生未来工程师比赛从2015年至今，一直处于全国、北京市领先水平，并多次获得全国大奖。

2. 课题研究

崇文科技馆创客团队于2016年6月向北京市教育学会及北京市校外教研室申请开展"校外青少年工程教育课程培育学生核心素养的研究"的市级课题，得到了专家的肯定，批准立项，并成为北京市重点课题，已于2016年12月正式开题。

"校外青少年工程教育课程培育学生核心素养的研究"课题在北京市课外、校外教育"十三五"科研规划课题优秀开题报告评选活动中荣获一等奖。

3. 国际交流

2013年崇文科技馆未来工程师学生以中国区第三名、第四名的成绩参加了在中国台湾举行的世界机关王大赛，与来自世界10多个国家的青少年一起搭建机关，开展互动交流活动，此外崇文科技馆学生还获得了绿色能源设计单项奖。

——刘辰彬、孟旭、商瑞莹、王雅菊、吕文

五、走进物联网

（一）规划与计划

1. 依据基础

（1）项目概述。物联网以电子信息、工程技术、智能控制、艺术、设计等多种学科知识与技能为基础，借助互联网平台，按照约定协议，进行信息交换和通信，从而实现智能化识别、定位、跟踪、监控和管理。

走进物联网项目以 STEAM 理念为指导，立足实际生活，着眼科技前沿领域。崇文科技馆从 2015 年开始实施该项目至今，已经拥有了业务精湛、团结协作、有创新、有活力的复合型教师团队，具备该项目三个设备设施完善的活动室。崇文科技馆还根据中小学生的年龄、兴趣、需求等特点设计实施了电子电路基础、程序设计基础、单片机与智能控制、物联网创意设计等系列活动，形成了较为完善的课程体系，可以满足 1 年级至 9 年级的课程需求。

（2）项目背景。物联网的理念最早源于 1991 年的"特洛伊"咖啡壶事件。剑桥大学特洛伊计算机实验室的科学家们在工作时，要下两层楼梯到楼下看咖啡煮好了没有，但常常空手而归，这让工作人员觉得很烦恼。为了解决这个麻烦，他们编写了一套程序，并在咖啡壶旁边安装了一个便携式摄像机，镜头对准咖啡壶，利用计算机图像捕捉技术，并将图像以 3 帧/秒的速率传递到实验室的电脑上，这样他们就可以随时了解煮咖啡的情况。

走进物联网项目根据国家教育事业发展"十三五"规划文件，把立德树人作为根本任务，从实际生活出发引导学生关注生活、积极探索，发现生活中遇到的问题，寻找解决问题的方法。培养学生的问题意识和设计思想，提高学生认知能力，养成善于观察、敢于实践的良好品质。

走进物联网项目面对的学生群体为中小学生，经过三年的项目开展形成了四级学生梯队，如下表所示。

课程级别	对象	规模
普及课程	中小学	1500 人
初级课程	小学低年级（1～3 年级）	100 人
中级课程	小学高年级（4～6 年级）	60 人
高级课程	中学（7～9 年级）	40 人

2. 理念目标

（1）理念。走进物联网项目以社会主义核心价值观为引领，紧紧围绕全面提高教育质量这个主题，把立德树人作为根本任务，以想法来源于生活、作品应用于生活作为教育理念，以在产品制作中学到新知识、新技能，从而培养学生团队意识、创新能力为教育模式，培养学生学会学习、科学精神和创新能力的核心素养。

（2）目标。

① 知识与技能：了解物联网技术，认识物联网在身边的应用，学习各学科以及跨学科的知识，掌握程序设计方法以及硬件电路分析和搭建方法。

② 过程与方法：基于项目式学习是引导学生从生活出发运用基础知识和操作技能，积极动手实践完成自己感兴趣并且和生活相关的项目，从而找到自己想要的答案。

③ 情感态度与价值观：使学生感受新技术对人类社会的重要性，培养学生的问题意识和设计思想，提高学生善于发现问题、解决问题的能力，锻炼学生创新思维和创新意识。

3. 结构内容

走进物联网项目依据项目定位、师资团队、学生需要等综合因素将项目内容分成物联网普及活动和物联网兴趣小组活动。

（1）物联网普及活动。普及活动意在普及物联网概念及物联网技术的社会意义。活动以体验式课程开展，学生四人为一组，以小组为单位，采用实验探究的形式，按照老师设计的既定步骤开展探索之旅，并完成任务单及实验反思。

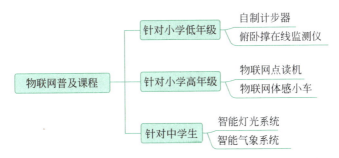

（2）物联网兴趣小组活动。物联网兴趣小组活动与创客教育、STEAM 教育相结合，让学生在项目制作中学习新知识、新技能，能够提升学生探究精神，培养学生团队合作精神，增强学生观察能力和创新能力。走进物联网项目的课程体系如下所示。

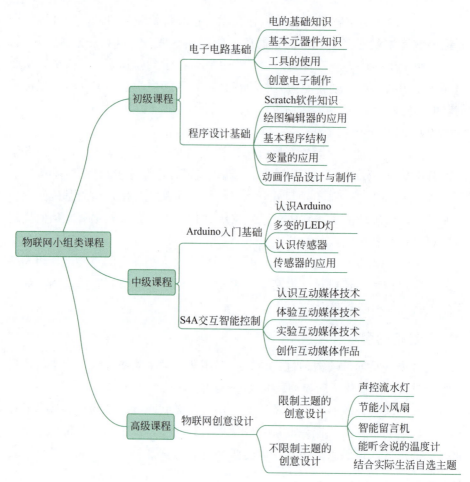

(3) 项目特色。

① 立足实际生活。项目落脚点在于设计制作应用于生活的作品，通过科技活动促进学生了解物联网技术，帮助学生认识到物联网在身边的应用，设计孩子们感兴趣并且与生活相关的项目，让孩子学会各学科以及跨学科知识，鼓励孩子创造出能够应用于生活的作品，达到潜能开发的目的。

② 着眼科技前沿领域。物联网是新一代信息技术的重要组成部分，也是"信息化"时代的重要发展阶段，被称为继计算机、互联网之后世界信息产业发展的第三次浪潮。物联网应用领域广泛，几乎涉及生活的方方面面，很大程度上提高了人们的生活质量。开展物联网教育使学生了解目前与我们生活息息相关的科技前沿的技术，紧跟时代步伐。

（二）支持与保障

1. 师资队伍

（1）教师团队。由五名中青年教师组成，五位教师的研究方向涉及物联网、电子技术、自动控制技术、单片机与智能控制。

（2）专家团队。由四位来自北京宣武青少年科技馆、第八中学、北京师范大学、北京联合大学的专家组成。

其中，成皓老师是北京市校外电子科技教研活动组负责人，会定期参与教研活动、莅临单位指导。张军老师为北京市西城区教育委员会导师团专家，北京市第八中学信息技术特级教师，也是我们Arduino智能创意冬令营活动的指导教师。吴晶晶老师是电子科学与技术专业本科毕业生导师，具有丰富的统筹项目建设经验，针对本项目规划与实施方面进行指导。傅骞，北京师范大学创客教育实验室负责人，博士生导帅，长期从事信息技术教育应用研究，包括物联网技术及教育应用、开源软件及教育应用、创客教育理论及实践研究等，是项目的技术专家。

2. 场地设施

（1）崇文科技馆馆内场地与校内场地。崇文科技馆馆内场地包括电子与物联网活动室、机器人活动室、单片机与智能控制活动室，活动室具有电脑、电烙铁、焊台、万用表、电子元件材料柜等基本配置，可以给学生提供动手制作的机会。学生可以使用各类金属、木材、塑料以及电子工具进行创作，将想法实现出来。另外活动室为每名学生配备一到两种开源硬件模块、常用传感器套盒、物联网造物神器——wulink控制板和一些常用的模块，供学生做实验之用，比如LED模块、语音播报、拾音器、可变电阻等，校内场地在光明小学、体育馆路小学、回民实验小学、龙潭中学等学校内都有设置。

（2）社会资源单位。

序号	名称	活动内容
1	青少年阅读体验大世界	开展Arduino智能创意冬令营活动，包括电路搭建、创意编程、电路创新设计等内容，通过自主创作、科学探究验证等形式引导学生如何进行实验探究
2	中科院自动化研究所	通过参观了解自动化研究所人工智能产业技术，对人工智能有了更直观的感受。以讲座的形式，了解车纹识别、生物特征识别技术、无人驾驶以及无人配送车的应用，学生们跟随着专家的指引，感受物联网＋人工智能，体验人工智能的魅力，极大地满足了好奇心，领略了自动化所的风采

续表

序号	名称	活动内容
3	中科院微电子研究所	通过讲座形式普及物联网概念，了解物联网并不神秘，正在改变着我们的生活，参观实验室深刻领会研究人员严谨、求真的科学态度，体验物联网相关课程
4	北方工业大学	物联网实践活动，了解通信发展史、移动网络架构及物联网技术的基础，参观物联网设备实验室，体验物联网基础部件的制作
5	国家物联网中心	物联网技术的前期调研，了解物联网在农业、物流等领域的应用，体验农业大棚、物流的实时监测过程

3. 制度建设

项目开展前教师团队根据项目场地设施、人员分工、专家指导、学生培养等方面协商制定了项目管理办法、安全管理制度、活动室安全须知等。项目组教师严格执行项目安全管理制度，负责各自活动室设备的运行管理及学生管理。

4. 经费投入

项目经费的开支包括设备费、材料费、劳务费和专家咨询费。其中材料费占总经费的百分之八十，为项目实施与开展提供了资金支持，保证了项目顺利实施。设备费、劳务费和专家咨询费为活动设计实施、课程体系的建立提供了帮助与支持。

（三）方法与过程

1. 教学条件

（1）教学场地条件。教学活动在电子与物联网活动室、机器人活动室、单片机与智能控制活动室开展实施，活动室具有配套的设备设施，能够满足日常教育教学活动。

（2）教师教学条件。教师根据课程体系制订学期教学计划，撰写活动方案，准备活动课件、活动材料、任务单，提前检查活动室设备设施，保证活动正常有序开展。

（3）学生基本条件。教师按照学生选拔制度，根据活动内容难易程度、学生年龄层次，选择兴趣小组学生，要求活动设计内容满足所选拔学生的认知水平，符合学生成长规律。学生要对科技创新有一定的了解，具有一些科技创新的知识和意识。

2. 教学过程

教学过程以物联网创意设计系列活动为例，此类活动过程实施主要分为确定项目主题、项目分析、项目实施和项目展示四大环节。四个环节中最难的是如何选择并确定项目主题，本环节采用探究式教学方式，基于现实生活中的实际问题，引导学生自己描述生活中遇到的问题，找出解决这个问题的限制条件；接着通过各种渠道收集资料，找出前人使用的方法；在已获得资料的基础上，根据自己拥有的知识提出所有能想到的解决方法；在这些方法中筛选出最好的一个。整个教学过程，通过教师循序渐进地引导学生发现问题、分析问题、解决问题，锻炼了学生自主探究的能力，提高了学生信息检索与筛选的能力。

（四）成绩与效果

学生了解了物联网理念以及物联网技术应用的领域，掌握了物联网技术知识，具备了以小组为单位，分工合作，自主设计基于物联网技术的作品的能力。

自2015年开展走进物联网项目以来，崇文科技馆秉持"崇文·厚德·励学·创新"的馆本文化精神，不断坚持"示范·优质·精品·特色"的办学目标，依托科技馆电子与物联网、单片机与智能控制、机器人等活动室开展兴趣小组活动、科普大篷车进校园活动、课后"330"活动。活动覆盖全区域30余所中小学，年度受益学生近万人。

物联网技术不仅可以让学生学到最新的科技，而且可以给学生提供一个广阔的创新空间。家长对于物联网项目的教育理念、教育模式以及学生在活动中知识的获得方式的满意度达到了90%以上。

——张璐薇、王海涛、杨阳、穆晓萌、吕文

第三节 创客教育活动方案分享

方案 2-1　节能先锋发光二极管——新节能小灯电路原理与制作探究

活动依据

校外教育的根本目的和意义是全面提高广大青少年的综合素质，培养德才兼备的人才，让广大青少年面向未来，具备高尚的道德情操与多种技能。科技教育要注重理论联系实际，从实际出发，将知识与实际生活、学习、工作相结合，培养学生的应用意识。只有与实际相联系，才能更好地提高学生的学习兴趣。本课程活动设计以"三个一"优质项目建设标准为目标，注重提升学生核心素养。教师在活动设计中需处理好学与用的关系，注重学用结合，帮助学生进一步认识和体会知识的重要用途，增强应用意识。

本次小组活动组织学生学习新节能小灯电路的原理与制作。学生通过完成电路的制作及调整电路中部分元器件参数，观察电路工作效果，将所学知识与实际生活相联系；同时贴合全社会所提倡的低碳、环保、节能、减排的生活主题，提高节能环保意识，增加社会责任感。此次活动对象为电子小组中级组学员，5年级、6年级学生。学员通过之前的学习，已经了解常用电子元器件的功能、作用、区分方法，认识了元件图，可完成简单电路的焊接、电路图识别，大部分同学可根据电路图完成自连线电路的制作。

活动目标

（1）了解延时开关电路、升压电路、整流电路工作原理，完成电路制作及延时功能实验探究。

（2）学生运用所学电子知识技能，按照电路图制作节能小灯电路，锻炼动手制作、电路创新设计、万用表使用等综合能力。

（3）学生通过了解电路原理及实验探究，对电路实际应用及创新设计产生浓厚兴趣，逐渐养成严谨、认真的科学态度，增强节能环保意识。

活动时间与地点

活动时间：2 小时。
活动地点：崇文科技馆。

活动对象及规模

电子技术小组中级组学员（小学 5、6 年级），12 人。

活动内容与形式

活动内容：
（1）新节能小灯电路原理。
（2）电子元件检测与电路制作。
（3）电路调整、测试，适用环境探讨。
活动形式：教师组织、样品展示、学生制作、学生讨论。

活动重点和难点

活动重点：新节能小灯延时电路应用实验探究。
活动难点：电子元件检测及电路制作。

活动准备

1. 布置任务

学生调查、了解生活中灯光、照明电路的使用情况，如：电路控制、应用环境、灯具种类，并进行分析，了解实际使用中浪费电的现象、节约用电的方法。

2. 教师准备

新节能小灯电路所需材料：电路板、发光二极管、开关、导线、电池盒、电池、电阻、电容、三极管、二极管、CL0116集成电路、电子制作工具、秒表等，环境问题图片、视频资料。

同时准备常用急救药品。

活动过程

（一）引入

【教师】

随着社会的飞速发展，我们的世界也不可避免地面临着环境污染、能源大量消耗等现实问题，整个社会也在积极应对，全民行动起来节约能源、保护环境（展示环境恶化、污染、能源浪费的图片及视频资料，引入此次的活动内容）。

灯光、照明电路是我们生活中最普通的一种电路。电路多种多样，应用范围广，实用性非常强。但我们在电的使用中存在一些不合理和浪费能源的现象。

【学生】

请学生来举例说一说：

（1）你了解的灯光、照明电路的应用情况；

（2）你发现了哪些有特色的电路；

（3）你发现了在电路使用过程中存在哪些问题。

今天我们就来学习一个新的电路：新节能小灯电路。

（二）新节能小灯电路原理

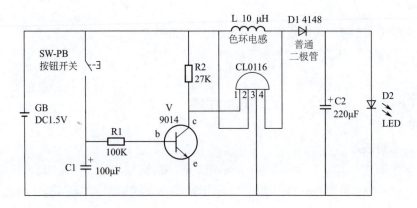

1. 电路

【学生】

根据电路图汇总电路中应用的电子元器件种类、参数、数量，找出陌生元件。

【教师】

教师分解电路，让学生了解电路工作过程。

（1）延时开关电路。

功能：控制后面升压电路。

过程：通过 C1 充放电改变 I_b、I_c 大小，从而实现 V_c 电压 0～1.5V 的变化。

控制：V_c 等于 0V 或 1.5V 这个变化的信号被送到下一级电路中 CL0116 的 1 脚。

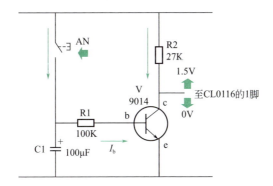

（2）升压电路。CL0116 是一个专用的小型集成电路，它和色环电感组成升压电路。当 CL0116 的 1 脚接近 0V 时，升压电路工作，输出电流，灯亮；当 CL0116 的 1 脚为 1.5V 时，升压电路关断；从 0～1.5V 的延时长短，受前级电路电阻 R1、电容 C1 控制。

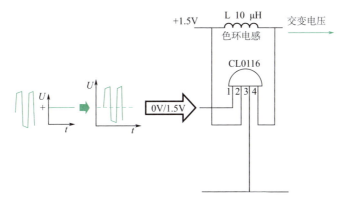

（3）整流电路。前面的交变电压经过二极管整流（单向导电），又经过电容 C2 滤波，变成稍有波动的直流电压，这个电压可以达到 5V 左右，它的平滑程

度和可供出的电流恰好满足后面高亮度发光管的需要。

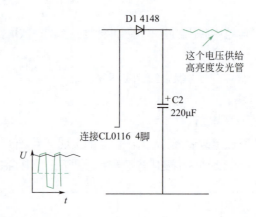

2. 新、旧节能小灯对比

【学生】

学生探讨老节能小灯（即小电珠）与新节能小灯（即 LED）区别。

比较项目	新节能小灯	老节能小灯
电源（电池）	1 节	2 节
负载	LED	小电珠
待机损耗	很小	不大
工作电流	20mA	200mA 以上
照明效果	光色好、亮度高	光色差、亮度较低

（三）电路制作

【教师】

根据电路特点讲解安装要点，CL0116 引脚的区分、电感的读数方法等，随时纠正学生制作过程中可能出现的操作不规范、电路虚接、短路隐患及工具使用安全等问题。

【学生】

按照电路图检查各个元件，使用万用表对相应元件进行检测，检查无误后开始安装制作电路并利用万用表对可能出现接触不良的位置进行检测，确保各处连接无误。

【注意事项】

要正确区分二极管正负极、CL0116 集成电路各引脚，元件布局、安装整齐美观，避免虚接及短路现象出现。

（四）电路探究

选用不同参数的元件，测试其对电路工作状态的影响。

【学生分组】

（1）将电阻 R1、电容 C1 分别选用不同参数，观察其对电路延时时间的影响并记录（使用秒表测试延时时间、各组自行设计记录表格）。

（2）学生展示自己调整后的作品，各组总结实验现象，相互交流结果，探讨不同延长时间的电路在我们生活中使用的环境。

（五）小结

地球的能源是有限的，让我们从一点一滴做起，从节约能源做起，用所学的知识为保护环境贡献我们的力量。今后我们要运用所学的知识设计出更多更好更加节能、环保的产品来为大家服务，为社会服务。

活动效果测评

（1）通过学生的电路制作，随时观察学生对电路知识的掌握情况及学生使用工具、万用表的熟练程度。

（2）学生电路调试探究过程中的相互合作、互助表现。

（3）学生介绍作品探究结果，测评学生的表达能力、知识的掌握程度。

——王海涛

Python 在"我的世界"游戏中的应用——金字塔建造自动化程序设计

活动依据

1. 教育理念

根据 2014 年《关于全面深化课程改革落实立德树人根本任务的意见》文件

指导意见及《北京市教育委员会关于在全市校外教育机构开展"三个一"活动的通知》要求，明确学生应具备的适应终身发展和社会发展需求的必备品格和关键能力。结合本学期智能控制兴趣小组的教学计划是借助 Python 代码将学生的编程思维实践为程序代码，树立学生乐学善学精神，鼓励学生勇敢探索，用理性思维寻求解决问题之道，提升学生实践创新能力，在无限世界中体会智能化劳动带来的快乐与成就感。

2. 活动资源

本学期活动以"Minecraft"（即"我的世界"）这款沙盒式建造游戏为原型，通过专业创新和趣味实践相结合的活动内容，实现线上多人服务器与单人世界中不同的编程体验模式，打造精妙绝伦的建筑物、创造物和艺术品。建立学生自觉有效地获取信息，发挥自身特长在实践中解决问题的能力。

3. 学情分析

本次参与活动的学生共有 12 人，年龄从 10～14 岁，他们容易被新鲜事物吸引，主动探索、学习的欲望强烈，而且非常喜欢 Minecraft 游戏带来的成就感。通过前 7 周线上 Minecraft 教育版专题活动，学生已掌握软件中人物角色移动控制、使用物品等基本操作。为更好承接线下兴趣小组活动，我们设计了一次以游戏为媒介、兴趣为动力、小组合作学习为原则的活动，以促进学生主动沟通表达、合作探索的能力。

活动目标

（1）学生能读懂 Python 代码含义，能准确使用 for 计数循环及调用库指令编写程序，并能修改程序完善建筑外观设计。

（2）学生能利用指令表与搭档合作讨论编写建筑自动化程序，在 Minecraft 中建造一座金字塔。

（3）学生对合作探索代码编程有成就感，能在团队协作中展现互助精神及智能化劳动带来的快乐。

活动时间与地点

活动时间：2 小时。

活动地点：崇文科技馆智能控制活动室。

活动对象及规模

参加活动学生共有 12 人，年龄为 10 ~ 14 岁。

活动内容与形式

学生通过探索、交互，使用 Python 代码在 Minecraft 中完成金字塔建造的自动化程序设计。

活动重点和难点

活动重点：学生能理解金字塔自动化建造 Python 代码含义。
活动难点：学生能根据设计创意修改金字塔建造自动化 Python 代码。

活动准备

（1）Python 编程环境搭建；
（2）Java 编程环境搭建；
（3）Minecraft 软件安装及本地局域网建立；
（4）Python 编程指令列表；
（5）32 位以上 Windows10 操作系统电脑；
（6）Minecraft 教育版线上活动多媒体视频及照片；
（7）制作学员活动记录单；
（8）制作学生自评与互评表。

活动过程

活动环节		教师活动	学生活动	设计意图
创设情境	回顾旧知识	（1）回顾线上 Minecraft 教育版活动视频及学生之前参与活动情况照片。	（1）回顾疫情居家阶段线上活动中，操作建立 Minecraft 软件与服务器连接的步骤。	（1）将学生带入学习状态。

续表

活动环节		教师活动	学生活动	设计意图
创设情境	回顾旧知识	（2）【提问】学生启动服务器程序时，应该注意什么	（2）回答教师提问（在运行服务器程序时应该注意使用管理员权限运行）	（2）以回答问题的方式调动学生思维
	检测编程环境	（1）演示本地服务器启动步骤。 （2）【提问】如何能够检测服务器已将 Python 编程平台与 Minecraft 后台连接	（1）根据教师指导，启动本地服务器。 （2）思考：教师提问（在 Python 编程器试运行程序"Hello Minecraft"）	（1）在检测编程环境过程中学生进入活动环境。 （2）线上活动中已向学生渗透编程器的含义
	初次探索	（1）提示学生准确地输入 Python 程序代码。 （2）【提问】观察程序代码并运行结果	（1）学生尝试在 Python 编程器中输入程序代码并观察 Minecraft 界面中程序的执行结果。 （2）思考并回答教师提问（Python 代码①需要导入库文件；② Python 代码区分大小写；③ Python 程序运行结果会出现在 Minecraft 界面）	（1）引导学生间互助检查代码输入过程中出现的问题。 （2）初次引导学生关注活动难点
分析问题	发现问题	（1）引导学生发现手动建造的缺点与问题。 （2）启发学生思考建筑结构描述的要素	（1）尝试在 Minecraft 中手动建造一个金字塔。 （2）思考：要建立一个金字塔结构的要素【金字塔是逐层搭建，需要确定好高度 height，再根据 levels =reversed(range(height))】	（1）明确本次活动主要任务——设计建筑自动化程序，强调活动重点。 （2）学生在活动中发现手动搭建的工作效率与准确度都比较难控制
	分组讨论	（1）下发学生活动记录单及 Python 指令列表。 （2）演示局域网内组队过程并与学生一起分析金字塔特征，引导学生挑选指令。 （3）巡视各组讨论情况，与学生讨论指令选择与使用方法	（1）按照学生活动记录单上的搭档密语寻找局域网内搭档。 （2）分组讨论问题解决方法。 （3）学生对照指令表找到："for 计数循环指令"	（1）学生能力存在差异，引导学生量力而为。 （2）促进局域网内学生讨论分析任务。 （3）帮助能力较弱学生，促进各组学生交流

续表

活动环节		教师活动	学生活动	设计意图
探索实践	探索编程	（1）引导学生对照流程图逐级分析选择指令代码。 （2）指导学生整合程序语法，准确进行程序编写。 （3）讲解金字塔建造自动化程序编辑原理	（1）根据讨论结果，规划程序流程图。 （2）尝试 Python 代码编写。 【for level in levels： mc.setBlocks(x- level, y, z - level, x + level, y, z + level, block.STONE.id) y += 1】 （3）结合教师讲解金字塔建造自动化程序，进行修改	（1）通过规划流程图理解 Python 代码的设计思路。 （2）程序运行结果可检测学生理解指令代码的准确度。 （3）自主修改程序代码过程，强化了学生对指令的理解
	实践改进	（1）巡视协助各小组完成基础金字塔程序代码程序修改。 （2）根据学生设计需求引导学生分析进一步修改程序的方法	（1）各组学生通过反复修改，改进程序设计。 （2）活动任务：修改基础金字塔建造自动化代码，说一说运行结果的变化	程序编写需要学生进行反复尝试即本次活动难点
展示分享	局域网内相互访问	（1）向学生明确演示讲解的要求。 （2）协助学生顺利完成演示及解说	（1）各组学员相互展示各具特色的自动化建筑（小组搭档；任务分工；演示效果；程序设计；遇到困难；解决方法）。 （2）学生讲解设计思路及活动体验	（1）学生在观看各小组设计方案效果过程中发现问题，促使学生互相沟通，取长补短，最终突破活动难点。 （2）解说过程能充分提升学生语言表达能力
活动小结	引申主题评价效果	（1）评价学生在活动中的表现，鼓励学生大胆尝试，协作实践，积极讨论。 （2）向学生展示线上玩家在 Minecraft 中设计完成的建筑图片	（1）回顾自己在活动中的收获和问题。 （2）探索建筑自动化编程中更多展示效果与实现方法	（1）鼓励学生做生活中的有心人，多观察、多思考，在学习知识的同时多积累、多联系，全面的学。 （2）为展开 Python 代码编程的多样性应用做延伸

活动效果测评

（1）总结性检测：学生活动记录单填写完整度，金字塔建筑自动化效果展示。

（2）学生自评与互评：学生在活动过程中与搭档分析、讨论、探索、展示行为的记录。

（3）过程性检测：巡视观察学生在活动中的主动参与性。

（4）教师引导学生正面评价他人劳动成果，使学生对探索建筑自动化建造系列活动有主动性。

——穆晓萌

欢动游乐场——超声波传感器的创意应用

活动依据

1. 政策依据

《关于新一代人工智能发展规划》中提出，实施全民智能教育项目，广泛开展人工智能科普活动，在中小学阶段设置人工智能相关课程，逐步推广编程教育。本次活动具有一定的综合性，既有新知识的学习，又有对之前学习内容的复习和灵活应用。本次活动主要学习超声波传感器在生活中的应用。活动重视引导学生从自身的生活入手进行观察和思考，将所学的知识与社会生活实际相结合，从而产生创意应用的新想法。

2. 学情分析

小组学员主要分布在4、5年级，处于小学中、高年级段。

（1）在小学科学课本中，4年级"声与生活"单元中提到过超声波的概念，不过是在阅读这一模块里，仅要求学生知道，并不要求理解与掌握。在语文课本里，4年级第十课《蝙蝠和雷达》中涉及了蝙蝠与超声波的内容。学生对于超声波这个词不陌生，对于蝙蝠利用超声波判断障碍物也不陌生，但是对于超声波在生活中的应用知之甚少。

（2）通过本学期的学习，学生已掌握模拟输入、串口打印、循序结构、顺序结构、条件判断、逻辑结构等语句的使用，掌握蜂鸣器、LED 等电子模块的使用。对于学生来说，本次活动中倒车雷达的程序编写是之前所学内容的一次灵活运用和综合应用。

活动目标

（1）知识与技能。学生了解什么是超声波，了解超声波传感器的基本原理，合作完成倒车雷达的程序编写，产生超声波传感器的创意应用想法。

（2）过程与方法。自主探究掌握超声波传感器的准确测距方法，分组讨论倒车雷达在现实生活中的具体使用情况及注意事项，设定合理距离并完成程序的编写。交流分享展示小组的研究成果并介绍设计思路，锻炼语言表达能力和团队合作能力。

（3）情感态度价值观。通过自主探究过程，逐步强化学生发现问题、解决问题的意识，使学生感受成功的喜悦，体会到团队合作的力量。通过活动，学生能够对智能控制的实际应用和创新应用产生浓厚的兴趣，主动观察生活，思考并生成创意想法。

活动时间与地点

活动时间：2 小时。
活动地点：智创工坊活动室。

活动对象及规模

小组学员 10 人。

活动内容与形式

活动内容：
（1）了解超声波的概念及超声波传感器的原理及应用。
（2）探究超声波传感器的准确测距方法及倒车雷达的编程方法。
（3）结合生活实际产生创意应用的想法。

活动形式：自主探究、问题引导、任务驱动、小组竞赛、小组讨论、交流展示。

活动重点和难点

活动重点：自主探究倒车雷达的编程思路和方法。

活动难点：倒车雷达的多条件判断的程序编写及实用性设计。

活动准备

1. 学生准备

（1）知识与技能准备。复习之前学习过的知识内容，及关于超声波的知识。

（2）直接体验。活动开始前学生体验教师提供的带有超声波传感器的避障车，观察现象。

（3）生活常识准备。了解汽车的倒车雷达系统。

（4）硬件准备。Windows7 及以上系统的笔记本电脑、Mixly 软件。

2. 教师准备

（1）教学硬件及软件。笔记本电脑、投影仪、iPad、Mixly 软件、本次课所用 PPT 及图片、视频资料。

（2）带有超声波传感器的避障车。

（3）Arduino 主控板、发光二极管、蜂鸣器、杜邦线、30 厘米尺子等。

（4）自主学习知识单。

活动过程

活动环节	教师活动	学生活动	活动设计意图
导入 （15分钟）	（1）观察汇报：活动前在小院里，发给每个小组一台小车，让学生观察这辆小车有什么特点？ （2）问题讨论：猜一猜，在生活中哪些地方，我们能用到这双"眼睛"？	（1）活动现象：用手或用脚挡在车前，它就停下来了。当车对着墙或树的时候，这辆车就停下了。 （2）这辆车有"小眼睛"，好像是"眼睛"看到有东西就停了。	（1）活动前通过"玩"让学生观察现象，活动开始让学生描述现象。学生对超声波传感器的样子以及超声波传感器的应用有一个初步的认识。

续表

活动环节	教师活动	学生活动	活动设计意图
导入 （15分钟）	（3）播放倒车及倒车伤人的视频。针对这些危险，我们可以怎么办？ （4）运用活动中之前学到的知识，你设想一下怎么能实现倒车时发出提示报警声音？引导学生了解超声波传感器、蜂鸣器	（3）车前面有障碍物能停下，但是遇到车底下有坑却没反应。车底安装了一个能检测障碍物的传感器。 （4）学生猜想，在汽车的尾部安装"小眼睛"，辅助倒车。 学生讨论：倒车过程中有哪些危险？需要注意哪些问题？ （5）针对倒车报警功能进行讨论。学生猜想、分析如何实现倒车雷达的声音提示功能	（2）根据之前关于避障小车的直接体验，学生自然而然地联想到倒车提醒功能。从学生生活中常见的例子入手，通过问题讨论的方式，引导学生主动思考，进而想到超声波传感器的第一个应用，也就是本次活动的主题——倒车雷达
自主探究 （75分钟）	（一）自学超声波的概念及超声波传感器的原理 1. 出示知识单	小组的形式，阅读文章，自主学习知识单中的内容，观察超声波传感器。 理解超声波的两个端口：发射端口 Trig、接收端口 Echo 的作用	学生在小学语文、科学课中了解到超声波的概念以及蝙蝠和超声波的知识。通过了解蝙蝠发射和接收超声波，学生可以更好地理解超声波传感器的发射端口和接收端口，理解超声波传感器的工作原理
	2. 组织知识抢答竞赛	学生分小组抢答。 超声波的概念； 超声波传感器型号（SR-04）； 精度（2～400厘米）； 针脚（GND、VCC、Trig、Echo等）	以小组的形式展开知识竞答，采用抢答制调动学生积极性，通过竞赛的形式对学生的自学过程进行检测和评价
	（二）实验探究超声波传感器的使用方法 1. 认识超声波传感器的编程模块 问题：在 Mixly 中，超声波传感器的模块在哪里	在传感器菜单栏中寻找超声波传感器模块 超声波测距(cm) Trig# 2▼ Echo# 3▼ 解读模块	鼓励学生主动寻找新的电子模块的语句位置
	2. 探究实验：超声波传感器准确测距的方法。编程实现串口打印超声波传感器的测距值	观察到超声波测距，以厘米为单位。 小组讨论确定探究方法：使用直尺测得的距离与超声波测距的值进行比较，并寻找最佳的使用方法。 学生分组展示汇报小组的测距方法和实际效果	学生经历实验探究的过程，充分体验超声波传感器的最大量程、最小量程、实际的使用方法和效果

续表

活动环节	教师活动	学生活动	活动设计意图
自主探究（75分钟）	（三）自主设计编程实现倒车雷达警示功能 想要实现倒车警示功能，需要用到哪些语句或结构？ "如果"后面的这个条件应该填什么？	判断语句"如果执行" 输出设备（蜂鸣器） 距离障碍物的距离（30厘米）	通过问题引导的方式，全班同学共同讨论，梳理出编程思路，为后面多条件的判断做铺垫
	任务1：假设倒车的时候车后有一堵墙。我们以30厘米为分界点，谁能给我们分析一下具体的条件？	小车距离墙面大于30厘米，蜂鸣器不响。距离墙面小于30厘米，蜂鸣器响起。	以任务驱动的方式，鼓励学生有效地开展小组合作，分工明确，高效完成任务。对于做得快的小组，采用分层任务，提出更高的难度
	在5分钟内完成第一个任务并测试效果。 你们感觉怎么样？可以怎样改进你们的方案？ 温馨提示：想要完成多条件的判断，要用到上节课学到的"逻辑"中的"且"	学生回答问题。举例如下。 30厘米太近了，都快撞墙了。在50厘米左右应该先报警，提醒司机注意安全。 还可以在1米的位置就开始滴一滴一报警，到50厘米的时候滴一滴一报警，在30厘米的时候一直滴报警。 全班集中讨论，如何实现多条件的判断	这一部分是难点。学生在多种条件下运用大于、小于、大于等于、小于等于距离条件判断的时候特别容易乱。所以教师通过全班讨论、画示意图的形式来帮助学生理清思路，将复杂的事情简单化。搭台子，降难度
	任务2：请尝试完成多条件判断的程序。 教师发现学生在编程过程中遇到的问题，集中汇总。 用iPad投屏功能将编程中遇到的问题集中展示。 教师根据学生的描述，在白板上画示意图，直观区分各条件	学生完成此任务的编程。 灯光配合提醒	学生自主探究编程方法，在这个过程中发现问题，解决问题，使程序趋于实用化、合理化。不同的难度梯度，满足所有学生的需求，突出教学重点
	任务3：为了更好地提示司机，我们还能加进什么功能？可以有什么样的改进	学生思考并回答问题	

续表

活动环节	教师活动	学生活动	活动设计意图
小组作品演示交流（20分钟）	组织学生演示、介绍小组作品	每小组带着作品到讲台上演示倒车雷达的效果。并说明本组的设计思路及优缺点。 其他小组同学点评	为学生搭建一个展示交流的平台。学生测试作品的真实效果，在交流过程中对自我进行反思、评价；对他人的作品进行思考和评价
拓展应用（10分钟）	（1）在我们的生活中，超声波传感器还有哪些应用？ （2）闭上眼睛想象一下，我们走进了游乐场，一进门看到了小朋友玩秋千……	（1）如：汽车的辅助泊车系统。 （2）如：水中游船防碰撞系统、安全秋千、智能警示牌、隔空弹琴等	通过情景创设的形式，使学生跳出思维定势，让他们在有限的范围内开展无限的想象，产生创意应用的好想法

活动效果测评

（1）过程性检测。观察学生在活动中的参与度以及讨论的热烈程度，小组合作分工是否明确，通过组间的交流沟通，意见是否能够达成统一。

（2）终结性检测。小组内知识竞赛的得分，是否成功完成了自主探究超声波传感器编程方法的三个任务，是否能够产生创意想法。

（3）学生自评及互评。学生通过展示交流，相互评价。

——商瑞莹

方案 2-4　保护野生动物大作战——APP 应用程序设计与制作

活动依据

1. 活动背景

习近平总书记关于人与自然和谐共生的重要论述强调"自然是生命之母，人与自然是生命共同体，人类必须敬畏自然、尊重自然、顺应自然、保护自然"。结合《北京市校外教育机构开展"三个一"活动的通知》要求，将生命健康教育内容融入 APP 应用程序设计与制作活动中,设计了本次主题为保护野生动物大作战的专业实践活动,意在培养学生热爱自然、尊重自然的社会责任感,加深学生对生命意义的理解,帮助学生养成健康文明的行为习惯。

2. 学情分析

参与本次活动的学生为物联网兴趣小组学生,由 5、6 年级学生 7 人,8 年级学生 3 人组成。通过前期教学,学生们了解了 App Inventor 开发工具及环境,学习了界面布局、用户界面、多媒体以及传感器等多种组件的使用方法,综合运用组件设计与逻辑设计完成了"温度转换器""课堂点名小助手"等多个应用程序的设计与制作。

活动目标

(1)知识与技能。学生了解保护野生动物相关知识,学习获取有效信息的方法,掌握保护野生动物大作战 APP 应用程序设计与制作的步骤。

(2)过程与方法。以"保护野生动物大作战"为主题,两人一组,分工合作,综合运用组件设计与逻辑设计,完成一款主题突出的 APP 应用程序的设计与制作。

(3)情感态度价值观。学生通过自主开发 APP 应用程序,能够自主学习,认识到保护动物、守护自然是我们的责任;通过 APP 向身边人宣传保护自然的方法,提高自信心和满足感。

活动时间与地点

活动时间:2 小时。

活动地点:崇文科技馆电子与物联网活动室。

活动对象及规模

物联网小组学生 10 人。

活动内容与形式

(1)认识人与自然的关系;

（2）APP 应用程序的设计；
（3）APP 应用程序的制作。

活动重点和难点

活动重点：运用 APP 应用程序制作方法，完成保护野生动物大作战 APP 制作。
活动难点：综合运用各类型组件，使界面布局更加合理美观。

活动准备

（1）教师准备。活动方案、活动课件、视频、文案、资料包。
（2）学生准备。个人电脑 1 台（必备）——PC 机或苹果机；安卓（Android）手机或 Android 平板电脑。

活动过程

活动过程	教师活动	学生活动	活动设计意图
活动引入（10 分钟）	（一）展示下面图片 提问：如果猎人开枪，会发生什么呢？ （二）播放《保护野生动物》视频 提问 1：它们可能是明天的我们吗？ 提问 2：爱护动物和人类自身有什么关系呢？ 总结学生发言，引出本次活动主题	观看图片，思考猎人开枪以后，有没有赢家呢？ 观看视频，认识到每个动物都应拥有生存的权利，而不是被人类所控制，成为货物，深入思考人与动物的关系	通过提问，引导学生深入思考我们与动物的关系。 通过视频，学生更加直观地了解保护动物的重要性
APP 应用程序的设计（40 分钟）	（一）组织学生抽签分组，选择所要守护的动物 要求： （1）有秩序，不喧哗； （2）服从抽签，不随意调换。	依次抽签，抽到同一种动物卡片的两个学生为一组，该动物则为两人共同守护的对象。	为学生提供与更多人沟通交流的机会，锻炼学生沟通与合作能力。

续表

活动过程	教师活动	学生活动	活动设计意图
APP应用程序的设计（40分钟）	教师组织、协调分组。 （二）发放资料，布置任务 将学生所要守护的动物图片和文字资料包依次发放到守护人手中。布置任务：学生根据资料信息，确定APP中展示的内容，完成APP应用程序设计素材及整理学习单。 教师协调学生间的分工合作，指导学生如何填写设计文案	（1）认真阅读资料包中的材料信息后，组内两人商讨APP中体现的内容及形式，如资料包内容不足，自行搜集资料补充。 （2）交流讨论，明确组内分工，完成设计学习单的填写、素材整理及上传	培养学生学会学习，获取有效信息的能力；引导学生注重合作的方式方法；增强学生团队合作的意识。 学习单填写帮助学生理清设计思路，为下面APP组件设计奠定基础，也是学生解决难点的过程
App应用程序的制作（40分钟）	布置任务一：根据APP应用程序设计方法，综合运用组件设计和逻辑设计制作一款保护野生动物大作战的APP应用程序。 要求： （1）主题突出：呼吁人们保护动物。 （2）界面布局合理：设置文字大小、图片大小及位置，精简文本内容使其整齐清楚地显示在界面中。 （3）具有动态展示功能：多个屏幕间跳转与切换。 教师巡视指导学生编写、调试程序。 布置任务二：完成APP应用程序制作的小组，组织语言并配合APP操作，演练展示内容，为分享交流做准备	（1）根据填写完成的学习单，选择组件类型，设置组件属性，完成APP界面整体布局的组件设计。 （2）下载测试，检查布局是否合理。 （3）切换至编程视图，为组件编写与功能相符的特定程序。 （4）下载测试功能。 （5）演练	突破重点，巩固APP应用程序设计与制作的方法。 锻炼学生理论与动手实践相统一的能力
分享交流（25分钟）	（一）组织学生展示 安排学生按照1～5组顺序依次上台，展示他们为所守护的野生动物而设计制作的APP应用程序，每组限时3分钟。要求： （1）声音洪亮、仪态大方； （2）思路清晰、表达流畅； （3）主题突出、理念明确。 （二）活动小结 组织学生说一说保护野生动物的重要意义。如何推广自己设计的APP程序，使更多人认识到保护动物、守护自然是我们每个人的责任	（1）展示的两位同学合理分工，配合APP操作介绍所守护动物的相关知识，阐述设计意图。 （2）其他同学认真倾听	不仅能够学习更多的与野生动物相关的知识，还能够培养学生倾听的习惯。 为学生搭建展示平台，锻炼学生语言表达能力
材料整理（5分钟）	组织学生有序地整理桌面、地面，摆放椅子	收拾卫生	养成良好活动习惯

活动效果测评

（1）通过观察，检测学生是否遵守活动安全要求，是否能够细化分工，有序开展组内合作。

（2）通过提问、组织学习单填写，检测学生是否能够从资料中获取有效信息并进行归纳概括，是否掌握保护野生动物大作战 APP 应用程序设计与制作的步骤。

（3）通过分享交流，检测学生是否能够大胆表达、认真倾听，是否能够认识到保护野生动物的重要意义。

——张璐薇

方案 2-5　三维建模与三维打印活动方案——从平面图形到立体图形（特征操作）

活动依据

1. 政策依据

《全民科学素质行动计划纲要》中指出提高未成年人科学素质行动的任务之一是开展多种形式的科普活动和社会实践，增强未成年人对科学技术的兴趣和爱好，初步认识科学的本质以及科学技术与社会的关系，培养社会责任感以及交流合作、综合运用知识解决问题的能力。同时，纲要中还明确了科技馆在提高未成年人科学技术素质行动中的重要作用。

2. 教学计划

本次活动是创课兴趣小组的一次活动，小组的教学计划是利用一个学期的时间，使学生能够基本掌握三维建模软件，能够利用三维建模软件制作基本的工程零件和简单曲面，并使用三维打印机将自己制作的三维模型打印出来。

3. 学情分析

在开展本次活动前学生已经学习了创客的定义、什么是三维建模与三维打印、基本的工程三视图识图，以及使用 SolidWorks 三维建模软件进行基础操作，并在平面内进行草图绘制。

活动目标

（1）能够运用 SolidWorks 进行平面草图绘制。
（2）掌握 SolidWorks 特征中拉伸凸台基体和拉伸切除的绘图操作。
（3）运用 SolidWorks 平面草图绘制和特征方法绘制收纳盒模型。

活动时间与地点

活动时间：90 分钟。
活动地点：崇文科技馆。

活动对象及规模

创客兴趣小组（广渠门中学）8 年级学生，15 人。

活动重点和难点

活动重点：SolidWorks 特征操作拉伸凸台基体。
活动难点：SolidWorks 特征操作拉伸切除中绘制切除草图平面。

活动过程

活动过程	教师活动	学生活动	活动设计意图
活动引入 （15 分钟）	（1）播放东城区中小学生 8 小时创客马拉松视频。 （2）提问：同学们想不想参加这样的活动？ （3）展示优秀学生创客作品。 （4）提问：同学们想不想也制作出这样优秀的创客作品？ （5）大家发现这些作品有什么共同的特点吗	（1）观看视频。 （2）学生回答。 （3）体验作品。 （4）学生回答。 （5）思考、讨论	通过向学生播放创客马拉松视频、展示优秀学生创客作品，激发学生的创客热情

续表

活动过程		教师活动	学生活动	活动设计意图
主体活动（70分钟）	拉伸凸台基体（20分钟）	新知识点：绘制完成后，单击特征选项，选择拉伸凸台基体，选择拉伸方向及深度。 举例子，请学生进行三维模型绘制。 教师向每位学生发放一个三维打印作品，学生通过使用游标卡尺进行测量，并在建模软件上进行模型绘制	学生依据所给三维模型，通过使用游标卡尺测量模型尺寸，进行建模练习	通过向学生展示三维打印模型的方式，引导学生自主发现如何从平面到立体的方式：拉伸凸台基体
	拉伸切除（20分钟）	步骤： （1）记录空心圆管内径、外径、长度； （2）绘制草图平面； （3）拉伸凸台基体； （4）选择切除草绘平面； （5）绘制切除草图平面； （6）拉伸切除，选择切除深度及方向。 下面请同学根据手中的空心圆管模型，在自己的电脑上练习三维模型绘制	学生依据所给三维模型，通过使用游标卡尺测量模型尺寸，进行建模练习	通过向学生展示三维打印模型的方式，引导学生自主发现特征操作：拉伸切除
	综合实践（30分钟）	收纳盒模型的绘制。 要求： （1）充分体现用途； （2）外观美观； （3）有盖； （4）小组合作完成	收纳盒模型的绘制	通过小组合作的方式开展绘图，锻炼学生的小组合作意识，鼓励学生上台进行展示，增强其自信心，激发其对创客的热爱
活动总结（5分钟）		今天的活动同学们都完成得非常好，我们在复习了前段时间学习的草图平面绘制的基础上，又学习了两个全新的特征操作，拉伸凸台基体和拉伸切除，通过模型练习和综合实践，这两种特征操作同学们都掌握了	听讲、思考	教师通过活动总结，梳理本次活动所学内容，简单介绍了接下来活动的内容，给学生以期望，激发学生学习三维建模的兴趣

——刘辰彬

方案 2-6　螺旋式飞机及电动机盛宴科普教育活动方案

 活动依据

1. 指导思想

在科普活动中，将德育贯穿科普教育活动全过程，关注核心素养，加强学生责任担当，积累人文底蕴，培养学生实践创新和学会学习的能力，渗透科学精神。

2. 创新项目

"三个一"创新项目建设"数学物理科普系列活动——数物之妙可问天"，旨在使学生了解现代生活中的数物知识科技应用，加强专业知识与社会自然的联系，学生学习鲜活的知识和技能，提高综合运用各学科知识解决问题的能力。

3. 活动理念

落实"STEAM"教育理念，将科学、技术、工程、艺术、数学多学科融合进行综合教育，培养学生综合素养，提高学生创新力和竞争力。

4. 学情分析

（1）根据崇文小学科技教育三年规划的空模主题，该校 5 年级学生已初步掌握飞机模型知识，拥有团队协作意识，但是科技动手能力和创新能力有待提高。

（2）"螺旋式飞机及电动机盛宴"内容丰富、生动直观，科学性、实践性强，与"十九大"报告中六大科技亮点之一的大飞机紧密相关，关注时事热点，能满足学生学科学、用科学的需求。

 活动目标

1. 知识与技能目标

（1）学生初步了解初中物理中关于空气动力学和电学的知识；

（2）学生了解螺旋式飞机的运行原理与机械结构；

（3）学生能说出电动机的功能与应用；

（4）学生完成组装螺旋式飞机和设计制作电动机产品的任务。

2. 过程与方法目标

（1）学生分组探究，学会组装螺旋式飞机的方法并能进行飞机的性能优化；

（2）学生掌握焊接技术的科学使用方法；

（3）学生能设计制作电动机产品；

（4）学生锻炼想象力，及合作、科技动手能力。

3. 情感态度与价值观目标

（1）学生加深对祖国的热爱，了解我国航空事业的发展，增强民族自豪感；

（2）学生对科技动手制作产生兴趣；

（3）学生能主动交流合作，积极投入活动，享受设计制作产品的乐趣；

（4）学生体会科技创新对生活的改变，感受科学就在身边。

活动时间与地点

活动时间：2 小时。

活动地点：崇文小学科技活动室。

活动对象及规模

5 年级学生，52 人。

活动重点和难点

活动重点：学生了解电动机的功能与应用；学生自主设计制作电动机产品。

活动难点：学生自主设计制作电动机产品。

活动准备

（1）制订活动计划、方案，上报主管部门。

（2）落实具体事项。

① 确定活动的时间和地点；

② 进行场地安排和布置；

③ 准备活动材料，包括意外事故所需的烫伤膏、创可贴；

④ 安排工作人员；
⑤ 进行活动宣传，动员学校师生，与家长进行沟通；
⑥ 聘请专家；
⑦ 活动经费预算；
⑧ 制订安全预案。
（3）活动场地准备。活动开始前布置场地，运送材料。

活动过程

活动环节	教师活动	学生活动	设计意图
活动开场（5分钟）	（1）老师就位； （2）进行安全注意事项教育	（1）学生入场在指定区域就坐； （2）学生认真聆听安全注意事项	（1）学生增强活动安全意识； （2）学生遵守活动规则
创设情境（15分钟）	（1）老师播放2分钟科技视频； （2）互动环节。老师根据视频内容提出3~5个螺旋式飞机起源及发展历程相关问题，师生进行讨论； （3）知识科普。老师介绍我国航空事业发展及现代科技成果	（1）学生观看2分钟科技视频； （2）学生在讨论中学习，思考并回答老师提出的问题； （3）学生认真聆听，了解我国航空事业发展及现代科技成果	（1）学生产生积极参与的热情，综合视觉和听觉对螺旋式飞机产生好奇心； （2）学生对初中物理空气动力学知识有初步了解； （3）学生了解我国航空事业的发展，增强民族自豪感
讨论探索——螺旋式飞机实践操作（30分钟）	（1）老师了解学生分组情况，确保每个合作小组分工明确； （2）老师分发合作学习单； （3）老师提出制作一架螺旋式飞机的任务，制作时间为25分钟； （4）老师展示学生做好的飞机，师生讨论如何进行性能优化，考虑空气阻力对飞机的影响； （5）老师提出制作一架私人定制飞机的任务	（1）学生随机分组，5~6个学生一组，选出组长，明确每人职责； （2）学生以小组为单位按照学习单上的任务逐一完成； （3）学生小组合作，自主探究与思考，对飞机进行设计并组装； （4）学生在做中学、玩中学，考虑空气阻力因素，对飞机进行性能测试并优化； （5）学生对螺旋式飞机外观进行美工设计	（1）学生锻炼合作能力，增强责任感； （2）学生能主动交流合作； （3）学生提高学习能力，锻炼科技动手能力； （4）学生了解螺旋式飞机的运行原理与结构； （5）学生将科技与艺术融合进行创作，提高综合素养

续表

活动环节	教师活动	学生活动	设计意图
讨论探索——电动机功能及应用（15分钟）	（1）老师提出问题"螺旋式飞机的核心结构是什么？"； （2）电动机知识科普。老师分发个体学习单，讲解电动机工作原理及应用，涉及初中物理电学知识，介绍电磁界著名科学家及其成就	（1）学生讨论回答"电动机"； （2）学生认真聆听，进行思考，了解电动机的功能与应用，完成个体学习单	（1）学生对电动机有深刻的理解，能说出电动机的功能与应用； （2）学生对初中物理电学知识有初步了解
实践练习——制作电动机产品（45分钟）	（1）老师讲解电烙铁使用注意事项； （2）老师讲解电烙铁使用"五步法"； （3）老师提出制作电动机产品的任务，制作时间为40分钟； （4）老师分发制作材料； （5）老师针对学生提出的问题，师生讨论探究出正确的组装方法； （6）老师强调操作安全，观察学生制作电动机作品的过程	（1）学生认真聆听电烙铁使用注意事项； （2）学生学习电烙铁使用"五步法"； （3）学生主动思考，展开想象，大胆说出自己关于制作电动机产品的想法，互相交流； （4）学生利用手中的材料进行模拟组装，探究电动机产品的结构； （5）学生与老师互相讨论，探究出正确的组装方法； （6）学生进行设计制作，完成电动机作品	（1）学生增强活动安全意识； （2）学生掌握电烙铁的科学使用方法； （3）学生对科技动手制作产生兴趣； （4）学生锻炼想象、科技动手能力； （5）学生能积极投入活动，享受设计制作产品的乐趣； （6）学生感受科学就在身边
展示表达（10分钟）	（1）老师组织学生展示自己的电动机作品； （2）老师组织学生进行评选，综合性能与外观设计两方面因素，师生共同评选出优秀电动机产品； （3）老师对优秀电动机作品进行表彰	（1）学生介绍展示自己的电动机作品及其功能，交流想法分享制作心得； （2）学生互相评选出优秀电动机作品； （3）优秀电动机作品的设计者接受表彰	（1）学生学会展示自己的作品，表达自己的设计想法； （2）学生互相学习，开阔视野，拓展思路； （3）学生体会科技创新对生活的改变
活动结束	老师宣布活动结束，集体合影留念	学生集体合影留念	记录活动成果与美好瞬间，留住学生们的笑脸

活动效果测评

本活动从过程性评价和成果性评价两个维度评价活动效果，其中运用了观察法和访谈法。过程性评价包括学生活动学习单和现场活动情况。成果性评价包括学生作品、学生活动反馈表和教师活动反馈表。

（1）观察学生在活动过程中的参与程度和热情程度。

（2）查看学生的合作学习单和个体学习单完成情况。

（3）查看学生作品的完成情况。

（4）采访参与活动的学生和老师，了解他们对于活动的感受和体会。

（5）组织活动参与人员进行专题研讨会，总结此次活动，深入探讨活动新形式及新方法。

通过以上五个方面，完成本次活动效果检测。

——程楠

方案 2-7 神秘的几何科考——超声波测距仪的制作与测量

活动依据

1. 活动背景

校外教育是基础教育的重要组成部分，是立德树人的重要载体，根据《关于全面深化课程改革落实立德树人根本任务的意见》，校外教育不仅仅指导学生掌握基本的动手操作技能，还要引导学生融合校内基础学科的知识解决生活中的实际问题。培养学生善于观察、开动脑筋、敢于实践的良好品质，鼓励学生把学到的知识与现实问题联系起来，用知识解决实际问题。

2. 活动内容分析

学期教学计划分为三大单元内容：认识传感器、常用传感器的类型、传感器的综合应用。本活动为传感器的综合应用单元的一次兴趣小组日常的教育教学活动。

3. 学情分析

参与本次活动的学生为物联网兴趣小组学生，由3、4年级学生6人，5、6年级学生5人组成。这些学生已经参加了"物联网初探"系列活动，知识技能方面已具备了基本电路的识图及编程能力，但由于学生年龄的差异，数学知识储备略有不同。通过前期教学活动的观察发现，一些学生缺少应用所学知识解决问题的能力，很难应用所学设计实用性的作品。

活动目标

（1）知识与技能。学生了解超声波测距模块的工作原理。掌握超声波测距模块程序设计及硬件电路搭建的方法，学会测距仪的使用方法。

（2）过程与方法。正确使用超声波测距仪完成测量任务，低年级学生完成桌子长度、宽度以及教室高度的测量，高年级学生在此基础上还需完成教室使用面积的测量、计算。

（3）情感态度价值观。学生能积极开动脑筋，寻求有效的解决方法，体会运用知识解决问题的乐趣。

活动时间与地点

活动时间：2小时。

活动地点：电子与物联网活动室。

活动对象及规模

物联网小组学生11人。

活动内容与形式

（1）了解超声波测距的原理。采用展示法培养学生自主学习的意识，养成善于观察的习惯。

（2）超声波测距仪的制作。运用讲解、任务驱动等形式，引导学生实践探究。

（3）利用超声波测距仪完成测量任务。设置难度不同的任务，驱动学生学会分析问题、调整方式，探寻有效解决方法。

（4）交流分享测量方法及经验。分享交流测量过程中的问题及方法，建立问题意识。

活动重点和难点

活动重点:超声波测距仪的制作。
活动难点:如何利用超声波测距仪解决实际问题。

活动准备

(1)教师准备。活动方案、活动课件、活动材料、任务单。
(2)学生准备。准备编程软件的电脑;搜集关于从古至今长度测量方法、长度单位换算、面积计算方法的相关资料。
(3)相关知识。古代人类为了测量田地等就已经学会了长度测量,3000多年前古埃及用人的前臂作为长度单位叫"腕尺",大禹治水时,曾用自己的身体长度作为长度标准进行治水工程的测量,唐太宗李世民规定,以他的双步,也就是左右脚各一步作为长度单位,叫作"步"。

活动过程

活动过程	教师活动	学生活动	活动设计意图
活动引入 (15分钟)	讲述长度的故事: 提问:①故事中关于确定长度测量方法有什么共同特点? ②存在什么问题? ③怎么解决呢? 提问:现在我们用哪些工具测量长度呢? 总结学生发言,引出本次活动	认真听讲并思考教师提出的问题。 讨论交流; 思考回答; 结合自身认识回答问题	从长度的故事入手,使学生了解古代长度测量的方法,激发学生兴趣,通过不同层次的问题,引发学生思考故事中测量方法存在的问题,进而勾起学生想办法解决问题的欲望,最后提出现在测量的方法,从而引出本次活动
学习理论知识 (10分钟)	播放课件,展示所需模块的图片。 布置任务:总结该模块特点并从材料盒中找出所需模块。 展示超声波测距的原理图,并讲解原理	观看PPT,总结模块特点。 针对特点,找出模块。 了解原理,填写任务单	通过观察、总结、寻找,学生会对该模块留下较深的印象。 为接下来活动重点的实施奠定基础

续表

活动过程	教师活动	学生活动	活动设计意图
制作测量工具（35分钟）	利用 frizing 电路绘图软件展示超声波测距模块与主控模块的电路连接图。 任务一：根据电路图，完成硬件电路搭建。 教师巡视观察，针对学生集中出现的问题重点讲解，强调端口功能。 结合测距原理，利用 Mixly 模块化编程软件演示超声波模块编程方法。 任务二： （1）完成超声波测距的程序设计及编写。 （2）下载程序并利用串口查看超声波测距的数值。 任务三： （1）组织学生演示测距仪制作的方法。 （2）分享交流电路搭建及编程过程中的经验	分析电路。 学生根据连接图，自己尝试搭建电路。 学生在任务驱动下，通过交流讨论，边做边学等方式，掌握编程方法。 根据其他同学的演示交流，查找问题，消化知识，掌握操作技能	采用演示讲解、任务驱动的方法引导学生实践探究，逐步完成测距仪的制作，解决活动重点，锻炼学生自主探究的能力。 由学生演示讲解，一方面检测学生对知识技能的掌握情况，另一方面加深学生对知识的理解，突出学生主体地位
解决实际问题（45分钟）	任务说明：任务分为基础任务和挑战任务。低年级学生需完成基础任务，有能力的同学可以继续挑战任务，高年级学生完成所有任务。 基础任务一：分别利用尺子和超声波测距仪测量桌子的长度、宽度并填写记录单。 基础任务二：利用超声波测距仪测量教室的高度并填写记录单。 挑战任务：测量并计算教室的使用面积？（数学公式：面积＝长×宽，要求自己根据实际测量情况设计测量记录单） 提问1：超声波测距模块测距范围？ 提问2：如何测量教室使用面积？	了解任务说明。 学生完成物体的测量、数据筛选和记录。 学生经过分析问题、讨论交流完成测量。 学生回顾超声波测距原理回答。	根据学生情况，分层设定不同难度任务，保证学生充实又有成就感。 通过对比数据，检测利用测距仪测量的准确性，学会正确使用测距仪的方法。 再次练习测量，学会正确使用测距仪测量物体并获得有效数据，掌握测量技能。 为了突破难点，引导学生如何利用测距仪解决问题，锻炼学生发散性思维，提高学生解决问题的能力

续表

活动过程	教师活动	学生活动	活动设计意图
解决实际问题（45分钟）	挑战任务一：独立思考，提出测量方案； 挑战任务二：讨论交流，明确测量方案； 挑战任务三：设计测量记录单并完成测量	根据任务情况，交流讨论，确定测量方案、设计测量记录单	
分享交流（10分钟）	教师对学生在活动中的表现给予肯定，并列举两组数据相差较大记录单，再次强调测量方法的重要性。最后鼓励学生运用所学知识，解决生活中的实际问题	学生交流测量方法并分享活动过程中遇到的问题及解决方法	培养学生乐于分享、归纳总结的能力，建立问题意识
材料整理（5分钟）	组织学生根据材料类型分类整理	整理材料，收拾桌面	养成良好活动习惯

活动效果测评

1. 观察（20分）

（1）活动中学生是否遵守活动安全要求及活动纪律。

（2）活动中是否能正确使用工具、爱护公共物品、尊敬老师、友爱同学、认真听讲、不大声喧哗。

（3）活动中是否能够帮助有需要的同学，对于活动中遇到的问题积极寻求解决方法。

2. 观察、提问、任务单（30分）

（1）是否具有较强的自主学习能力，了解测距原理，积极参与思考、程序设计、电路搭建等活动过程。

（2）是否具有较强的动手能力，能够完成测距仪制作和任务单。

3. 观察、任务单、任务完成情况（40分）

（1）是否能够正确使用测距仪测量物体并获得有效数据。

（2）挑战任务中是否能够根据实际情况，提出测量方案，探寻有效的解决方法。

4. 听交流、分析记录单（10分）

分享交流环节，是否能够主动参与，分享交流，表现自信（能够大胆尝试并表达自己的想法）。

——张璐薇

科学严谨的创造——未来汽车创作（设计规划）

方案 2-8

活动依据

1. 活动背景

根据《中国学生发展核心素养》文化基础中的科学精神指导思想，培养学生的理性思维，使学生能理解和掌握基本的科学原理和方法，并且勇于探究，具有好奇心和想象力，能不畏困难，坚持大胆尝试，积极寻求有效的问题解决方法。

在本课程学习前，学生已经有效地学习了基础模型工具使用与进阶模型制作技巧。汽车模型的制作，是一个综合型的模型制作，自制一个汽车模型，对于综合模型制作技巧练习起着至关重要的作用。

在未来地球石油资源短缺的情况下，发展新能源汽车已迫不及待，汽车的进步与人类的科技进步密不可分。现今很多汽车厂家推出了自己的概念车，也有科研团队正在研发未来可以替代传统出行方式的新型汽车。而我们的学生，作为未来祖国的科技后备人才，也可以提前了解相关知识并且提出自己的想法，发扬创客精神，将自己的想法实现。

2. 学情分析

学生对于模型的基础制作以及进阶制作技术已经掌握，并且已经学习了汽车模型的基础制作技巧，但是自制模型是头一次，所以需要学会贯彻科学严谨的设计理念，并且在发挥想象力的同时遵循严谨的科学原理，需要学会如何攻克各种模型制作的难关。

活动目标

（1）知识与技能。学生分组设计一辆未来汽车来应对挑战。

（2）过程与方法。通过设计图的绘制与选取，贯彻严谨的科学设计观。通过创设情境，开设关卡，在理解掌握基础知识的前提下，培养学生坚持不懈的科学精神。通过小组合作，学生能互相学习、合理分工、共同进步。

（3）情感态度与价值观。将科学严谨的设计思维贯彻始终，在开发学生的创造力与设计能力的同时，根据科学原理，设计各种难关让学生去攻克。在培养学生坚持不懈的探究精神的同时，培养学生的理性思维。

活动时间与地点

活动时间：90 分钟。
活动地点：崇文科技馆模型活动室。

活动对象及规模

模型班小组学员。

活动内容与形式

学生分组设计汽车，上交设计图并讨论如何制作、通过关卡。

活动重点和难点

活动重点：发散学生思维，激发想象力，并且规范设计，遵循科学原理。

活动难点：学生容易心浮气躁，如何引导学生一步步克服困难，利用自己的所有资源达成既定目标。

活动准备

（1）教学准备。准备概念车图片及介绍视频，观察各种汽车模型、汽车设计图纸图例、关卡以及材料分包道具。

（2）材料准备。汽车模型图片、汽车模型照片、底盘配件包、雪弗板（PVC发泡板）、模板、胶合板、A4 纸、美工刀、钢板尺、铅笔、橡皮、模型胶、大头针。

活动过程

教学阶段	教学内容	设计意图	教学手段
创设情境 （15分钟）	学生进行分组，抽取自己制作汽车所需要的材料包，每组材料有所不同，教师扮演投资方，学生扮演汽车生产厂家，需要按照教师设立的关卡设计汽车，教师根据设计图的创新性与严谨性给予每组学生模拟代币用于购买之后制作所需的额外材料	以角色扮演的形式，带动学生的积极性，并且设计市场需求激发学生的创造能力，又根据实际的科学原理贯彻设计图的严谨性，并且设计关卡让学生去攻克以锻炼学生坚持不懈、勇于挑战的精神	情境设计法 分组合作法
分组讨论 （15分钟）	学生进行分组讨论，在既定材料与既定关卡的前提下，以创新的思维和严谨的设计理念进行设计	严格设计图的规范化、科学化，以及培养学生合作能力与分析能力	分组讨论法
绘制设计图并提交 （30分钟）	学生进行设计图的绘制； 教师根据各学生汽车厂设计图，选取投资金额； 学生可以用所得款购置额外材料	学生将自己带入创设的情境，体会实际汽车设计的严格要求与资源需要合理利用的科学制作方法	模拟经营教学法
学习交流 （20分钟）	每个汽车设计组进行经验分享，将自己的设计理念与感想分享并取长补短，学习别组的长处，改善自己设计的缺陷	小组间互相学习、共同进步、互相监督、互相检验设计图的严谨性。学生在过程中要贯彻科学严谨的设计理念	交流法
活动小结 （10分钟）	通过这次活动，学生以严谨科学的态度进行创造与设计，在发挥想象力的同时，对问题与困难进行思考，使自己的科学探索过程更加完善与丰富		

活动效果测评

（1）学生是否绘制出完整严谨的设计图。

（2）学生是否沉浸在场景中，积极参与活动，并且相互合作共同设计。

（3）评估设计图的价值，观察学生是否贯彻了严谨的科学态度，以及如何发挥创造力以面对接下来的挑战。

——吴振维

刷卡签到器活动方案

活动依据

1. 指导思想

（1）社会主义核心价值观。积极践行社会主义核心价值观，理解其内涵，将其真正落到实处。

（2）《教育信息化 2.0 行动计划》。2018 年 4 月教育部印发《教育信息化 2.0 行动计划》，计划提出要"完善课程方案和课程标准，充实适应信息时代、智能时代发展需要的人工智能和编程课程内容"。

（3）"三个一"创新项目"青少年趣味创意编程"。本次活动属于"三个一"创新项目"青少年趣味创意编程"活动内容，该项目旨在使学生通过活动培养创造力、激发潜能、学会运用计算思维能力解决实际问题。活动以"体验编程乐趣"为目标，激发学生学习编程的兴趣。项目将学生按照年龄分层，分为初级班和高级班，初级班学生学习图形化编程软件，高级班学生学习以算法和数据结构为核心的 C++ 程序设计，本次活动为初级班活动内容。

2. 活动理念

（1）立德树人，关注核心素养。在专业实践活动中，落实立德树人根本任务，以学生为主体，将德育贯穿专业实践活动全过程，关注核心素养，培养学生实践创新和学会学习的能力，渗透科学精神。

（2）STEAM 教育理念。落实"STEAM"教育理念，将科学、技术、工程、艺术、数学多学科融合，进行综合教育，刷卡签到器的程序设计综合了电子技术、数学、信息学等学科知识，注重培养学生综合素养，提高学生创新力和竞争力。

3. 学情分析

（1）软件情况。本次活动使用的是 Smart A6，它是一款便捷灵活、方便上手的开源电子原型平台，它包括简单、易用的硬件平台和软件平台，能通过各种各样的传感器来感知环境，通过控制声音、读卡器、屏幕和其他的装置来反馈、影响环境。

（2）学生情况。兴趣小组学生已参加过活动，掌握串并联电路基础知识，拥有图形化编程软件基本操作技能，会使用 Smart A6 开源电子平台，如蜂鸣器、屏幕、定时器、延时器的使用等，有团队协作意识。

（3）本次活动情况。整个学期的学习计划为熟练掌握 Smart A6 图形化编程软件，包括触发型传感器、数值型传感器、电动机驱动类的使用方法和程序设计。本次活动主题为刷卡签到器，是学期计划中的第八次活动。本次活动以触发型传感器读卡器为学习重点，复习之前学过的蜂鸣器、屏幕等电子元器件，考察学生的学习效果和综合应用能力，培养学生逻辑思维能力及创新能力。在疫情防控工作中，刷卡签到器可用于医院统计患者人数或随时掌握博物馆等公共场所的人流量。

活动目标

1. 知识与技能目标

（1）学生掌握触发型传感器读卡器的工作原理；
（2）学生学会刷卡签到器的程序设计；
（3）学生完成制作刷卡签到器电子作品的任务。

2. 过程与方法目标

（1）学生能利用 Smart A6 开源电子平台创作刷卡签到器电子作品；
（2）学生分组探究，能够进行刷卡签到器的程序设计并加以说明；
（3）学生锻炼编程能力、逻辑思维能力、创新能力。

3. 情感态度与价值观目标

（1）学生喜爱编程，感受到编程的乐趣和魅力；
（2）学生能积极投入活动，享受科技在生活中智能化应用的乐趣；
（3）学生体会科技发展对社会经济的影响。

活动时间与地点

活动时间：2 小时。
活动地点：北京市东城区崇文青少年科技馆。

活动对象及规模

8~10岁小学生,12人。

活动重点和难点

活动重点:掌握触发型传感器读卡器的工作原理。
活动难点:利用读卡器完成刷卡签到器的程序设计。

活动准备

1. 学生准备

(1)带笔记本电脑,已安装好 Smart A6 软件;
(2)带学习文具。

2. 教师准备

(1)刷卡签到器智能化应用的图片、视频,上课用 PPT、任务学习单。
(2)硬件材料。开源 UNOR3 主板、下载器、传感器连接六针插线、蜂鸣器、读卡器、屏幕等。
(3)防疫用品。84 消毒液、医用手部消毒液、手部消毒湿巾、备用口罩等,教师在开课前一天进行教室的全面消杀工作并开窗通风。

3. 相关知识

读卡器的工作原理:每个人到来时,通过刷卡进入,这时控制器通过指令进行加1,然后在屏幕上显示实到总人数并发出声音(蜂鸣器响)提醒。

活动过程

学生进入教室前,在教室门口按照 1 米线排队集合,教师逐一为学生分发免洗手消毒液和消毒湿巾,学生手部消毒完成后方可进入教室,用消毒湿巾擦拭桌面后准备上课。

活动环节	教师活动	学生活动	设计意图
创设情境（15分钟）	（1）教师介绍刷卡签到器的应用，播放视频；（2）教师介绍 Smart A6 中的触发型传感器——读卡器，举例说明使用功能，例如：大型会议人数统计、医院统计患者人数、博物馆随时掌握人流量等，师生进行讨论	（1）学生认真观看和聆听，了解刷卡签到器的应用；（2）学生在讨论中学习，了解触发型传感器——读卡器的使用功能	（1）学生了解刷卡签到器的应用；（2）学生产生积极参与的热情，对触发型传感器——读卡器产生好奇心
讨论探索——刷卡签到器的程序设计（35分钟）	（1）教师介绍触发型传感器，发放任务学习单。（2）教师提出任务一：分组探究，如何利用读卡器和其他已学习过的元器件，制作刷卡签到器，巡逻指导。（3）教师带领学生复习蜂鸣器和屏幕的使用，复习并联电路知识。（4）教师提出任务二：在任务学习单上画出刷卡签到器的程序设计图。（5）教师针对学生的程序设计图，围绕所需元器件是否齐全、线路连接是否正确等内容，与大家沟通讨论	（1）学生了解触发型传感器——读卡器的工作原理。（2）学生分小组探究，讨论出制作刷卡签到器所必需的元器件，填写任务学习单。（3）学生复习蜂鸣器和屏幕的使用，复习并联电路，填写任务学习单。（4）学生在任务学习单上画出刷卡签到器的程序设计图。（5）学生针对程序设计图互相讨论、互相学习	（1）学生掌握触发型传感器——读卡器的工作原理（突破重点）。（2）学生学会刷卡签到器的程序设计。（3）学生锻炼编程能力和逻辑思维能力。（4）学生喜爱上编程。（5）此讨论探索环节的设置，逐步深入，从读卡器原理的学习到制作刷卡签到器所必需的元器件，应用了之前学习过的蜂鸣器和屏幕，教师带领学生复习并联电路，在之前的知识基础上加上读卡器，完成签到器的程序设计（突破难点）
实践练习——制作刷卡签到器（50分钟）	（1）教师提出任务三：利用读卡器、蜂鸣器、屏幕、定时器、延时器等在 Smart A6 中完成刷卡签到器的程序设计，并写清程序指令（其中会应用到电子技术中的串并联电路、数学中的递增数列、信息学中的编程语言）。（2）教师巡逻指导，发放硬件材料。（3）教师提出任务四：按照设计的电路完成硬件连接，并下载程序。（4）教师提出任务五作品测试：分别用白色卡和蓝色卡靠近读卡器的感应区域，看看有什么效果？为什么	（1）学生在 Smart A6 中完成刷卡签到器的程序设计和程序指令；（2）学生按照设计的电路完成硬件连接，并将程序下载到电子作品中；（3）学生进行作品测试，检验读卡器效果，师生讨论	（1）学生锻炼创新能力；（2）学生能利用 Smart A6 创作刷卡签到器电子作品；（3）学生综合电子技术、数学、信息学等学科完成程序设计；（4）学生能积极投入活动，享受科技智能化应用的乐趣

续表

活动环节	教师活动	学生活动	设计意图
展示表达（20分钟）	（1）教师组织学生展示电子作品； （2）教师与学生共同讨论刷卡签到器的应用场景及经济价值； （3）教师总结此次活动：刷卡签到器可以应用在生活的很多方面。从读卡器到超声波测距器，大家多观察多思考，体会先进的科学技术为我们的生活提供了很多便利	（1）学生展示电子作品，分享设计想法； （2）学生讨论了解刷卡签到器的应用场景及经济价值； （3）学生回顾本次活动，谈谈自己的收获	（1）学生感受到编程的乐趣和魅力； （2）学生体会编程领域发展对社会经济的影响； （3）师生交流，增加了解，得到学生反馈

活动效果测评

本活动从过程性检测和终结性检测两个维度检测活动效果，其中运用了观察法和访谈法。

（1）过程性检测。观察学生在活动中的参与度、讨论的热烈程度以及编程步骤的正确性。

（2）终结性检测。学生的最终电子作品刷卡签到器（硬件作品及程序设计图）。

（3）学生自评。学生自己对程序设计和电子作品作出评价，填写自我评价表。

（4）学生互评。学生通过互相展示观摩，互相评价对方的刷卡签到器。

（5）采访学生。活动结束后采访参与活动的学生，了解他们对于活动的感受和体会。

（6）采访家长。活动结束后在微信上与家长们交流课堂情况，了解学生回家后的反馈。

——程楠

木制框架承重项目（结构设计与制作环节）

活动依据

1. 政策依据

教育部办公厅《2018年教育信息化和网络安全工作要点》指出探索信息技术在创客教育等教育教学新模式中的应用，逐步形成创新课程体系。

2. 创客课程体系

小小未来工程师课程是创客四级课程体系中二级课程中的一门基础课程。

3. 活动设计思路

创客教育强调学生在生活中要善于发现问题，提出创意构想，并通过动手实践将其转化为实物成品。小小未来工程师课程目标是培养学生动手能力、运用工具加工能力和实际问题解决能力。项目式学习是创客教育摆脱传统教育教学方式的有效途径。因此本次活动运用项目式学习教学方法，以问题引领、知识与技能为导向，通过运用跨学科知识与技能解决实际问题，并通过测试环节，培养学生反思与迭代意识。

4. 学期教学计划

在之前的活动中学生已经掌握了简单工具的使用，通过为学生设计木质框架承重项目，以问题引导、竞赛驱动，激发学生学习兴趣，通过恰当的项目设计，对简单工具使用、三维模型建立以及小学科学知识开展跨学科综合运用。本次活动是项目式学习的第二次活动。第一次活动为项目准备（项目介绍与基本木质框架制作），第三次活动为反思与迭代（结构再设计与制作）。

5. 学情分析

学生已经学习了三维建模课程，掌握了简单工具的使用方法，在小学科学课已经学习了三角形结构是稳定结构的知识，因此学生已经具备了开展本次项目式学习的知识和技能要求。

活动目标

1. 知识与技能

（1）能够说出三角形结构是稳定结构，并能举例说明。

（2）能够运用三维建模软件设计木质框架加固结构。

（3）能够运用加工工具制作木质框架加固结构。

2. 过程与方法

（1）学生通过对木质框架加固结构开展设想与实践，体验设计思维方法的六个步骤。

（2）学生能够运用不同学科知识与技能完成木质框架加固结构的设计与制作，体验跨学科解决实际问题的过程。

3. 情感态度与价值观

（1）学生敢于在讨论、展示、反思环节中发表想法主张。

（2）学生能够积极、热情、主动参与到项目式学习中，能主动承担小组任务。

活动时间与地点

活动时间：150 分钟。

活动地点：崇文科技馆。

活动对象及规模

本次活动学生为小学 4、5 年级学生，动手制作能力相对较弱，除本学期开展的课程学习外，没有进行过系统的动手加工训练，因此将本次木质框架制作的基础框架设计为固定结构，符合学生现有能力水平。

学生年龄相对较小，认知水平、专业知识水平和自学能力相对较弱，因此在开展项目式学习中采用相关课程模式，即以某门课程问题为导向，在项目问题解决过程中引入其他学科内容。

活动内容与形式

本次活动是运用项目式学习教学方法的一次创新活动，学生通过观察、比较两次基本木质框架承重过程的损坏现象,发现结构问题,并开展对框架加固结构的创新设计,构建三维模型,并进行制作与承重测试。

活动重点和难点

活动重点:木质框架加固结构的加工制作。
活动难点:木质框架加固结构的创意设计。

活动准备

承重测试设备:测试承重台 1 个、杠铃片 330 千克。
制作工具及材料:桐木条 50 根、手工工具箱 5 个、502 胶水 5 瓶。
多媒体设备:平板电脑 15 台、笔记本电脑 5 台。
其他:多媒体课件、2 个基础木质框架。

活动过程

活动过程	教师活动	学生活动	环节意图
情景引入 (15 分钟)	【实物展示】教师展示两个相同的基础木质框架。 【承重测试】教师对第一个框架进行承重测试。 【提问】谁能描述框架在损坏时的现象? 【承重测试】教师对第二个框架进行承重测试。 【提问】谁能描述框架在损坏时的现象	观看。 仔细观察框架在损坏时的现象。 填写个人学习单,并回答问题。 仔细观察框架在损坏时的现象。 填写个人学习单,并描述现象	通过展示框架引起学生注意。 通过对框架承重,引起学生注意,激发学生学习兴趣。 通过连续提问的方式,要求学生描述现象,锻炼学生观察意识和语言表达能力,进一步激发学生学习的兴趣和参与热情
发现问题 (5 分钟)	【提问】哪位同学发现两个框架损坏时有什么特点? 【提问】同学们想一想为什么框架出现同样的损坏现象?是什么原因造成的?	思考,并回答问题。 填写个人学习单	通过提问的方式引导学生对两个框架损坏现象建立联系,并通过小组讨论的方式探讨造成损坏的原因。 引导学生自主说出造成损坏的原因。

第二章 创客创新

续表

活动过程	教师活动	学生活动	环节意图
发现问题（5分钟）	【总结】同学们已经说出四边形是不稳定结构，三角形是稳定结构。 【提问】同学们能否说出运用三角形是稳定结构的例子呢？ 【总结】生活中的例子很多，其中施工用的脚手架和埃菲尔铁塔都是典型的例子		通过提问引导学生思考，与生活实际进行联系。 教师给出两个典型实例，引导学生理解并思考如何运用三角形构建稳定结构
主体活动（80分钟） 创意设计（50分钟）	请同学们设计如何加固框架（加固材料为桐木条，数量为6根）。 【小组讨论】如何对框架进行加固设计。 【自主学习】请同学们使用平板电脑上网查找相关资料。 【创意设计】小组再次讨论，提炼创意点，形成设计方案，梳理设计要点。 【模型构建】使用三维建模软件绘制模型。 【分享展示】各组展示三维设计模型，组间进行交流。 【讨论优化】各组根据交流意见完善模型设计	小组讨论。 上网查找资料，填写个人学习单。 创意设计，填写小组学习单。 模型构建。 分享展示。 讨论优化，填写小组学习单	难点攻克：教师运用设计思维方法中关于问题解决的六个步骤，引导学生逐步实施，逐一攻克
主体活动（80分钟） 加固结构的加工与制作（30分钟）	各组开始加工制作。 【确定制作流程】小组讨论确定加工流程。 【加工工具选择】学生根据制作需要及加工材料从手工工具箱中选择正确的加工工具。 【小组分工】小组讨论确定组员分工。 教师巡视，观察学生加工工具选择是否正确，小组分工是否明确，制作流程是否合理可行，对出现的问题进行个别指导	小组讨论，填写小组学习单。 开展加固结构的制作。 加固框架的制作是本次活动的重点，依据项目式学习要求，教师通过引导，学生以小组合作的方式独立完成制作过程	为了保证活动重点得以体现，教师引导学生对制作流程、工具选择和人员分工进行思考与讨论。同时为了检测前面课程的学习效果，教师准备了手工工具箱，提高了学生正确选择工具的难度

续表

活动过程	教师活动	学生活动	环节意图
作品展示 与测试 （25分钟）	【作品展示】以小组为单位，展示制作完成的木质加固框架，并介绍制作流程及人员分工。 【承重测试】展示完成后对作品进行承重测试	上台展示。 学生将自己的作品、经验和体会与他人进行分享，促进大家共同提高。 仔细观察框架在损坏时的现象。 填写小组学习单	创客活动的特点就是分享与交流，学生通过上台展示、分享交流锻炼语言表达能力、梳理归纳能力。 承重测试环节的设计目的是检验学生的加固结构设计水平和加工制作水平，同时测试环节与活动引入的承重环节前后呼应，让学生清楚地看到结构变化对承重重量和模型损坏方式的影响。同时承重测试环节也是对学生学习兴趣的极大调动，引导学生在竞赛任务的驱动下，积极参与到项目式学习当中
整合反馈 （25分钟）	引导学生进行自评。 【团队评价】教师对团队表现进行主观和客观评价。教师填写团队评价表教师部分。 【初步反思】结合测试结果、团队评价和个人评价，学生利用课后时间对模型的结构设计、加工制作等环节中存在的问题以及改进方法、结构优化想法进行再思考，同时对个人表现、团队表现进行总结反思	【学生评价】小组成员对本次活动自身表现、小组其他成员表现进行评价。填写学生评价表。 学生对团队表现进行评价，填写团队评价表学生部分。 学生利用课后时间对填写的《团队学习单》和个人学习单中的不足部分进行反思	学生自评的目的是对自己表现的一种认可和鼓励，也是对自己表现的一种反思，是下一次参加项目式学习需要改进的方向。 学生互评的目的是小组内成员对其他本组成员参与活动的参与度、贡献度等的评价，是从他人角度对小组内成员的认可和鼓励，也是下一次参加项目式学习需要学生改进的方向。 学生自评和学生互评都是教师开展教育反思的依据。 团队评价和作品结构的初步反思是为下一次活动的反思与迭代打下基础

活动效果测评

1. 阶段性评价

（1）教师通过观察各组学生在创意设计环节中六个步骤的具体表现，通过对个别小组进行指导，以及各小组上台展示情况和三维模型设计质量的观察，对学生创意设计环节进行形成性评价，检测活动难点是否攻克。

（2）教师通过观察，对个别小组进行指导，检测各组学生在制作环节分工是否合理、选择工具是否正确以及制作流程是否可行，对学生加工制作环节进行形成性评价，检测活动重点是否体现。

（3）教师通过提问、观察等方式了解学生是否能够说出三角形结构是稳定结构，了解学生能否积极、热情、主动参与到项目式学习中，进行形成性评价，检测活动目标是否达成。

2. 终结性评价

（1）教师通过各小组作品展示及承重情况，对各组进行终结性评价。

（2）教师通过团队学习单和个人学习单，了解团队和个人在项目式学习中的学习情况，进行终结性评价，检测活动目标是否达成。

（3）教师通过团队评价表和个人评价表，了解团队和个人在项目式学习中的各方面表现，进行终结性评价，检测活动目标是否达成。

——刘辰彬

方案 2-11　转不停——3D 设计打印指尖陀螺

活动依据

1. 活动设计思路

设计思维是一套如何进行创新探索的方法论系统，包含了触发创意的方法和把创意变为现实的过程。本活动中，学生通过设计打印指尖陀螺，可以完整地体验产品设计流程，包括：收集必要信息、头脑风暴交流讨论、设计指尖陀螺造型、3D 打印原型产品、测试原型产品实际效果。学生能够更好地理解什么是设计思维，什么是科学的设计流程，有效提高学生的创新设计能力。

指尖陀螺是一种旋转对称结构、可以在手指上空转的小玩具，2016 年初在北美开始流行，是年轻人中十分流行的减压神器，也越来越受小朋友的欢迎。将制作指尖陀螺作为活动内容，学生感兴趣，容易激发学生参与设计活动的积极性。

初中生在校内课堂学习了轴承的物理知识，在校外正好可以通过活动实现理论联系实际，学生对活动内容接受度较高。

2. 学情分析

（1）设计俱乐部学员在校内物理课已经学习了轴承的种类、轴承的力学知识，在本次活动中可以理解滚动轴承知识的讲解。

（2）设计俱乐部学员经过前面活动，能够熟练运用圆周阵列等命令三维建模，对设计指尖陀螺工程图以及安装调整 3D 打印机不存在知识或技能上的障碍。

 活动目标

（1）掌握滚动轴承的相关物理知识，能够设计出旋转效果良好的指尖陀螺作品。

（2）能够运用设计思维完整地执行设计制作简单作品的流程，提高创新设计能力；树立积极交流讨论的意识，在探究中分享设计创意的意识。

（3）了解科学创新设计与艺术创意之间的区别，只有严谨认真，符合物理规律，才能创造出优秀的创新设计作品。

 活动时间与地点

活动时间：活动时间为 120 分钟。
活动地点：崇文科技馆设计与制作活动室。

 活动对象及规模

设计俱乐部初中组学员 10 人。

 活动重点和难点

活动重点：引导学生运用设计思维执行科学严谨的完整设计流程。
活动难点：学生通过教师讲解、交流讨论等途径独立归纳出影响 3D 打印指尖陀螺旋转效果的主要因素，设计出优秀的创新指尖陀螺造型。

 活动准备

（1）活动准备。准备好绘图笔、学习单、滚动轴承，调试好 3D 打印机。

（2）相关知识。指尖陀螺如下图。

中轴面盖　　中心轴承　陀螺主体　　中轴面盖

活动过程

活动环节	教师活动	学生活动	设计意图
一、介绍指尖陀螺，引发学生兴趣，布置活动任务（10分钟）	（1）拿出指尖陀螺，询问同学这是什么，有没有人玩过。播放视频动画，介绍指尖陀螺，激发学生兴趣。 （2）播放PPT，提出问题：为什么指尖陀螺可以不停旋转？发给同学每人一个滚动轴承实物，并讲解滚动轴承知识。 （3）下发学习单，提出今天的活动任务：运用设计思维，执行科学的设计流程，创新设计打印指尖陀螺	（1）了解指尖陀螺玩具的基本情况，激发兴趣。 （2）掌握滚动轴承的相关物理知识。 （3）明确本次活动的活动任务，通过学习单的引导，运用设计思维的思维模式思考问题	用指尖陀螺这一流行玩具激发学生兴趣，让学生掌握本次活动必备的滚动轴承相关知识，学生刚好在校内物理课接触了关于轴承的力学知识，因此不存在难以理解的问题。 下发学习单，提出今天的活动任务：运用设计思维，执行科学的设计流程，创新设计并打印指尖陀螺
二、了解创新设计指尖陀螺的主要步骤，明确指尖陀螺的产品定义（10分钟）	（1）讲解运用设计思维创新设计产品的五大步骤。提出要求：只有真正执行了完整的设计步骤，才能够获得3D打印机的使用权。 （2）进行产品定义：教师介绍指尖陀螺的主要组成部分，明确指尖陀螺的产品定义	（1）明确通常的产品设计流程可以分为寻找必要信息、进行产品定义、头脑风暴进行产品设计、制作生产产品原型、测试原型产品效果五大部分。明确教师要求：只有严格执行产品设计流程，才能够获得3D打印机的使用权。 （2）根据先前教师提供的各种必要信息，观察指尖陀螺结构图，了解指尖陀螺设计可分为中心轴承、陀螺主体、中轴三个部分。明确指尖陀螺的产品定义	明确通常的产品设计流程可以分为寻找必要信息、进行产品定义、头脑风暴进行产品设计、制作生产产品原型、测试原型产品效果五大部分。 在上一个教学阶段其实已介绍了滚动轴承的相关知识，通过介绍指尖陀螺的主要组成部分，学生能够明确指尖陀螺的产品定义

续表

活动环节	教师活动	学生活动	设计意图
三、头脑风暴，交流讨论，完成设计草图（20分钟）	（1）播放五花八门的指尖陀螺图片，请同学们观察并指出这些陀螺的设计灵感，共同特点是什么？提出安全设计要求：陀螺主体不能过于尖锐。 （2）拿出 3 个由各种原因造成的旋转效果不好的 3D 打印指尖陀螺和 1 个旋转效果良好的 3D 打印指尖陀螺做对比，提出问题：影响指尖陀螺旋转效果的主要因素是什么？引导学生通过交流讨论寻找答案。 （3）组织学生进行头脑风暴活动，交流可以作为指尖陀螺设计灵感的元素。各自在学习单上完成指尖陀螺的草图设计	（1）分析各种指尖陀螺的设计元素，启发自己的设计灵感。明确安全要求：陀螺主体不能过于尖锐。 （2）认真完成学习单相关部分。得出结论：①陀螺主体需要对称设计；②陀螺主体不能挤压轴承；③中轴既不能挤压轴承，也不能过于松动，精度要求很高。 （3）在学习单上绘制设计草图	学生在本阶段执行的是头脑风暴进行产品设计的过程。 学生通过交流各种指尖陀螺的设计元素，启发自己的设计灵感。 通过分析各种指尖陀螺的转动效果，明确影响指尖陀螺旋转效果的主要因素。 在学习单上绘制设计草图，确定各自的造型设计
四、用设计软件制作工程图纸（20分钟）	（1）拿出一个失败的作品提出问题：为什么数值上完全正确的电脑工程图纸3D 打印出的原型产品转动效果却不好？启发学生考虑 3D 打印机的精度问题、误差问题。 （2）让学生独立用电脑绘图软件把设计草图变为电脑工程图纸，教师在教室巡视，根据学生实际遇到的问题给予个别指导	（1）根据提示要考虑 3D 打印机的精度问题。 （2）用电脑将学习单上的设计草图变为 3D 打印工程图纸。完成产品设计	启发学生思考：精度、误差在制造过程中会产生影响，在电脑上的虚拟操作和实际生产的过程有微妙的不同……需要抱着科学严谨的态度反复测试，才能取得良好效果
五、用 3D 打印机打印出指尖陀螺产品原型（45分钟）	（1）检查学习单的完成情况，检查学生电脑工程图纸的数值是否科学，通过上述两项内容的完成度确认学生是否认真执行了严谨的设计流程，合格者准许用 3D 打印机实际打印制造。 （2）教师在教室巡视，根据学生实际遇到的问题给予个别指导	（1）把学习单、电脑工程图纸交给教师阅览，获得 3D 打印机的使用权。 （2）用 3D 打印机打印出指尖陀螺产品原型	完成制作生产产品原型的步骤。 学生已经接触过 3D 打印机，不存在 3D 打印机使用方面的问题。教师重点在于检查学生是否完成了科学的产品设计步骤而不是敷衍了事

续表

活动环节	教师活动	学生活动	设计意图
六、交流分享，总结归纳（15分钟）	（1）请学生展示自己的指尖陀螺产品原型，介绍设计元素有哪些，并实际转动比较各自的指尖陀螺转动时间，分析各自作品的成功之处与不足之处。 （2）布置作业：请同学们活动后完善修改自己的指尖陀螺原型设计，下次活动设计打印出更好的改进版指尖陀螺	说说自己的作品，成功的地方在哪里，不满意的地方在哪里。别人的作品有什么亮点。 完善修改自己的指尖陀螺原型设计，下次活动设计打印出更好的原创指尖陀螺	完成测试原型产品效果的步骤。 学生理解到科学创新设计不能一蹴而就，要反复测试，反复完善。只有严谨认真，符合物理规律，才能创造出优秀的创新设计作品

 活动效果测评

（1）检查学生 3D 打印指尖陀螺原型的转动效果，检测学生是否具备了设计制作指尖陀螺的能力。

（2）通过学习单填写情况的反馈、3D 工程图纸的效果呈现、活动过程中教师的巡视观察，检测学生运用设计思维执行科学设计流程的能力、探究中分享设计创意的意识。

（3）通过学生演示介绍各自作品情况，与其他同学交流分享经验的情况，以及下次活动对指尖陀螺的改进方案，来检测学生是否具备了严谨认真的科学创新设计意识。

——孟旭

 ## 方案 2-12　玩具改造计划——导体、绝缘体检测仪

 活动依据

1. 政策依据

根据教育部《关于全面深化课程改革落实立德树人根本任务的意见》的指导

意见，深化课程改革，培养学生发展核心素养，明确学生应具备的适应终身发展和社会发展需求的必备品格和关键能力，结合智创工坊小组学期教学计划，设计了本次专业实践活动，重点培养学生实践创新的能力，发现问题并运用所学知识技能解决问题的能力；培养乐学善学、勤于反思的精神以及勇于探究的精神。

活动室开展的小创客课程主要内容有两大方面：

（1）编程控制Arduino硬件；

（2）产品外壳的设计及加工。

该学期开设的小创客班主要以电路知识、焊接技能为主要学习内容。本次活动计划为该学期第四次活动，旨在利用创客的理念活化科学教学，学生利用所学的串并联电路知识，帮助科学老师设计制作合理的导体与绝缘体检测的教具。

2. 学情分析

小组学员主要分布在4、5年级，处于小学中高年级段。学科知识方面：小学科学课本4年级"物质世界"这一单元涉及简单电路内容。通过对学生的前测，4年级学生未进行过导体、绝缘体相关实验，但了解一些基本知识。部分5年级学生已忘记所学内容，甚至有些学生反映并未进行过相关实验。通过对科学老师的前测，科学教师表示电学实验包的材料有些已受潮，非常不好用，导体绝缘体检测时不灵敏，导致学生实验结果有偏差。技能方面：通过前三次活动电路知识学习和焊接练习，学生掌握了简单电路的构成，了解了串联、并联电路的连接方法以及开关的作用，学会了焊接工具及简单工具的使用方法。

活动目标

（1）知识与技能。学生进一步掌握串联电路或并联电路的连接方法，学会判断生活中哪些物体是导体，哪些物体是绝缘体，构建导体和绝缘体的基本概念。

（2）过程与方法。根据玩具的外壳，学生自主设计电路的连接方式、检测仪的探头（开关）及电路的封装。测试导体、绝缘体测试仪的效果，进一步了解生活中的导体和绝缘体。乐于交流分享展示小组的作品，锻炼语言表达能力和团队合作能力。

（3）情感态度价值观。通过设计、制作过程，逐步强化发现问题、解决问题的意识，体会到团队合作的力量，感受成功的喜悦。通过活动，感受到知识应用的意义和价值。将作品送给老师或同学，感受分享的快乐。

活动时间与地点

活动时间：2小时。
活动地点：智创工坊活动室。

活动对象及规模

小组学员12人。

活动内容与形式

1. 活动内容

（1）了解需求：前测问卷的数据统计、学校科学老师的采访。
（2）复习之前学到的电路知识。
（3）设计制作导体、绝缘体检测仪。
（4）利用导体、绝缘体检测仪探测生活中的导体、绝缘体。
（5）赠送礼物（活动后完成）。

2. 活动形式

自主设计、问题引导、小组讨论、交流展示。

活动重点和难点

活动重点：合理设计串联或并联电路。
活动难点：导体、绝缘体检测仪探头（开关）的设计及电路封装。

活动准备

1. 学生准备

（1）知识与技能准备。本学期之前学习过的电路内容、电路焊接的技能。
（2）生活常识准备。导线的绝缘外皮和导电金属丝。

2. 教师准备

（1）教学硬件及软件。大屏、PPT及图片、动画资料、前测问卷等。

（2）材料。纽扣电池、LED 灯、电阻、导线、杜邦线、小电机、激光切割的玩具外壳等。

（3）工具。剥线钳、电烙铁、热熔胶枪、小手锯、钻床等。

活动过程

活动环节	教师活动	学生活动	设计意图
一、引入 （10分钟）	（1）学生前测反馈：引导学生汇报对小组学生的前测结果。 （2）教师采访反馈：引导学生汇报对科学教师的访谈结果。 （3）教师总结，确定本次活动的主题——设计制作导体、绝缘体测试仪	学生汇报前测结果； 学生汇报访谈结果	鼓励学生前期用科学的方法进行调研，形成"了解需求再设计"的意识
二、复习旧知识 （15分钟）	（1）游戏环节：出示动画《串、并联电路》。 任务1：将两个用电器（两盏灯）点亮。 任务2：一盏灯换成一个小风扇，怎么连接？ 任务3：改变开关的位置	学生进行操作演示	活动之初，学生通过"玩"的方式，复习之前所学内容：串、并联电路的连接方法，控制电机、开关的作用
	（2）提问：如果电路里没有开关这个电子元器件，而我又需要有一个开关控制这个电路，你怎么办？ 什么情况下，需要电器工作/不工作	学生提出猜想： （1）LED 灯的一边不焊； （2）电池的一边不接上，需要时再接； （3）把导线剪断。 …… 学生回答	采用问题引导的方式，把学生的思路逐渐转移到对开关的关注上
三、自主设计及制作 （60分钟）	(一)自主设计： （1）提出任务：将玩具改造成一个导体、绝缘体检测仪		玩具改造计划这个名字让学生非常期待，产生浓厚的学习兴趣
	（2）明确设计、制作要求： ① 小组合作：组员之间明确分工。 ② 安全提示：强调工具使用安全；强调安全用电	2人一组，确定组员的职责和分工	通过小组合作的方式，学生在合作学习过程中体会合作的快乐和高效。通过合理分工，明确责任，保证学生的参与度

续表

活动环节	教师活动	学生活动	设计意图
三、自主设计及制作（60分钟）	（3）展示材料及工具：自选材料；自选工具；展示、讲解激光切割的玩具外壳	可以根据兴趣自主选择材料及工具	学生有选择的权利
	（4）电路设计：教师提供电路图的图纸	学生选择喜欢的电路图进行再设计，根据外壳的形状及特点，设计检测电路的位置，考虑封装电路，将电路隐藏	根据之前对串、并联电路的理解，活学活用，强化了活动的重点
	（5）教师审核方案，向学生提出建议，并选取典型的小组进行公开展示	学生公开展示自己的方案	通过展示交流，进一步解决活动难点
	（二）制作： 分组巡视，指导； 强调焊接工具的使用方法及技巧； 教师辅导学生使用机加工工具	学生动手制作 （1）拼装外壳； （2）按照设计好的电路图进行电路的连接，测试； （3）将电子元器件放入合适位置，连接点进行焊接	教师为学生准备足够的工具，提供技术上的支持。 学生自主拼装，自主设计并制作。 给学生足够的空间去实现自己的想法
四、测试导体、绝缘体检测仪（15分钟）	检测身边的物体是否导电。要求： （1）先预测每种物体是导体还是绝缘体； （2）学会分工与合作，共同配合； （3）记录。 教师巡视指导	学生分组实验； 完成实验记录表，整理分析检测结果，全班交流汇报	学生将制作的作品应用到实际中，检测实际使用效果，体验作品的实用性
五、分享交流（20分钟）	组织学生介绍小组作品，分享制作过程中的感受	每小组带着作品到讲台上展示，说明作品的特点、在设计过程中遇到的困难、解决办法，及改进的方案。其他小组同学点评	为学生搭建一个展示交流的平台。在交流过程中对自我进行反思、评价；对他人的作品进行思考和评价
六、分享给科学老师（活动后完成）	鼓励学生将作品送给各学校的科学老师	学生送礼物，并带回教师反馈	学生将自己的作品送给老师，表达自己的心意

活动效果测评

（1）过程性检测。观察学生在活动中的参与度以及讨论的热烈程度，小组合作分工是否明确，通过组间的交流沟通，意见是否能够达成统一。

（2）终结性检测。小组内是否成功完成了导体、绝缘体检测仪，检测仪是否正常工作，电路封装及设计是否合理。导体、绝缘体检测的结果是否正确。

（3）学生自评及互评。学生通过展示交流，相互评价。

——商瑞莹

方案 2-13　虚拟军事之防空预警——防空警报电路制作

活动依据

"中国学生发展核心素养"指学生应具备的适应终身发展和社会发展需要的必备品格和关键能力，共分为文化基础、自主发展、社会参与三个方面，本次活动注重对学生科学精神、学会学习素养方面的培养，注重学生自主发展、合作参与、创新实践等方面的培养。

科技教育要提高广大青少年的综合素质，要注重理论联系实际，培养学生的应用意识。本次活动设计注重提升学生核心素养，活动设计注重学用结合。

我们第一次尝试将定向越野与电子技术活动结合在一起，采取两人一组对抗、比赛的活动形式，引导学生将所学知识与实际生活相联系，发挥团队合作精神，帮助学生进一步认识和体会知识的重要性，增强应用意识。同时对学生进行爱国主义教育，增强学生的社会责任感。此次活动对象为电子小组中级组学员，3～6年级16人，通过前阶段的学习，他们已经掌握定向越野运动技术要领，可以独立完成电路的制作。

活动目标

（1）了解防空警报用途、警报方式，掌握模拟防空警报电路原理，完成模拟防空警报电路制作。

（2）学生分工合作，运用所学定向越野知识和电子技术知识，设计路线找寻电子元件，锻炼电路知识与定向越野知识综合运用能力。

（3）激发对定向越野及电子技术专业知识的学习兴趣，提高学生团队合作意识。

 活动时间与地点

活动时间：2小时。
活动地点：崇文科技馆。

 活动对象及规模

电子技术小组中级组学员（小学3～6年级，16人）。

 活动内容与形式

1. 活动内容

（1）分析防空警报电路，根据定向地图标示在室外寻找所需的电子元件。
（2）按照电路图完成电路的制作、调整、测试。
（3）各组队员自我分析在完成任务的过程中存在的问题，找寻改进的方法。

2. 活动形式

教师组织、流程讲解、学生室外寻宝、室内制作、学生讨论。

 活动重点和难点

活动重点：电路组成分析、定向线路设计。
活动难点：团队合作、分工的合理性锻炼

 活动准备

（1）防空警报电路电子元件、电路板、电池盒、电路图……

（2）将电子元件插在泡沫板上，放置在塑料盒内，然后将塑料盒放置在教师提前设置的各个检查点，绘制完成定向地图。

（3）准备定向越野专用计时设备。

活动过程

活动过程	教师活动	学生活动	设计意图
活动引入（10分钟）	（1）利用电教设备播放防空警报。（2）讲解防空警报的意义、用途及警报方式。（3）虚拟活动场景：接到情报，敌军将对我方城市进行空袭，由于我方防空警报系统遭到破坏，需要各位小"特种兵"利用所学知识、技能发出预警警报	通过音、视频分析防空警报使用范围。结合实际生活，讨论防空警报的主要用途。根据虚拟场景，分析面临的问题，研究需要利用哪方面的知识、技能	通过播放音频、视频，学生讨论，引发学生对防空警报知识的关注。利用虚拟活动场景的形式，激发学生的参与热情与兴趣，并对之前学习知识进行提炼
介绍活动，分组、制订任务（40分钟）	（1）介绍活动。学生两人一组，根据电路图及定向地图，到城市中准确搜寻电子元件并完成防空警报器的制作，为大家发出预警信号	根据活动内容介绍，分析本次任务的关键点	帮助学生快速、准确了解本次活动关键信息
	（2）学生分组。同一数字写两张纸条，抽到相同数字的同学为一组	抽签分组，同组队员都是随机的，能力大小各有区别。	随机组合，增加不确定性
	（3）任务分析。介绍目标，帮助学生分析队员能力，讲解分工要领，要合理分派找寻电子元件的路线，能够在最短时间内集齐全部元件	组员间相互了解各自强项、弱项，要根据队员的能力来制订各自的任务，两个人均要完成电路的制作。	通过组员相互分析，学生在分派任务时需充分考虑主客观因素。
	发放防空警报电路图纸及部分器件，根据图纸及实际电路，讲解电路工作过程及各元器件作用	结合电路图及已有器件，确定需要找寻的电子元件	提高学生分析电路能力
	发放已经标注电子元件放置位置的定向地图，每人分配的元件应尽可能处于同一片区域，引导学生搜寻路线要安排合理，少走重复路线；定位准、跑步快的同学应该多分配找寻的数量，这样两个人才可能用最短的时间完成元件搜寻任务	按照地图标注确定每位队员需寻找的电子元件并制订行进路线	各组自行制订路线，锻炼知识应用能力；根据能力强弱分派任务，提高学生合作意识，发扬互助精神

续表

活动过程	教师活动	学生活动	设计意图
介绍活动，分组、制订任务（40分钟）	（4）计时方式。 ① 使用指卡刷"起点"计时器，出发到室外寻找电子元件。 ② 集齐后回到活动室刷数字编号计时器，记录学生搜寻元件所用时间。 ③ 开始制作电路，完成后刷"终点"计时器，比赛结束，记录下制作电路所用时间	知道计时方式，复习指卡及计时器使用方法，明确哪个任务点，怎样刷卡确认	熟悉活动竞赛规则，激发各组间竞争意识，增加活动趣味性
室外寻宝、室内制作（45分钟）	（1）室外寻宝。在室外布置好各个检查点，启动计时设备，分发计时指卡、元件袋，提示安全注意事项	按照定向地图及自己设计好的线路出发寻找所需元件，完成任务后同时返回刷卡计时	提高定向越野定位、找点技能
	（2）防空警报电路制作。强调学生注意：工具使用安全，元件应归类放置，焊点要标准，同组队员要相互帮助，两个人均需完成电路制作，否则任务失败。 备注：电路制作能力强的学生使用实验板根据图纸完成电路设计、制作，能力稍弱的学生使用印制版完成电路制作	准备焊接工具，分拣电子元件。按照电路图各自焊接，完成防空警报电路的制作，当遇到问题时两人共同探讨解决。 完成电路制作后，安装电池，按下开关，发出预警信号。任务完成，刷终点计时器，完成比赛	提高电路图分析、电路焊接能力，使用实验板、印制版两种不同的电路板，合理解决电路制作中学生能力强弱不同对任务难度大小的需求
分析问题、总结经验（15分钟）	（1）公布各组成绩，评判各组电路完成情况、焊接工艺品质	（1）学生自由讨论在完成任务的过程中出现了哪些问题，在什么环节耽误了时间，是否充分发挥了团队力量，分工是否合理等问题	通过分析总结，学生更好地清楚自己的优点与不足
	（2）教师根据学生分析结果，总结活动中的问题：知识储备、分工合作、团队意识等	（2）胜利的小组介绍成功的经验，成绩稍弱的小组也讲一讲自己存在的问题	为学生搭建展示平台，锻炼学生语言表达能力
活动室整理（10分钟）	教师组织学生收回室外器材、整理电路制作工具，打扫桌面、地面卫生	整理、回收室内外器材，打扫卫生	开展劳动教育，帮助学生养成良好的习惯

活动效果测评

（1）通过查看学生定向线路设计图、寻找电子元件所用时间，检测学生对定向越野知识运用的熟练程度。

（2）通过检查电路的制作时间和工艺品质，检测学生对电路知识的掌握情况，评定学生使用工具的熟练程度。

（3）通过观察学生完成任务过程中的表现，检测学生合作意识及互助精神。

（4）通过聆听学生问题分析、经验总结的过程，检测学生对自身知识储备程度的认知及对团队合作重要性的认识。

——王海涛

方案 2-14 WEDO 机器人喜迎新年

活动依据

《中国学生发展核心素养》总体框架以培养"全面发展的人"为核心，从文化基础、自身发展、社会参与三个方面关注学生人文底蕴、科学精神、学会学习、健康生活、责任担当、实践创新六大素养。课堂是培养学生核心素养的主阵地，作为一线教师要努力在教学实践中让培养核心素养落地生根。本次活动以迎接新年为主题，应用已学知识，实现小组合作、组间合作，全体师生喜迎新年的到来。

该学期计划为学生学习 WEDO 机器人的基本搭建、电动机控制方式及运动传感器、视觉传感器的使用方法。每次活动都围绕一个主题，学习一个知识点，多为组内学生合作学习的形式开展。本次活动是学期最后一次活动，希望学生在集体迎新的活动中了解双电动机控制运行线路的方法，体验合作的重要性。本次活动将应用到前面学习的单电动机轮式机器人基本结构搭建、滑轮的传动以及电动机控制，是对学生本学期学习的主要内容的应用和学习效果的检测，也是对学生沟通合作能力的考验。

参与本次活动的学生均为 2 年级的小学生，共 16 人，已学习机器人一个学期。通过对学生平时表现的观察，发现他们活泼好动，思维也非常活跃，对机器人制作有着浓厚的兴趣，也非常想融入自己的创意。我们抓住学生的兴趣点设计了本次活动，希望带领学生用机器人小组特有的方式迎接新的一年到来。

活动目标

（1）学生能够使用乐高零件制作一个能够稳定运行的单电动机驱动轮式机器人。

（2）学生通过组间合作、讨论与体验，能够编程控制两个单电动机轮式机器人组成轮式机器人组协同工作实现前进、转弯等运行轨迹。

（3）学生积极参与活动，体验合作带来的快乐和成就感。

活动时间与地点

活动时间：2小时。

活动地点：机器人活动室。

活动对象及规模

小学生2年级，16人。

活动内容与形式

1. 活动内容

每小组制作单电动机轮式机器人，两组合作组成轮式机器人组，分工搭建年份数字模型，编程并协同控制轮式机器人组运送数字模型到指定位置，庆祝新年的到来。

2. 活动形式

讨论、任务驱动、展示。

活动重点和难点

活动重点：制作轮式机器人并编程控制轮式机器人行进路线。

活动难点：各组间配合控制单电动机轮式机器人组协同行进运送数字模型。

活动准备

准备幻灯片、乐高机器人套材、视频。

活动过程

活动环节	教师活动	学生活动	活动设计意图
一、活动导入（15分钟）	播放新年动画，引发同学思考。我们马上就要迎来新的一年。 提问：你有什么新年愿望吗？同学想用什么方式来迎接新年呢？ 播放花车巡游视频，启发学生	观看动画，学生讨论，发表自己的想法。 新的一年同学们满怀希望，迫切想要迎接新年的到来。 学生回答问题	由学生的亲身体验引入活动主题，激发学生参与活动的兴趣
二、制作单电动机轮式机器人（30分钟）	任务：两人一组合作使用乐高WEDO机器人零件制作单电动机轮式机器人。 要求：各小组制作的单电动机轮式机器人可独立运行，结构坚固。 可以参照之前做过的模型，结合新年的特点设计制作	根据已有制作轮式机器人的经验，小组内两人商定制作方案，设计制作一个具有新年特色的轮式机器人。 编写三个程序分别控制单电动机轮式机器人前进、后退、停车。 学生练习，熟练操控机器人各种运行状态	复习基本结构搭建，激发学生的想象力和创造力
三、组间合作（30分钟）	任务：鼓励学生两小组自愿组合，两个机器人协同工作运送一个数字模型。 协调学生间的分工合作，指导学生编写、调试程序。 组织学生制作数字模型。 要求：结构坚固、美观；与机器人比例相当，机器人可运送	两个小组同学自愿组合为一个车组，探讨两个单电动机轮式机器人协同工作如何实现转向。 实验：通过程序控制机器人组的行进、转向。 <table><tr><td>项目</td><td>1组机器人</td><td>2组机器人</td><td>协同工作</td></tr><tr><td>1</td><td>前进</td><td>前进</td><td></td></tr><tr><td>2</td><td>前进</td><td>停止</td><td></td></tr><tr><td>3</td><td>前进</td><td>后退</td><td></td></tr><tr><td>4</td><td>停止</td><td>前进</td><td></td></tr><tr><td>5</td><td>后退</td><td>前进</td><td></td></tr><tr><td>6</td><td>后退</td><td>后退</td><td></td></tr></table> 各大组负责制作一个数字模型，各组之间沟通模型的设计，做到风格统一	创造更广泛的合作机会，锻炼学生的沟通、合作能力。 学生在反复实验中熟练控制机器人运行轨迹

续表

活动环节	教师活动	学生活动	活动设计意图
四、集体展示（30分钟）	组织学生彩排，确定出场顺序、行进位置。要求：熟练操作；密切配合；录制视频	各个大组四名学生分工彩排：1人根据场地位置负责模型摆位，恢复上场初始状态。2人负责操控机器人行进状态，运送数字模型。1人负责录像，观察练习中出现的问题并及时指挥组员做出调整。反复练习机器人运行轨迹的控制	看似简单的展示效果需要各组同学密切配合，学生通过活动体验合作的重要性，增强集体观念
五、活动小结（10分钟）	总结活动目标实现情况，分析活动中出现的问题，点评学生表现	回顾本次活动情况，总结双电动机轮式机器人运行状态的控制方法，反思自身表现，分享自己的感受	总结本次活动的重难点，学生回顾活动体验，分享活动感受，强化合作的重要性
六、整理（5分钟）	组织学生整理零件及教室环境	学生将零件分类码放，座椅复位	养成良好的实验习惯

活动效果测评

（1）观察学生在活动中的表现，以及制作作品的效果。
（2）提问检测，看学生是否能够说出双电动机轮式机器人实现转向的方法。
（3）互动展示，看学生是否能够积极参与制作展示活动，相互配合。

——杨阳

方案 2-15　模拟小车"倒车入库"

活动依据

作为一名科技教师，要落实教育指导思想，更要做一个优秀的引导者。在设计平时的活动时，我们就要考虑到学生的身心发展状态，结合"在做中学""在玩中学"的活动宗旨，为每一位学生提供良好学习的机会和有效的指导。同时，我们也要全面落实立德树人的根本任务，着力提升学生自我管理、自主学习和团队合作意识，培养学生的科技创新精神与独立思考能力，强化学生的动手实践能力。

学情分析：兴趣小组的学生学习 linkboy 编程已经近两年，根据学生学习的进度与需求，对活动内容进行了设计，将模拟编程引入实物实践中。学期初，设置一个大内容：模拟小车"倒车入库"，分两次活动完成，分别为：车体搭建和编程调试。第一次活动学生三人自由组队，已经完成了车体的搭建，本次活动进行编程调试。

活动目标

（1）通过本次活动内容的学习，学生了解超声波测距模块的功能属性，学会分支点（即条件量）和分支语句的概念；

（2）结合实例的剖析学习，学生学会分支点的设置与不同分支语句的执行，掌握分支结构（即条件判断语句）的使用方法；

（3）在活动中，小组成员不仅要分工明确，更要团结一致，共同面对困难，共同解决问题。

活动时间与地点

活动时间：2 小时。

活动地点：智能控制活动室。

活动对象及规模

小学 6 年级学生，12 人。

活动内容与形式

1. 活动内容

编程调试。活动使用的探测距离的元件是超声波测距模块。在整个编程调试过程中，实物和程序是相互适用、相互成就的，不仅仅是改写程序，也可以充分利用发放的材料改造原创小车。教师要引导学生灵活应对。

首先,教师重点讲解涉及超声波测距模块的"倒车入库"编程示例;然后,教师协助学生完成原创小车的"倒车入库"程序编写;最后,小组成员相互协助,完成小车的程序调试。

2.活动形式

老师指导与学生自主学习相结合。

———— 活动重点和难点

活动重点:学生理解并会编写"倒车入库"程序,学会设置分支点与执行分支语句。掌握分支结构(即条件判断语句)的使用方法。

活动难点:教师通过活动帮助学生形成前瞻性思维。

———— 活动准备

(1)学生自己带安装了 linkboy 软件的电脑;

(2)教师补发活动材料(电机驱动器、电池等),清点材料,学生自己妥善保管;

(3)老师熟悉 PPT 课件和相关教学示例;

(4)老师熟练使用 linkboy 软件。

———— 活动过程

活动环节	教师活动	学生活动	设计意图
活动要求	说明本次活动的任务与要求: ① 学习任务:了解超声波测距模块的功能属性,学会分支点(即条件量)的设置与不同分支语句的执行。 ② 安全纪律:注意用电安全,电脑附近不允许摆放任何无关物品,例如水杯等;认真听讲。 ③ 德育:教育学生不能损坏公物,在活动中爱护公物,有团队意识。 ④ 管理好自己的电脑和 linkboy 套材	(1)明确学习任务,认真听讲,有疑问举手。 (2)安全纪律及物品摆放:个人物品统一放在教室前方柜子里;活动时不能随地走动,休息时不能追逐打闹;上厕所要举手请假;活动结束前,拿好个人物品,有序站队,老师领队离开。 (3)不能损坏公物,在活动中爱护公物,有团队意识	学生了解整个活动流程,明确每次活动任务与要求,可以提高学习效率,有序进行每项活动内容

续表

活动环节	教师活动	学生活动	设计意图
新知识学习	（1）结合上次活动内容，联系实际生活，引导学生模拟"倒车入库"场景。 提问：同学们是否在实际生活中，见过倒车入库场景？是否可以根据自己的理解，用语言描述一下？ （2）通过模拟场景的过程，总结"倒车入库"的规律：车体在入库（后退）的过程中，车尾的雷达距障碍物越近，警示的声音越大越急。 【注意】在这个环节要给学生灌输法律知识，告诉孩子什么年纪和人群是允许考驾照开车的。 （3）引出我们要学习的新知识：超声波测距模块（即车尾的雷达）。 （4）引用PPT课件和软件的教学示例，带领学生一起学习涉及超声波测距模块的"倒车入库"编程原理（在这里我们使用声音警示）。 （5）编程的示例演示，我们只设置一个分支点300毫米（即条件量＝300毫米），则分支段为：0～300毫米，300～1024毫米两段。那么，分支语句0～300毫米时，就让车体缓慢刹车，并发出急而大的警示声音；分支语句300～1024毫米时，就让车体缓慢后退，发出小而慢的声音，或是不出声	（1）学生根据自己的理解，可以多元化模拟"倒车入库"场景。比如，声音模仿倒车入库的音频，或是多人合作模仿车体后退的过程。 （2）总结规律时，学生可以踊跃举手，各抒己见。可以与老师的想法完全不同，可以用声音警示，也可以用灯光或是震动警示（考虑到不同的人群需求）。 （3）通过老师的介绍，学生要了解到超声波的作用就是探测与障碍物之间的距离。超声波测距模块就是感知信息并输入信息的载体，有了这些信息，我们才能进行之后的环节。 （4）了解超声波测距范围为0～1024毫米，在车体入库初期（即超声波与障碍物距离比较远时），警示声音可以小而慢些。到后期，距离很近时，声音要大而且急。 （5）学生可以通过"白天熄灯，晚上开灯"来理解我们的编程。即时间（白昼交替）为分支点，分支段为白天，晚上；执行语句：白天就熄灯，晚上就开灯。迁移学习有助于理解分支点（即条件量）与分支语句的概念	本环节是"倒车入库"编程，也是本次活动的重点学习内容
动手实践	（1）上个环节，老师带领学生学习了"倒车入库"编程的知识点，接下来，老师将协助学生完成符合自己车体实际情况的程序。 【注意】提醒学生"倒车入库"，要结合生活实际来编程，不同的距离段，执行不同的操作	（1）超声波测距范围很宽泛，这就说明我们编程的分支点是可以设置多个的，我们示例中是300毫米，那么还可以取值30毫米、100毫米、500毫米等。分支点及分支段的个数是由学生根据自己的小车设置的，没有限制。 【注意】分支点与分支语句的设置与使用过程，就是分支结构（即条件判断语句）的使用方法。要根据自己车体的实际情况灵活使用分支结构	要求学生三思而后行，在编程时考虑车体的大小形状等问题，避免多次返工，实则培养学生对事物的前瞻性意识

续表

活动环节	教师活动	学生活动	设计意图
动手实践	（2）下讲台流动式为学生答疑，协助学生运行测试。 【注意】在这里要提示学生考虑车体的大小和长度问题，车太重了会影响车速和停车效果。例如，车身太重，在停车时，就会因为惯性滑行一小段距离，所以编程时报警的车体与障碍物距离可预留得长一点儿。 （3）完成学习任务后，要求学生清理归纳，养成良好的卫生习惯	（2）学生要结合车体的实际情况，预设一些可能存在的问题，并在程序的编写时考虑这些因素。这样会避免多次返工而浪费时间（当然，这里学生是可以以光电、振动等警示代替声音的，完全取决于学生自己）。 （3）完成学习任务，并展示成果。 （4）离开前收拾好自己的套材与电脑，收拾垃圾	
活动总结	（1）提问：本主题的活动中，你学到了什么？（知识、技能等方面） （2）总结归纳： ① 知识点：超声波测距模块、分支点（即条件量）、分支语句的执性等； ② 德育：提高团队意识、爱护公物意识； ③ 安全意识：通电下作业，应该注意什么； ④ 纪律性：认真听讲。 （3）教师对学生的评价与自评	（1）积极踊跃回答问题； （2）自己对本次活动知识点的理解； （3）学生谈谈自己在本次活动中的学习表现及对团队的奉献； （4）对他人和自己的成品小车做一个评价	相互学习，教学相长

 活动效果测评

（1）是否有丢失、损坏元件；

（2）学生是否能在老师的指导下，完成"倒车入库"的编程；

（3）小组合作，是否能让自己组的小车实现模拟"倒车入库"；

（4）学生如何评价他人作品与评价自己作品，并从总结性发言中判断学生对本次活动内容的理解程度；

（5）教师对学生的评价。

——吕文

第三章

素质教育

第一节 素质教育研究

一、校外青少年工程教育课程培育学生核心素养的研究

（一）课题研究的背景

1. 选题缘由

工程技术与科学密不可分。在工程教育中，学生既能感悟科学知识的情境，又能体会科学运用于解决实际问题的乐趣，还能从中领悟到科学、工程、技术的不同之处以及它们之间的相互联系。而青少年工程教育，能着重培养学生的主体意识、动手能力和创新思维，因此校外青少年工程教育课程的完善与实施对培养学生核心素养有积极作用。

目前校外教育关注的热点有创客教育和 STEM 教育。2014 年 7 月，崇文科技馆在全区校外教育机构中率先实施青少年创客教育的实践探索。目前实施的创客教育给即将实施的校外青少年工程教育提供了各种资源，同时工程教育课程也为崇文科技馆教学提供丰富、特色的实践案例。

中国工程院院士汪应洛在《当代工程观与工程教育》中提到，工程教育模式要打破专业界限，拓宽专业领域，注重学科交叉，立足素质教育，加强创新能力的培养，突出综合性、整体性、系统性思维训练。工程教育应该是一种多元价值综合交叉的教育。因此本课题分学段从各项目之间的跨学科组合入手，探究了工程教育课程对学生核心素养培养的作用。

2. 研究意义

（1）理论意义。通过此项研究，探索了以培养学生核心素养为目标的工程教育课程体系开发与构建的途径与方法，产生丰富的研究成果，为更广泛的工程教育课程资源提供研究模式。

（2）实践意义。研发出促进学生核心素养发展的工程教育课程体系。

可以结合自身特色，自主地开展科学与工程方面的科普与实践活动，探究工程教育课程对核心素养培养的作用。

通过本课题的研究，在实践上，形成了各项目之间跨学科组合的创新课程，引领工程教育实践；在理论上，丰富了培养青少年核心素养的手段，进一步打造崇文科技馆的教学特色和品牌效应。

（二）核心概念的界定

1. 工程技术

工程技术是指将科学知识或技术发展的成果应用于工业生产过程，以达到改造自然的预期目的，适应人类生存和社会需要。

2. 课程

课程概念的界定视角也有很多种，是一个复合的概念。为便于研究本课题，从青少年校外教育的实际出发，界定课程的内涵为学生在教师指导下从事各种活动及体验的总和，构成课程的要素有课程目标、课程内容、学习活动方式和课程评价。

3. 工程教育课程

本课题界定的青少年工程教育课程就是青少年在教师的指导下，理解工程技术的基本知识，重点增强动手制作能力，能够从事将科学知识或者技术手段应用于工业生产、社会生活的活动。同时崇文科技馆教学的实际情况，工程教育课程应打破项目界限，注重项目交叉，坚持科学知识与人文知识的结合，包括设置模型与科技制作、创新发明与设计、机器人与智能控制综合性活动课程。

（三）研究目标与内容

1. 研究目标

总体目标：通过校外青少年工程教育课程的建设与实施，整合馆内资源，建立以工程技术为主的工程教育体系。

具体目标：借助原有的工程技术工作室优势资源，吸取在"未来工程师"竞赛中获得优异成绩的经验，开展项目之间的跨学科整合，分学段地实施工程教育。

培养教师学习工程技术相关的知识，建设一支优秀的教师团队，并选拔一批优秀的学生开展工程技术教育，初步探索工程教育对青少年科学提升核心素养和创新精神培养的作用。

2. 课题研究的切入点

以工程教育课程体系的开发与实施为切入点进行研究，探索建立基于核心素养培养的工程教育课程资源、教学模式、教育评价。

3. 研究内容

（1）青少年工程教育现状研究。对我国校内外青少年工程教育实施的现状进行研究，同时界定青少年工程教育课程的内涵。

（2）校外青少年工程教育课程开发与实施研究。分学段地研究工程教育课程，其中包括跨学科整合教育目标与内容、组织形式、教学主要方法和策略、保障机制等内容。通过组建教师团队，整合项目资源。教师在模型与科技制作、创新发明与设计、机器人与智能控制的项目教学中实施工程教育课程。

（3）校外青少年工程教育课程的评价研究。结合表现性评价或者真实性评价方法，进行校外青少年工程教育课程的评价研究，提升学生核心素养，提高学生动手能力，培养学生创新精神。

研究考虑课程建设、学校推进、教师培养、学生评价和支持系统建设等问题。

（四）研究方法

1. 行动研究法

按照总研究目标制订个性研究计划，实施研究步骤，对自身开展的项目特色和学生情况进行分析，分析后调整重新实践，在这样循环反复的过程中进行校外青少年工程教育课程培养学生核心素养的研究。

2. 案例研究法

教师有意记录能够反映自己教学思想、教学理论的教育案例，通过对具体教学事件的描述、总结和分析能够了解教师在专业发展方面的成长。

3. 经验总结法

经验总结法包括两层含义：第一是各个教师对自己在具体的教育教学中

的经验进行探讨和研究；第二是通过在具体的教育工作中发现一些教学规律，总结出了一些课程建设经验。

4. 文献研究法

通过对工程技术普及教育、核心素养培养以及教育学中涉及的课程体系、课程实施等内容的文献的梳理和分析进行研究。

（五）研究的过程

本研究于 2016 年 6 月开始准备，于 2020 年结题，分三个阶段，达到预期目标，具体研究过程如下。

1. 准备阶段（2016 年 6—8 月）

完成相关资料、文献搜集整理，撰写立项报告，初步制订研究方案。

2. 实施阶段（2016 年 9 月—2020 年 1 月）

（1）课题组完成专家论证，进行开题。各个成员根据课题研究目标、研究方法制订个性化研究方案，设计好推进路线。召开课题例会，研讨开题报告及推进方案。课题组核心成员按照自己的分工进行开题前的准备工作。2016 年 12 月，召开课题开题会，对本课题进行开题论证。

（2）召开课题例会，依据课题计划成立研究项目组，细化了课题人员分工。研究项目组制订研究和实施方案细则，明确研究任务。各研究项目组开展课程研发与实施，探索培养学生核心素养的教学策略、评价方式。根据不同的培养目标，总结不同的针对性的教育教学模式。将教育教学经验、案例等不断整理成文字材料、存档。

（3）课题组一方面邀请北京市景山学校吴俊杰、北京创客空间王辰薇等专家来到崇文科技馆进行指导，另一方面多次组织教师参加北京市教委、北京市科协组织的专题研讨及培训活动。如 2017 年 1 月参加东城区"创客技术及实践应用"专题培训，2017 年 5 月 31 日参加北京市少年宫"奇梦幻漫"动漫创客展评教师培训，2018 年 4 月 20 日参加东城区"基于核心素养培育的校外课程建设与教学活动"培训，2018 年 9 月"设计俱乐部"教师参加北京设计周活动，2019 年参加"基于 STEM＋融合创新实践理念的馆校融合科技教育专家队伍建设主体培训"等，通过系列培训，了解工程教育前沿知识和动态，学习研究相关教育政策文件与研究文献。

（4）2017年12月27日，组织科研课题推进会。总结课题研究过程中工程技术教育课程建设经验，学习核心素养培育的研究文献等，在课题成员讨论后，形成文本。

（5）2018年1月5日，课题组参加东城区校外教育"科研月"暨课题交流展示活动，观摩课题介绍并与他人交流，核心课题组成员汇报了科技教育的研究情况，就工程技术教育的课程建设实践经验进行了介绍。

（6）2018年1月22日，课题组组织开展东城区青少年创客教育高峰论坛活动，2018年1～10月课题组教师积极参加市区级公开课、论文与案例评审活动等，通过公开研讨推进研究发展。

（7）2019年4月19日，完成"新时代、新创客、新智造"东城区中小学生工程技术创客节暨青少年创客教育高峰论坛活动。2019年5月31日，完成"快乐智造，助力成长"东城区中小学生工程技术创客节暨青少年创客教育高峰论坛活动。

（8）尝试建立工程技术教育数据库，对研究过程中获得的资料、数据进行分析、汇总、整理和归纳，初步形成物化成果。

3. 课题总结阶段（2020年1—9月）

（1）课题组对相关研究进行理性反思及实践创新性研讨，总结研究成果，形成了具有推广价值的方法与途径，并进行梳理与提升，撰写课题研究结题报告。

（2）接受课题结题工作鉴定，课题组采纳并汇总多方面的建议与意见修改课题结题报告。

（3）整理形成课题组成员研究成果（论文、教案、教育故事、体会、学生反馈、评价类文本资料、照片、通信、信息）、工程技术教育课程数据库等研究成果。

（六）研究成果

1. 理论研究成果

课题研究开题以后，课题组教师进行了大量的文献查阅工作，通过文献综述明确了我国校内外青少年工程教育课程开发与实施、核心素养课程目标等内容。

（1）课程开发理论研究成果。重视教师与学生在课程开发中的主体地位；重视课程开发实际情境；关注课程开发的过程中核心素养培养的核心目标的引领作用；以动态的过程性的目光关注课程的开发过程；重视课程资源的整体宏观支持作用；注重对课程内容体系的探究。

（2）教学与课程实施理论层面。教师转变教学的价值观念，意识到工程教学的目的不在于对知识的记忆和再现，而在于知识和方法的应用，在解决问题中逐步形成核心素养；认识到工程研究所积累的知识既是育人也是学生学习活动的载体，不是最终的目标；为学生学习工程知识创设合适的情境，帮助学生借助科学家研究问题的方法探索、建构个体知识，并在此过程中掌握基本的认知方法、感悟科学家研究过程中体现出来的科学精神，彰显出育人价值。

（3）工程技术教育核心素养课程目标。课题组依据多层次核心素养（普通高中生的基本公民素养、优秀学生能力素养、卓越和创新型学生能力素养等），结合科技馆育人目标，构建崇文科技馆学生的核心素养框架，明确崇文科技馆学生核心素养框架的具体目标是：引导学生形成踏实严谨的学习态度，在获得基础知识与基本技能的同时学会学习，形成科学精神。崇文科技馆将"实践探究、乐学善思、工匠精神、创新创造"的理念渗透到课程设置的实施工作中，构建崇文科技馆工程教育课程核心素养。

2. 实践研究成果

在课题研究的引领下，课题组一直在思考，设计什么样的工程教育课程体系？建立什么样的工程教育培养机制？什么样的工程教育课程更有利于学生核心素养的培养？如何进行工程教育教师团队建设……课题组基于这些问题，进行了探索与实践。

（1）构建工程技术全人教育模式。从课程架构上依据工程技术教育核心素养课程目标，构建工程技术全人教育模式，将工程技术课程体系分为工程技术普及活动与工程技术人才培养两大板块，在工程技术普及活动中包含创客科普嘉年华活动、工程技术普及讲座、工程技术科普大篷车进校园等活动；在工程技术人才培养中包含以崇文科技馆馆本课程组成的工程技术课程群，组建了创客教育、未来工程师教育、模型教育、设计教育、DI教育等不同课程，学生可以根据自身特点和兴趣专长，选择自己喜欢的课程。

（2）基于工程技术教育核心素养课程目标构建主题科普活动课程。连续开展区域性主题科普活动，进行工程教育实践、课程实施、工程教育成果展示探索，如2017年5月26日"文化小创客，创意大梦想"庆六一少年创客嘉年华，2018年1月22日"创客+人工智能"主题东城区学生创客节，2018年

5月22日"科技筑梦，创客创新"东城区学生工程创客文化节，2019年4月19日"新时代、新创客、新智造"东城区学生工程技术创客节暨青少年创客教育论坛活动，2019年5月31日"快乐智造，助力成长"东城区中小学生工程技术创客节暨青少年创客教育高峰论坛活动。课题组探索与中小学校、高校与研究院所、企业、社会单位有效协作，以开放包容、优势互补为特点的课程实施整合策略，组织教师自主设计原创性活动，同时邀请资源单位共同展示优秀工程教育项目。

（3）基于工程技术教育核心素养课程目标构建工程技术课程群。课题组将工程教育课程进行了有机分类，分为"未来工程师"课程、"创客"课程、"设计俱乐部"课程、"模型"课程与"机器人与电子"课程共五个体系，根据《中国学生发展核心素养》总体框架，"创客与未来工程师"课程主要培育学生核心素养中的问题解决、勇于探究、批判质疑、技术运用等素养；"设计俱乐部"课程主要培育学生核心素养中的问题解决、勤于反思、信息意识、乐学善学等素养；"模型"课程主要培育学生核心素养中的技术运用、劳动意识、问题解决、国家认同等素养；"机器人与电子"课程主要培育学生核心素养中的勇于探究、信息意识、问题解决、勤于反思等素养。

① 创客课程。依据工程技术教育核心素养课程目标，创客一级课程，主要是向学校提供基础创客课程，创客二级课程，主要是由崇文科技馆提供的较为专业的创客课程，创客三级课程，主要是高端游学课程。

② 未来工程师课程。依据工程技术教育核心素养课程目标，科技馆未来工程师课程体系将未来工程师课程分为3级，一级课程是在学校的课后330课程；二级课程是科技馆课程，三级课程是高端游学课程。

③ 模型课程。依据工程技术教育核心素养课程目标，模型课程将航空模型、航天模型、航海模型、车辆模型、建筑模型、火车模型等多种模型进行有机结合。把多门模型课程融合为模型课程体系，增加富有时效性、生活化等具有特色的教学内容，由从前的单一项目向多元化项目发展。

④ 设计课程。依据工程技术教育核心素养课程目标，设计课程体系基于三个维度进行设计：a.基于青少年成长关键期；b.以STEM理论为指导的跨学科工程技术学习；c.以活动地点为区分手段，依据三个维度，把课程进行了整合思考，根据不同的需要，有不同的活动内容与评价方式。

⑤ 机器人与电子课程。依据工程技术教育核心素养课程目标，以电子信息、工程技术、智能控制、艺术设计等多种学科知识与技能为基础，根据学生年龄、兴趣、需求等特点设计实施了电子电路基础、程序设计基础、单

片机与智能控制、物联网创意设计等系列活动，可以满足1～9年级的课程需求。

（4）基于工程技术教育核心素养课程目标的工程教育课程实施。研究项目组带领学生开展跨领域跨学科学习，探索有利于培育学生核心素养的教学方法。在课程实施中，重视学生亲自参与和体验，引导、鼓励学生动手操作，坚持手脑并重，学思结合，采取丰富、灵活的教学方式激发学生好奇心，培养兴趣爱好，营造独立思考、自由探索、勇于创新的良好环境。

课程实施过程中教师更加注重学生的发展和社会的需求，更加关注学生已有的生活经验，更强调学生的主动学习和实践环节，引导学生能够在探究能力、学习能力和解决问题能力方面有更好的发展，能够在责任感、合作精神和创新意识等方面得到提高。

（5）基于学生核心素养培育的工程教育课程评价。工程教育人才培养过程中，教育评价要依据课程目标，既关注学生的学习成果，更关注学习过程；既关注群体的成长，更关注个体的参与性与素养提升；评价内容呈现多元化，要综合应用多种评价方法和评价工具。

① 调查问卷。各门课程对学生开展问卷调查，了解学生在课程学习后的收获，特别关注课程核心素养方面，了解学生学习效果。

② 学生学习体会。学生上交学习体会，教师通过学生学习体会了解学生在课程学习后的收获，特别关注课程核心素养方面，了解学生学习效果。

③ 学生竞赛成绩。创客、未来工程师、模型、设计课程学生参加全国、北京市各项科技竞赛，均取得了优异成绩。

通过调查问卷、学生学习体会、学生参与竞赛取得成绩，都可以看到各个课程能够有效地体现课程目标中关于本课程中的核心素养目标。崇文科技馆校外青少年工程教育课程可以有效培育学生核心素养。

（七）课题研究结论

目前，我国的青少年工程教育发展还不完善，崇文科技馆通过在科技活动中开展工程教育，在青少年工程教育领域做了丰富、有益的探索，在培养学生核心素养上取得了一定的成效，尤其是在培养学生的实践创新、学会学习、科学精神等方面有着显著成效。但是，今后的青少年工程教育还有待于进一步研究和探索，更广泛地提炼工程教育培养学生核心素养的价值和作用。

课题负责人：柳小兵

核心组成员：郝玉林、刘辰彬、汪小丽、孟旭、周君

二、"体育+"模式下的科普活动策略研究

开展体育运动是增强青少年体质的重要举措。随着时代的发展、科学技术的不断进步，我国的体育活动已逐步向全民体育发展，如何培养有文化基础、有明确人生方向、能处理好自我与社会的关系、全面发展的人，成为今后一段时期内我国教育发展的重点。校内外单位作为培养青少年的人才基地，担负着为国家储备全面、综合性人才的重担，所以我们应该以养成学生的综合素养为根本目标。

科普活动是校外科技教育的重要形式，学生通过接触自然、接触社会、接触丰富多彩的现实生活，激发和保持学习兴趣和积极性。学生在玩中学、在学中玩，校外科普活动与课堂教学实现优势互补，相辅相成，在学生成长的过程中有着不可代替的地位。

"体育+"模式科普活动笔者摸索研究了两年，在科普活动中适当地加入体育元素，符合当代学生发展的核心素养，科普活动与体育运动相互融合、互相促进，能提高学生科技技能，增强学生身体素质，做一个全面发展的人。

（一）设计"体育+"模式科普活动的策略

一个科普活动的成功与否，设计占主导地位。活动在遵循科学性、趣味性等原则的基础上，应该能够贴近学生的生活，激发学生的学习兴趣，使之处于"我要学习"的主动状态，提高教学活动效果。活动选题要贴近生活，挖掘实事热点，如体育+科学技术、体育+传统文化、体育+艺术生活等。活动形式多样，从学生身边的事物发掘，减少学生对活动内容的陌生感，活动导入不生硬，减少学生的被动性。

近年来，我们开展了"一带一路"畅游汽车博物馆活动、"科技之梦"——我的中国科技馆之行、中草药我知道、北京非遗的传统手工技艺、我的航天梦等内容多样的科普活动。"体育+"的活动模式，使科普活动的形式丰富起来，使学生更加重视体育运动，为学生更好地学习科学知识添砖加瓦，一些爱好运动的学生主动地参与到活动中来。教师必须要了解活动对象的年龄特点、认知结构和水平，比如，在"科技之梦"活动中，我们来到了中国科技馆，中国科技馆展品众多，展品展现的科学原理难易不同，学生容易走马观花，对"高大上"的科学原理产生消极情绪，影响活动目标的实现。因此我们策划了闯关签到的活动形式，以调动学生的学习兴趣。有针对性地选取与

体育活动相关的展品，如"洛伦兹蝴蝶""蝴蝶效应"可用来说明一个坏的微小的习惯、行为，如果不加以及时地引导、调节，会给自己的身体、学习、生活带来非常大的危害。"人体保卫战"战胜病毒活动，通过射击游戏，了解病毒的知识，了解人体通过哪些方式可以阻止病毒入侵，增强身体素质。"作用力与反作用力"活动，根据牛顿第三定律，两个物体之间的作用力和反作用力总是大小相等，方向相反，作用在同一条直线上，思考自己在进行体育活动中，哪些是作用力与反作用力，如何利用这种力量，增强运动、训练效果。科学知识的学习促进体育运动的效果，通过体育运动的过程，更好地了解科学知识，事半功倍。又如，体育＋优秀传统文化——北京非遗的传统手工技艺，通过参观、体验，了解手工技艺历史，了解团扇、彩塑脸谱技法，"泥人张"技艺等，设计思考能否把这些手工技艺添加在体育运动中，例如在运动服装、体育器械、比赛场地上的应用。让学生知道具有重要价值的文化信息资源，培育民族精神和爱国情怀，增强文化自信，为青少年的终身发展奠定基础。

科普活动中以培养体育＋综合素养为总体目标，培养"全面发展的人"为活动的根本任务，组织多种多样的科普活动。设计中注重培养学生的科学精神、积极的心理品质、责任担当意识。如：在航天六十周年纪念活动中，以"我的航天梦"为主题，利用互联网，了解前沿的航天知识，挖掘其中的体育元素；在航天讲座上，学生与专家互动，了解航天知识，发现和提出问题，能够多角度、辩证的分析问题；"写给航天员的信"、"我的太空梦"绘画评选，锻炼学生写作、绘画能力，能够使学生发现问题、勇于提出问题，培养学生创新意识。

（二）实施"体育＋"模式科普活动的策略

在设计好科普活动的形式、内容的情况下，活动的实施过程是实现学生科学知识有效学习的关键阶段，也是教师对自己教学设计检验的方法。在这一阶段里，要注重让学生感受到成功的喜悦。教育家苏霍姆林斯基曾说过："不了解孩子，不了解他们的思想、兴趣、爱好、才能、禀赋、倾向，就谈不上教育。"每个学生都值得教师认真对待，都值得教师好好研究，作为教师要让学生感受到自己的努力是有效的，让学生体验成功，在活动实施过程中，教师要观察学生的反应，不断地鼓励，给每个学生创造出更多的表现机会。

在"我身边的体育生活"活动中，要求学生在规定时间内，独立制作完成一个十进制的记分牌，听到制作任务，大家都很兴奋，只有张三低着头不行动。通过了解得知，这个张三平时思维不活跃，成绩不太好，同学也不喜欢他。笔者想：既然来参加科普活动，他就是我的学生，教师就有责任让每个学生收获成功。笔者小声和他说，"张三，我上次做了一个记分牌，翻页不灵活，你能帮助我再做一个漂亮实用的记分牌吗？"张三很高兴，最后在教师的辅助下，他自己亲手制作出了记分牌。

合理地引导学生，让他们积极地参加到活动中来，不让他们觉得被遗忘，教师"不放弃、不抛弃"的态度会改变学生的活动态度，激发他们主动学习的兴趣。当有了学习兴趣，他们就会渴望成功，一旦拥有了成功者的心态，他们就会去体验成功带来的喜悦，这不论是对参加科技活动还是日常学习都是大有裨益的。

让学生感受到"体育+"科普活动的益智、养德。学生进行体育运动时，思想活跃、态度积极、状态空前高涨，我们在活动中穿插体育运动和体育竞赛的模式，能够更好地实现活动目标，例如，在中国科技馆的学习中，活动采用闯关学习的形式，培养学生友爱、合作、顽强的精神。在汽车博物馆的学习中，活动采取任务接龙的学习形式，学生的表现欲强烈、有规范、有秩序，团结合作。在"中草药知识我知道"活动中，采用对垒答辩的学习形式，把学生分组，从内容到要求都有强烈的集体性，学生都认真学习，认真准备，为小组争得荣誉。

教师要在活动中观察学生的表现，从他们的语言、态度、行动中发现问题，及时进行情感教育，培养学生热爱集体、热爱生活、热爱祖国的情感，使学生能够互相尊重、相互配合、团结协作，使学生具有谦虚、谨慎、真诚、合作、礼貌的优秀品质。

（三）评价"体育+"模式科普活动的策略

一个完整的科普活动除了活动设计、活动实施外，还有最后的评价反思阶段。它为学生的学习实践和教师的专业成长提供了信息。这个阶段在学校里以答题、作业为主要模式，而在科普活动中以促进学生和老师在实践活动过程中的思想水平、知识水平的提高和发展为目的。评价体系以学生参与活动的态度、科学素养的培养、知识技能的发展、思想意识的发展情况为主要的评价指标，学生的自评和互评也有重要的作用。

具体评价量化指标主要表现在以下方面：

评价项目	
我感兴趣的内容是：	
给我印象深刻的（内容、人、活动形式、活动地点等）是：	
我用到了这些体育运动：	
我知道了这些新知识：	
和体育运动相关的活动内容是：	
今天我是自己解决问题还是合作学习，合作学习中，我的伙伴是：	
我们是这样分工的：	
我还能这样改进（进步）我（对人、对事）的态度：	
我还能这样改进我的作品：	
我的新发现是：	
我希望知道的是：	

在"体育+"的科普活动中，教师的活动反思尤为重要。在科普活动中科学、合理地穿插体育元素，通过体育活动促进学生科学知识的学习、情感态度的培养。教师的反思主要从活动本身和活动对学生的影响两个方面来考虑。

反思量化表评价主要包含以下方面：

评价指标	具体内容				
活动主题	意义	内容	科学性	可行性	与"体育+"密切相关
活动方案	完整性	规范性			
活动过程	组织形式	实施步骤			
活动效果测评	实效性	参与度	完成度	影响性	

（四）小结

期刊《自然》指出：孩子人人都是科学家，只要从小就给他们合适的科学教育。科普活动是引导学生学科学、爱科学的有效途径。中小学校大力加强科学普及，对提高学生创新意识、实践能力有重要作用。同时，2016年10月22日，北京市东城区青少年"健康·成长2020"工程启动。这一工程的目的是"学生健康,学生成长",贯彻落实"要把青少年身心健康牢牢抓在手上"的重要精神,全面提升东城区青少年身心健康水平。"体育+"模式下的科普活动,校内外教师和家长将合力助推学生健康成长。

——郑羽佳

三、科普书阅读提升学生科学素养指导策略

阅读是一切学习的主要基础。孩子可以借由阅读吸取知识,促进学习与成长,并可以通过阅读启发想象力、增进创造力。阅读科普读物,是学生走进科学、爱好科学、逐步提高科学素养的重要途径。科普阅读不仅让学生感受到大自然的神奇,更让学生感受到科学的无限力量。科普阅读,可以拓宽学生视野,提高学生科学素养,使学生形成讲科学、爱科学、学科学、用科学的良好风尚。推广科普阅读是我们每一个科学教育工作者义不容辞的职责。

如何通过有效引导、指导学生进行科普书阅读,提升学生的科学素养?我们在教学的实践中做了些尝试和思考,下面以策划、组织、指导学生开展的阅读科普书籍的"科学悦读"科技实践系列活动为例,浅谈通过科普阅读提升学生科学素养的策略与做法。

(一)好书推介,博采众长

首先要引导学生懂得只有博览群书,取百家之长,才能获得丰富知识的道理。不同科普书的编写角度、思路不同,各有各的精彩,各有各的独到见解。大量的科普阅读,可以让学生多方位地接触科学并且思考,能够有利于学生思路的开阔。

学生到底应该选择怎样的内容来进行科普书阅读呢?通过走进附近小学的实地调查我们发现,6年级学生基本阅读过10本以上的科普读物,但能举例说明、详细介绍的科普书则很少,且多数集中在《十万个为什么》等百科类图书。因此总体而言学生对优秀科普读物的了解还有待加强。在"科学悦读·好书推介"活动中,教师引导学生了解优秀的科普图书,同时提出希望,希望学生能够广泛进行科普书阅读,汲取科学知识的丰富营养,做一个知识渊博的科学小达人。

我们在优秀科普图书的推荐上遵循了三个原则:一是趣味性强,符合6年级学生的心理年龄发展规律,促进学生对科学知识学习的兴趣;二是内容推陈出新,科普读物是要走在时代前列的,要激发学生接触前沿科技的兴奋

感，激发学生对科学世界的探究欲；三是实用性强，学生运用科普知识解决实际问题，知识有用，学生学习兴趣自然越来越浓。我们推荐的科普书籍，题目新颖，内容丰富、有趣，既有经典版的《森林报》《昆虫记》《科学的旅程》等，也有最新版的《我的简史——霍金传》《植物知道生命的答案》《诺贝尔奖获得者与儿童对话》等书籍，大大拓展了学生的阅读面，激发了学生探索科学世界的兴趣。除开展推介、宣讲实践活动外，教师和学生通过微信群、公众号等途径不断充实推荐书目，满足学生更加丰富、多元的阅读需求。

（二）百家讲坛，感受大家风范

在我们这个世界上，每一个时代总是会有那么一些具有特殊才能的人们，以他们不朽的贡献在人类进步的过程中留下值得纪念的一笔。特别是那些在某些领域里开拓出新的境界的人们，更加值得我们怀念。对于他们这样的人杰，单单只是抱着一种敬仰的态度显然是不够的。如果能够将人们对他们的怀念虔诚地搜集起来，无疑可以对后世起到一种教育和楷模的作用。每位伟大科学家的背后，一定有使之成为伟大的精彩。科学家传记不仅可以揭示科学发现的实际产生过程，还可以研究科学家的道德、智慧、感情的发展过程和个人的内在价值。因此阅读科学家传记不仅能领略科学世界，更能感受科学精神，激发学生的对科学的向往。

在"科学悦读·百家讲坛"活动中，我们组织每一个学生选择一本科学家传记，走上讲台讲述自己最喜欢的科学家的故事，和同学分享从科学家的故事中得到的最深刻的启示。在活动中，学生们分享了《爱因斯坦传》《执著的天才——玛丽·居里的魅力世界》《蚕丝——钱学森传》《在咖啡馆遇见牛顿》《伽利略传》等科学家传记。学生们不仅学习了科学知识，更感受了杰出科学家们刻苦钻研、坚韧不拔、痴迷科学、热爱祖国等科学精神，深深地被科学家的信仰和追求所打动。活动为学生的科学信仰培养和对真理的追求起到了较好的铺垫作用。

"科学悦读·百家讲坛"活动是一个学生自我展示、交流的阅读平台。阅读大量书籍后，进行自我展示，既培养学生的总结汇报能力，引导学生能表达、会展示，发展人际交往能力、总结能力和语言表达能力，又能促进学生的自主学习，激发阅读兴趣。

（三）追根溯源，了解中国书籍史与印刷科学

书籍的制作材料制约着书籍的制作方法。书籍的制作材料和制作方法，

又影响着书籍装帧形式的演变。了解中国书籍史,就是要了解中国书籍发生、发展及其演变规律,了解历史上不同时代书籍创作的不同倾向和特点,了解书籍制作材料、制作方法、装帧形式等的发展与变化。中国造纸术和印刷术的发明,是促进书籍发展的重要条件。中国汉字有长达数千年的发展和演变的历史过程。在漫长的岁月中,中国人民创造了祖国卓越的文字文化。引导学生研究书籍的发展史,既引导学生进入了包括汉字演变、书籍制版、印刷技术等博大和奇妙的科学世界,同时又引导学生感受了中华民族悠久而辉煌的文化。

在"科学悦读·追根溯源"活动中,我们邀请了北京印刷学院教授开展"用三千年读一本书"的讲座,带领学生了解书籍古老的发展历史、汉字的起源和演化、不同时期书籍的制作材料与印刷技术等;邀请了中国少年儿童出版社科普书主编与学生面对面交流,介绍一本图书的诞生,介绍图书编辑从选题、包装制作、内文审校、确认版式到印刷的整个工作流程。学生到印刷博物馆、大型印刷企业实地参观、考察,亲眼见识国内一流印刷设备和技术,体验传统造纸工艺,体验活字印刷过程,了解中国古代印刷术起源、发明、发展和外传的历史,了解我国印刷及相关工业现代化的历程。"科学悦读·追根溯源"活动中,学生领略了书籍编印科学的博大精深,同时也受到了中华传统文明的爱国教育。

(四)营造阅读氛围,指导阅读方法,激发阅读积极性

阅读讲究眼到、手到、口到、心到。怎样让读到的内容内化为自己的知识呢?阅读记录、写作的方法是提高阅读能力和积累科学知识最好的方法。征文竞赛活动能够营造浓厚的阅读氛围,激发学生阅读的积极性和主动性。在以"科学悦读·我最喜欢的一本科普书"为主题的征文活动中,学生以自己喜欢的科普书为媒介,以阅读为纽带,和同学共同分享了多种形式的阅读过程,丰富了学生科普书阅读书单,同时竞赛设置的适当奖励提高了阅读的积极性与效果。开展征文活动,老师引导学生阅读记录和写作,是提升学生阅读能力、提高科学素养的有效策略。

阅读交流是教师引导学生交流阅读收获、营造阅读氛围、分享阅读体验、培养阅读兴趣的重要途径。通过什么途径和形式开展阅读交流呢?微信是目前用户量大、辐射面广、应用广泛的一种交流和沟通工具,所以我们在阅读小组中建立了"科学悦读·快乐交流"微信群。借助微信语音功能,搭建交流平台,提高学生阅读的自主性、积极性与实效。微信群实行轮流群主制,

教师在群中指导阅读方法，学生在群中推荐自己喜欢的优秀科普书籍，教师与学生共同交流阅读心得与体会。"科学悦读•快乐交流"微信群的使用，大大调动了学生的阅读兴趣，提高了阅读效果，学生参与阅读的热情日益高涨。

青少年是科普读物的重点阅读群体，科普书阅读理应成为重要的科技教育载体。"科学悦读"系列活动是为了提高学生科学素养和科技实践能力、整合社会资源创设的，以阅读科技书籍为切入点的自我学习、展示交流、实践探究的环境与平台。希望更多教师能够鼓励学生积极阅读科普书籍，培养学生的科普阅读兴趣和习惯，用科学精神滋养孩子的心灵，有效提高孩子的科学素养。

——陈阿娜

四、创造性的开发利用科普资源培养青少年的科学素质

"创新"是我国现代化经济体系建设的"第一动力"，那么创新型人才的培养就成为基础教育最重要的内容。创新的点和面非常的广泛，科技创新是一个国家整体发展水平最明显的标志，那么如何建立起一个缜密、高效、系统的科技教育创新体系呢？青少年科学素质的培养无疑是这个系统最基础和至关重要的一个环节，它涉及科普资源的创新、开发与利用。

（一）创造性地开发科普资源

任何资源都有直接资源和间接资源的双重特点，科普资源也同样如此，需要从新的角度去认识和挖掘，把间接和隐藏其中的资源开发出来，使其转化为直接资源加以利用。

1. 学科教学的开发

众所周知，美术是使学生由感性审美转变为理性审美的最直接的教学科目，所包含的方方面面的知识、内容及对各种边缘学科的触及非常多，这其中包含了许多未被挖掘和利用的潜在的间接资源。怎样合理地开发使用这些资源，把艺术与科学紧密联系在一起，是开发这一科目的重要环节，这需要教师具备对自己专业更深层的认知能力和对科技探究的综合能力。

李政道在"论艺术与科学的关系"讲话中谈道："科学与艺术的共同基础是人类的创造力，所追求的目标都是真理的普遍性，它们像一枚硬币的两面

是不可分割的"。美术专业教学与科技活动的关系是相辅相成的。科技创新大赛科学幻想绘画比赛的举办，为艺术与科学的融合架起了沟通的桥梁。

2. 在专业领域中探寻与科学构成直接关系的因素

笔者在学习世界美术史的过程中发现，国外超现实主义的绘画作品，从内容到表现形式和当前科幻画的表现在概念上有着极其接近的相似性，如西班牙超现实主义画家达利的作品就是如此，作品采用极为写实的表现手法，对现实世界进行抽象、主观、大胆的幻想。而科幻画的创作在概念上同样要求要超越现实，要对未来进行大胆的幻想，优秀的科幻画创意要敢于在风马牛不相及的概念中寻找它们之间的联系，看起来很荒诞，但是在这种荒诞的内容里又存在着发展中的必然。但它和超现实主义不同的是科幻画创作有"科学"这样一个主线，创作要符合科学的逻辑和发展规律，对人类未来的发展具有前瞻性的想象。在教学中将超现实主义绘画与科幻画相结合，能够调动更多学生的兴趣，吸引更多的学生加入科幻画创作的行列中来。

（二）对现有资源进行重新整合以后，使绘画创作在观念上又进入一个新的领域

对现有资源的再认识，就是把专业从另外一个角度去认识和重新进行整合。在实践中笔者发现，具有专业绘画背景和非专业绘画背景的学生，都非常热衷于投入科幻画的创作中来——以一种新的观念再认识绘画，这其中有几点原因。

（1）具有一定造型基础的学生，他们具备了一定的造型和表现能力，但如何使自己具备的这些技能得以充分、自由的展现，这需要找到一个载体，科幻画的创作恰恰为这些人搭起了一个自由发挥的平台。

（2）专业绘画基础不足的学生也热衷于投入创作的原因在于，科幻画首先是符合科学逻辑的科幻创意占第一位，为富于幻想的青少年插上了施展自己想象力的翅膀，绘画只是一种辅助的表现手段。牛顿曾经说过，"没有伟大的想象，就不能有伟大的发现。"现在这个时代为青少年提供想象的空间太少，随着各种网络、媒体等主流视觉资源强有力的发展，大大地占据了当代人的视觉空间和形象思维的空间，使我们对此产生了难以抗拒的依赖感。当今一种形象的出现都具有一定的符号性，如动漫、网络游戏里的人物等，这种所谓"一体化"造型的产生正在逐渐引领着当代青少年视觉审美的发展，使他们对形象的创造产生了错觉，游离于原创和独立思考之外，而未来科学的发展需要想象、需要幻想。

（3）科幻画属于科技创新大赛的一项内容，创新是这项大赛的宗旨。科幻画的创作在立意需要创新的同时，其表现手段也需要创新，需要和内容相吻合，必须对已有的绘画手段和表现形式进行调整，否则和科幻画的要求就会相去甚远。这些在一定程度上激发了青少年的参与兴趣，刺激了他们的创作欲望。这种调整是对自己所学绘画专业的整合运用，它要求绘画技巧要具有多样性和独特性，视觉效果要新鲜、明快，要敢于在技法上进行大胆的尝试、突破和创新。使用的表现手法、材料和其他人的区别越大越好。

比如在历届比赛中用中国画来进行科幻画创作的作品可以说是寥寥无几，究其原因我认为有以下几点。

① 当然这和教师的辅导有关。在我国中小学美术教育中，中国画教学涉及不多。

② 初学国画往往都是从临摹入手，学习难度很大。

③ 有的学生难以了解中国画的内涵，他们对画两笔花鸟、山水，不知道其意义何在，所以也就没有什么兴趣。

④ 学习中国画需要准备纸墨笔砚等用具，还需要学生具备一定的书法功底，入门要求高。

找到一个既能使学生感兴趣，同时又能让学生自由发挥的这样一个空间，是中小学生学习国画的前提。怎样学、如何学，又怎样体现"外师造化，中得心源"呢？

这几年笔者在教学中系统地加入了中国画的教学内容，包括临摹、写生和创作，使得很多学生掌握了一定的国画表现方法，积累了一些经验。在笔者辅导的获得科技创新大赛科幻画比赛北京市一等奖和全国奖的学生作品中，就有用中国画进行创作的。这样既丰富了比赛的表现形式，另外也带动了这些学生向更宽的绘画领域发展。

（4）探索未知世界是青少年参与科学活动的核心，这也符合他们对未知具有强烈好奇的心理特点。青少年是科技创新的主体，美国的卡尔·萨根提到"每个孩子都是科学家"，他的观点肯定了每个人从小就具有探索未知和求知的本能。这种带有本能性的非智力因素，如果想要使它在后天的发展中得以继续和成长，那么一方面我们的教育体制要顺应这种发展的要求，为人才的培养提供一个长远的可持续性的发展轨迹，另一方面就要有更多的开展科技活动、学习和实践的阵地。

21世纪的中国在科技领域如信息技术、新型能源、生命科学、航空航天与海洋探索等多个方面都已经走在了世界的前列。在全球化背景的影响下，机遇与挑战共存,我们应该适应全球化教育,积极地、创造性地开发利用科普资源,培养青少年的创新意识。作为一名校外的科技教师,在观念上我们应该不断创新、不断创造,出色地做好自己的本职工作。

——史占文

第二节 素质教育优质项目——青少年设计俱乐部

青少年设计俱乐部是崇文科技馆于2016年申报的北京市校外教育"三个一"创新项目,项目组成员有:孟旭、王雅菊、刘辰彬、商瑞莹、吕文等。项目内容分为四大方面。

(一)规划与计划

人类通过劳动改造世界、创造文明、创造物质财富和精神财富,而最基础、最主要的创造活动是造物。设计便是造物活动进行前的预先的计划,我们可以把任何造物活动的计划技术和计划过程理解为设计。设计是一种方法论,青少年设计俱乐部简单来说就是让中小学生在校外科技活动中掌握用方法论的角度解决未知问题,从学知识、学技能转变为能根据问题需要,设计解决问题的流程,设计人员分工的具体办法,主动地去寻找解决问题的方法。青少年设计俱乐部项目设计注重区级层面的示范性与实际可执行性,对青少年科技馆活动项目发展模式进行了创新思考。

设计俱乐部项目设计遵循几个基本原则。

①符合教育部、北京市教委综合课改方向,符合《中国学生发展核心素养》要求;

②定位明确,体现区级校外教育不可替代的独特作用;

③培养学生具备能够适应未来人才市场需求的必备素养;

④培养科技教师应对教学理念、教学方式、科学知识飞速发展与不断变化的适应能力。

1. 符合教育部、北京市教委综合课改方向

《教育部中小学课程改革方案》中，明确指出了以践行社会主义核心价值观为导向，遵循学生身心发展规律，适应社会进步、经济发展和科学技术发展的要求，为学生的持续、全面发展奠定基础的培养目标；明确鼓励课程设置应按照地方、学校实际和学生的不同需求进行适应调整，保证学生和谐、全面发展。《中国学生发展核心素养》则是党的教育方针的具体化，是连接宏观教育理念、培养目标与具体教育教学实践的中间环节。

青少年设计俱乐部课程依据课改、核心素养精神，确定了培养学生的设计素养为活动目标——设计活动既是一种个人或者集体进行的具有一定创造性的活动，又是一门跨领域的兼文兼理的综合学科。因此设计素养在综合素养三大部分文化基础、自主发展、社会参与方面都有体现：设计一个有文化内涵的、实用的设计作品需要良好的人文底蕴与科学精神；根据设计需要寻找解决问题的方法时需要掌握自主学习的方法；设计作品需要产生附加价值，对实践创新素养也有一定要求。因此设计素养提炼为：整合规划能力、审美能力、协同合作能力、学会学习能力与实践创新能力。

2. 定位明确，体现区级校外教育不可替代的独特作用

设计俱乐部的设立有着对区级校外教育如何适应未来发展要求的思考，我们认为应该从校外教育的本源来考虑问题，即研究校外教育的性质、地位、活动原则，以期待最大化地发挥出区级校外教育特色。经过两年实践，总结出几条经验。

（1）只有把课外校外活动和课堂教学有机结合起来，才能实现由应试教育向素质教育转化——活动内容必须与学校校本课程、330活动紧密结合。设计俱乐部活动开展大都在崇文科技馆周边；活动负责人与校内科技教师平时交流机会频繁，基本了解学校的特色、校本活动内容，有利于将活动内容紧密贴合学校教学实际需求。

（2）校外教育是基础教育的重要组成部分，可以培养青少年的兴趣、爱好、特长和良好个性——设计俱乐部的活动设计坚持以活动育人，培养青少年兴趣爱好，为有特长的学生提供展示平台为原则。

（3）在培养学生设计素养活动目标不变的情况下，活动内容紧跟科技发展形势——校外教育没有教学大纲，教师设计活动的灵活性更强，紧跟科技发展潮流，保证设计俱乐部活动的新鲜感。

3. 培养学生具备能够适应未来人才市场需求的必备素养

随着人工智能的发展，未来简单的流程性工作将由人工智能机器人取代；随着互联网的发展，跨地区、跨领域的团队合作将取代一个人的单打独斗。设计俱乐部的活动形式让学生通过不同的项目设计掌握多种不同的设计模式与方法，通过进行以人为本的设计创新，通过执行或是合作、或是协作的多人设计流程，让学生在设计中学会如何进行创新、如何团队合作——执行一个科学的、有效的设计流程。这样培养出来的学生能够具备适应未来人才市场需求的必备素养。

4. 培养科技教师应对教学理念、教学方式、科学知识飞速发展与不断变化的适应能力

设计俱乐部的教师团队通过不断提出新的活动内容，定期组织课例研究，提高了自身的教学水平与教案设计水平；通过不断地把多元智能、创客、STEM 理论等最新理论快速转变成区级示范活动，促进了最新理论在学校课程建设方面的落地，提高了自身的理论水平与对科技知识快速更迭的适应能力。

（二）支持与保障

1. 具有优秀的师资队伍与明确的制度建设

设计俱乐部项目组教师团队，以青年教师为主，形成了一支从新教师到高级教师的梯队。教师们各有擅长的工程专业领域，为跨学科教学，为学生开展项目式学习提供了师资队伍方面的良好保障。同时在制度上有老带新的教师培养制度，积极为新教师搭建展示平台。

同时，在馆级、区级层面也有专家对青年教师进行指导。在 2018 年 WALS 2018 世界课例大会上，在东城区教育研修学院教研员高勇老师、北京师范大学专家的指导下，由青少年设计俱乐部教师团队根据每次展示课的情况提出修改意见，王雅菊老师根据自己的课程设计不断改进，顺利地完成了"垃圾分类我做主"设计课的课例研究，并与东城区研修学院研究员高勇老师一起在会场做了汇报，并取得圆满成功。

2. 具有良好的场地设施与经费保障

设计俱乐部源于崇文科技馆工程技术工作室，整个项目投资近 800 万，设计作为工程技术流程中一个重要环节，应具备良好的场地设施条件与经费

保障。崇文科技馆设计俱乐部具备50平方米专业活动教室、12台学生用苹果一体机电脑、1台激光切割机、1台刻字机、10套高清手写板、3台三维扫描仪、8套3D打印笔、6台三维扫描仪、10台iPad。良好的硬件条件保证了设计俱乐部活动的顺利开展。

活动室张贴有安全操作规范,保证了设施适用、安全。也有明确的安全管理制度,责任到人。

(三)方法与过程

1. 青少年设计俱乐部活动课程的设计框架

"青少年设计俱乐部"课程框架体系基于三个维度进行设计。

(1)基于青少年成长关键期,分为以学习工具的使用、提高动手能力、培养科学兴趣的小学制作活动;以学习三维设计,培养创新能力与审美能力的初中设计活动；以运用设计知识，解决实际问题，展现未来中国设计师的设计素养的高中项目探究活动。

（2）以 STEM 理论为指导的跨学科工程技术学习，根据教师团队成员的特长，分为设计活动、制作活动、创新发明活动、编程活动、机器人活动。

（3）以活动地点为区分，分为校外设计活动、课外设计思维活动、参观实践活动。依据三个维度，把校外活动、课外活动进行了整合思考，根据不同的需要，有不同的活动内容与评价方式，在教学条件与教学过程两个部分进行阐述。

基于青少年成长关键期的学习	以 STEM 理论为指导的跨学科工程技术学习	基于上课地点不同的课外校外学习
小学制作活动：学习工具的使用、提高动手能力、培养科学兴趣	制作活动	校外设计制作活动：给有特长的学生发展特长、展示特长的舞台
初中设计活动：学习三维设计，培养创新能力与审美能力	设计活动	课外设计思维活动：与校本课程结合，将课内教育、课外教育与校外教育有机结合，落实课改精神，推进素质教育
高中项目探究活动：运用设计知识，解决实际问题，展现未来中国设计师的设计素养	创新发明活动	参观实践活动：发挥校外教育活动育人的优势，立德树人，培养有能力，有信念的社会主义接班人
	编程活动	
	机器人活动	

"青少年设计俱乐部"课程框架

2. 教学条件

教学条件以基于上课地点不同的维度进行活动设计。

（1）在设计俱乐部活动室进行的活动，有完整的学期教学计划，同时每学期的教学计划又根据学生成长的关键期理论进行整合设计，在适合的年龄，学适合的设计，保证课程的整体性。青少年设计俱乐部有大量的先进设备，学生运用现代信息技术进行学习，手写板画草图、苹果电脑设计作品、3D 打印机打印作品、iPad 查阅学案，这些先进的手段学生都可以亲身体验。

（2）以学校 330 社团活动为主的课外设计活动，发挥了区级科技馆与附近学校沟通密切的优势，做到了课外活动与校本课程紧密结合，把先进教育理念推广到基层学校，让学校科技活动校本化、可执行化，强化素质教育的效果，体现了区级校外教育活动示范指导的作用。

（3）参观实践活动发挥了校外教育活动育人的优势，紧密结合时事，从传承中华传统文化到爱国主义教育，在活动中立德树人，培养有能力、有信念的社会主义接班人。

3. 教学过程

教学过程基于青少年成长关键期的维度进行活动设计。在小学阶段，以建构主义理论为依据，让学生在动手制作中，构建自己的设计观；在初中阶段，以多元智能理论为依据，学生在团队设计竞赛中锻炼团队合作能力，创新实践能力，提高审美能力，确定正确的设计观；在高中阶段，为学生搭建展示平台，为他们今后的人生规划提供帮助。

基于以 STEM 理论为指导的跨学科项目学习，强调以学生为主的项目式学习。项目内容根据实际不断调整，2016 年的可穿戴设计、2017 年的 VR 设计、2018 年的人工智能设计，项目题目跟随科学热点不断变化，让最新的教科研成果融入教学。

所有的学期计划基于课程框架进行设计，每次活动基于学期的计划进行设计，保证了设计俱乐部课程体系的连续性；检测手段基于不同的维度而不同，运用多元检测方法对学生进行激励性评价，保证了设计俱乐部课程体系的一体性。

（四）成绩与效果

短短两年时间，设计俱乐部也取得了一些成绩，成绩不是重要的，重要的是学生在校外设计活动中获得了成长，教师团队在设计俱乐部项目推进中获得了锻炼，设计俱乐部项目在实践探索中取得宝贵的教学数据，为推进区级校外教育发展贡献了微薄的力量。现简单汇总一下学生、团队成员取得的一些成绩。

1. 学生收获

（1）参加 2016 年北京市中小学生科技创客秀创客秀场活动，2 名学生获得优秀项目二等奖、人气奖二等奖。

（2）参与 2017 年第六届北京市高中生技术设计创意大赛活动，2 人获得三维成型项目北京市一等奖，5 人获得服装设计与展示项目二等奖。

（3）参与北京市青少年创客国际交流展示活动，1 人获得市三等奖。

（4）参与 2018 年第七届北京市高中生技术设计创意大赛活动，2 人获得三维成型项目北京市二等奖，5 人获得风能再利用项目二等奖。

2. 教师发展

项目组几位教师在各种市级、区级各类活动中取得了多种奖项。

3. 机构发展

设计俱乐部学员在崇文科技馆的馆级活动（例如东城区中小学生创客文化节、科技大篷车活动、东城区科技周现场活动等）中积极参与，为向社会展示崇文科技馆学生形象、教育教学成果做出了贡献。

4. 学校发展

（1）开设了中小学教师继续教育课程"16-17BXK37 科技创意设计基础"，指导东城区中小学教师开展设计活动。

（2）在东城区指导学校教师开展 DI 社团活动。

（3）在多所中小学开展 330 课外活动，得到了学校的良好评价。

5. 社会影响

（1）参加了北京电视台"非常向上"节目，向社会展示崇文科技馆的优质形象。

（2）在《中国中学生报》发表文章《电琵琶，从我手里诞生》，为中小学生提供指导教材。

（五）总结与展望

短短两年，设计俱乐部的发展取得了预想中的一些效果，但也遇到了一些问题和困难。

（1）作为区级校外单位，与设计公司、大学设计专业联系不是很紧密，希望随着大学自主招生政策的东风，让设计俱乐部培养的学生能够在大学设计专业、公司设计师岗位有发挥的平台。

（2）区级科技馆学员小学生占 80% 以上，高中生屈指可数，这是社会环境、家庭需求所决定的，但是我们认为，科技教育应该贯穿人的一生，目前阶段设计俱乐部的高中学员以与学校合作开展科技竞赛为主，希望能找到一种方法，一种社会需求，让高中生也走进崇文科技馆，走进校外科技活动。

——孟旭、刘辰彬、王雅菊、商瑞莹、吕文

第三节
素质活动方案分享

方案 3-1　健康小精灵·旋风跑起来——"体育+"科普主题活动

活动依据

1. 社会背景

2016年10月提出北京市东城区青少年"健康·成长2020"工程：

"充分利用学校及社会体育资源，加强青少年体育锻炼技能培训，引导中小学生养成热爱体育锻炼的良好习惯"。

2. 北京市校外教育"三个一"项目

"体育+"模式下的科普活动：本项目选择体校生、热爱体育的学生及普通在校生为活动对象，挖掘体育运动中的科学知识，利用体育元素来促进科学知识的学习，用科学知识促进学生体育运动的开展。

3. 资源背景

北京市崇文小学是足球特色学校，长期以来，崇文小学坚持"阳光体育"的指导思想，高度重视体育教育的普及与开展。笔者对该校的足球队学生、热爱体育的学生进行了重点分析研究，根据他们的实际情况及需求，围绕"体育+"模式、围绕立德树人的根本任务，以学生为本，坚持活动育人、坚持兴趣培养和个性化教育，开展了本次活动。

4. 学情分析

（1）崇文小学足球队学生50名。

（2）学生们参加过"体育+"模式下的科普系列活动之食品安全科普活动，已经掌握一定的健康知识，具有一定的分析问题、解决问题的能力。

5. 设计理念

（1）"体育+"模式下的科普活动，重视学生"自我发展"，能够知道体育的科技内涵，学会科学的运动。

（2）本次活动通过"无线电测向"的方式，让这些热爱体育运动的学生，进一步知道生活健康、运动健康的知识。

 ## 活动目标

依据《中国学生发展核心素养》中的基本要素"学会学习，健康生活"，"健康·成长2020"工程的中心思想和北京市校外教育优质"三个一"项目建设，制订本次活动的目标。

（1）知识与技能。学生掌握生活健康、运动健康知识；学习体育运动方面的专业知识。

（2）方法与能力。学生掌握无线电测向机的使用方法，加强反应能力和团结协作能力；完成趣味接力活动。

（3）情感态度价值观。学生能够进一步认识到健康知识的必要性和重要性；能够主动与他人分享健康知识。

 ## 活动时间与地点

活动时间：2小时。

活动地点：崇文小学。

 ## 活动对象及规模

小学5年级学生，50人。

 ## 活动重点和难点

活动重点：学生掌握运动健康、生活健康知识。

活动难点：每名学生在最短的时间内正确完成三道健康知识答题。

活动准备

（1）教师了解学生情况，设计活动内容，撰写活动方案、安全预案。

（2）教师联系学校。确定多媒体设备及活动场地；准备测向专用器材、计时打卡器、小药箱。

（3）活动前知识准备。提前利用班会的形式，让学生掌握无线电测向机的使用方法。

（4）教师准备趣味接力赛答题卡、趣味游戏规则、知识手册、导入学习单、记分册、健康小视频、分组贴纸、抽签纸等。

（5）教师进行场地布置。操场的信号源位置、放置答题卡等。

活动过程

（一）活动导入——我是健康小精灵（15分钟）

1. 设计意图

（1）检测学生已知的健康知识水平；让学生了解体育运动与健康的关系；

（2）增强学生活动中的安全意识。

2. 内容

（1）教师使用PPT和视频进行活动导入。

教师提问互动：①生命在于_____；②为什么说生命在于运动？③体育运动与健康的关系？

学生互动回答：①运动；②运动可以促进人的身体健康和心理健康；③相互促进、互相影响。

（2）教师播放健康小视频，发放健康知识测试题。学生观看健康小视频，根据已知知识和视频内容答题。

（3）教师强调本次活动安全注意事项。

（二）活动体验——健康团队跑起来（70分钟）

1. 设计意图

（1）说明体验活动规则，为活动有序进行，增强安全意识做准备。

（2）通过"无线电测向"趣味接力游戏的形式，学习、巩固生活健康、运动健康、体育专业的知识。

（3）通过"条目检索"进行自检，既能提高自主学习兴趣，又能巩固学习的知识。

（4）学会学习，在活动中检测学生知识水平、学习效果及团结协作能力。

（5）养成活动后主动收拾物品的好习惯（德育）。

2. 内容

第一阶段	复习 无线电知识	教师出示信号源信号示意图，检测无线电测向机的使用方法。 1号台（MOE）　— · 2号台（MOI）　— — · · 3号台（MOS）　— — — · · · 4号台（MOH）　— — — — · · · · 5号台（MO5）　— — — — — · · · · · 6号台（6）　　— · · · · · 7号台（7）　　— — · · · · 8号台（8）　　— — — · · · 9号台（9）　　— — — — · · 0号台（0）　　— — — — — 信标台（MO）　— — — — — 短 80 信号源示意图 （- 为长音"嗒"，· 为短音"嘀"）
第二阶段	说明活动 规则要求	（1）教师讲解本次活动的流程，学生明白活动流程。 宣布活动任务→组队→发放测向机→分组抽签（每人三道试题）→进行游戏→成绩统计→知识总结、颁奖。 （2）教师说明趣味接力活动规则
第三阶段	趣味接力 游戏	（1）教师辅助学生组队，学生三人一组、自由组队。领取本队贴纸。 （2）教师发放测向机，学生每人领取测向机。 （3）抽签：教师记录学生要答题的信号源序号。学生每组上来，每人抽三个号，并记住答题序号。 （4）教师组织学生前往体育场比赛。巡视学生安全和自我检测情况，及时纠正学生错题，讲解健康知识。学生按组出发，按照之前抽签序号寻找信号源并答题；查找健康知识手册，并自我判题，将答题卡交给老师。 （5）教师记录成绩（包括答题正确率、时间）。学生收拾物品，准备返回。 （6）教师组织学生，返回教室。学生返回教室

（三）活动小结——健康最重要（15 分钟）

1. 设计意图

（1）总结健康知识，强调体育运动、健康的重要性，有健康生活的意识。

（2）让每名学生都有收获，增强学生获得感。

2. 内容

（1）教师进行成绩统计。比赛结果公开。按照"答题正确率与所用时间"排名。1～6组优胜奖，7～20组参与奖。学生上台领奖。

（2）教师总结：对学生们错题多的地方进行强调。学生再次复习健康知识。

活动效果测评

评价方式	评价举措	评价效果
初始性评价	运用一个小型学习任务单，对学生的情况进行基础的摸底	A. 好　B. 良好　C. 一般
过程性评价	（1）学生的参与情况； （2）找到信号源的准确度； （3）答题及自检	A. 好　B. 良好　C. 一般
结果性评价	（1）小组为单位，记录正确答题数及所用时间。 （2）进行小组成绩排序，分别获得优胜奖及参与奖	A. 好　B. 良好　C. 一般
情感态度评价	小组的团结协作情况； 主动与同伴分享健康知识	A. 好　B. 良好　C. 一般

活动反思

本次活动是使学生通过"无线电测向"的活动学习健康知识，使学生认识到健康知识的重要性。设计活动时，将学生掌握运动健康、生活健康知识定位为重点，注重学生的实际获得。针对重点让学生在活动初、活动中进行健康知识答题，并在答题后利用知识手册进行自检。活动后以答题正确率作为名次排列的重要指标。这是一个学习健康知识、强化健康知识的过程。将实际体验定位为难点：每名学生在最短的时间内正确完成三道健康知识答题。针对难点：活动前期进行了一次活动准备，重点让学生学习了无线电测向机的使用。在本次活动中，学生复习了无线电测向机的使用，并以小组为单位，互帮互助地完成活动。

1. 活动亮点

（1）活动理念——体育元素与科普知识、科技手段的融合。在学习健康知识的科普活动中适当地加入"无线电测向"的体育元素，在学生生活、学习体育运动时，增强健康的科学知识，活动中围绕立德树人的根本任务，使健康知识与体育运动相互融合、互相促进，既进一步提高了学生对健康的认识，又培养了拼搏、互助的体育精神。

（2）活动形式——智力与体力的融合。健康小精灵·旋风跑起来——"体育+"科普主题活动，活动形式摒弃了传统的我教你学的模式，采用了一项将科技内涵、智力与体力融为一体的"无线电测向"体育运动项目。通过任务驱动，较好地完成了本次活动的学习目标。

2. 活动检测

设计的活动检测可以较好地检测活动目标的完成情况。

活动前检测：健康知识测验，初步了解学生对健康知识的掌握程度。

活动中检测：学生的参与热情，活动设计的科学性、趣味性。小组间的协作情况，学生反应能力和团结协作能力的培养情况。答题自检，学生自主学习，能够进一步认识到健康知识的重要性。

活动后检测：按照"答题正确率→完成时间"检测趣味接力活动的完成情况，在活动后，学生是否能够主动地与家人分享健康知识，上传小视频。

3. 活动不足

当宣布活动流程有比赛、排名、奖品时，学生情绪高涨。然而实际活动中，学生个人的心理变化、组内的协作情况、对无线电测向机的使用等情况影响着最后的排名。虽然设有优胜奖和参与奖，生生都有奖，但个别组有委屈、不服气的情绪，因为时间的关系，不能一一照顾到。在今后的活动中还要慎重设计排名的环节，努力做到生生都参与、生生都快乐。

——郑羽佳

化作春泥更护花

活动依据

1. 指导思想

全面贯彻党的教育方针，以学生发展为中心，贯彻《北京市中长期教育改革和发展规划纲要（2010—2020年）》中"开展形式多样的科技教育、实践活动"的文件精神，落实《中国学生发展核心素养》中对于学生核心素养文化基础、自主发展的要求和中共中央、国务院印发《关于全面加强新时代大中小学劳动教育的意见》，把劳动教育纳入人才培养全过程，努力培养德智体美劳全面发展的社会主义建设者和接班人。

2. 活动背景

综合实践活动是国家规定的必修课程，与学科课程并列设置，是基础教育课程体系的重要组成部分。课程强调学生综合运用各学科知识，认识、分析和解决现实问题，提升综合素质，着力发展核心素养，特别是社会责任感、创新精神和实践能力，以适应快速变化的社会生活和个人自主发展的需要。科迪探索俱乐部是崇文科技馆专为热爱科学的青少年成立的以实践探索为主要活动形式的学生科技社团。

近年来，随着地区绿化面积的增多，每年修剪树枝量逐年增加，以往修剪的树枝是运到填埋场处理或焚烧，但长年累月，填埋场再无空间，而焚烧处理空气污染大，不安全，同时会造成资源浪费也很可惜。基于此崇文科技馆将结合"三个一"项目"在线科技教育媒体平台"开展一次线下实践活动，使崇文科技馆的项目在线上和线下进行很好的结合。

3. 学情分析

本次活动通过户外实践体验，引导学生探究知识，有利于增强学习兴趣，掌握科学的学习方法，培养创造思维能力，突出学生在活动中的主体地位。

活动设置为亲子活动，共有 15 个家庭，30 人参与。参与活动的孩子都是 4 年级的小学生，这部分学生已经具备一定的理解能力，也有了四则运算的基础，但对于一些专业计算和专业名词不太理解，所以在活动开始之前我们需要进行例如元素、碳氮比等概念的普及，同时学生对电子秤、量筒等工具的使用也比较生疏，因此就需要借助家长们的帮助。

活动目标

1. 知识与技能
（1）学生通过主动探究，亲身体验实践，了解堆肥的原理。
（2）能够正确使用称量工具。

2. 过程与方法
通过合作实践，学生学会使用卷尺、量筒、电子秤等称量工具。

3. 情感态度价值观
（1）提高学生对社会生活的积极态度和参与综合实践活动的兴趣。

（2）培养学生循环利用、可持续发展的思想，让学生对身边的环境问题更加关注。

（3）使学生初步养成合作、分享、积极进取的良好个性品质。

 活动时间与地点

活动时间：2小时。

活动地点：北京市教学植物园。

 活动对象及规模

4年级学生及家长，共30人。

 活动内容与形式

（1）参观教学植物园园林垃圾堆放处（室外）。

（2）探索三箱式堆肥箱（室外）。

（3）堆肥知识学习（室内）。

（4）物料准备和堆肥过程（室外）。

（5）总结和分享（室内）。

 活动重点和难点

活动重点：落叶堆肥的必要性；常用工具的使用。

活动难点：堆肥材料的选取以及所用材料比例的计算。

 活动准备

（1）策划活动内容，制订活动方案、制订活动安全告知书。

（2）考察活动项目、场地、交通路线；双方就活动准备、安保组织深入沟通。

（3）设计活动任务单，引导孩子有目的的学习、体验。

（4）报批活动经费预算，准备活动紧急备用药物，落实活动当天车辆。

（5）制订安全预案，召开工作人员会，落实岗位分工与职责，提前通知学生家长集合时间。

 ———— 活动过程

活动环节	教师活动	学生活动	设计意图
环节一 活动引入—— 参观教学植物园园林垃圾堆放处（室外） （20分钟）	（1）介绍活动流程、活动注意事项。 （2）参观园内废弃物堆放场所。观察、讲解园内落叶处理的方法	明确活动的主题、内容和任务。 了解常见堆肥材料，观察本次活动中用到的堆肥箱，利用老师提供的卷尺对箱体大小进行测量	（1）介绍活动流程，强调活动要求。 （2）了解此次活动要用的材料及设备，思考这种方法与传统概念上的堆肥有何不同。激发思考与探究的欲望。 （3）学习长度测量的方式，学会使用卷尺。针对教学重点中的工具（卷尺）使用进行练习
环节二 室内 小讲座—— 堆肥知识学习 （40分钟）	（1）介绍落叶堆肥的方法； （2）介绍落叶堆肥的材料（干树叶、蔬菜叶、豆饼渣）； （3）介绍落叶堆肥的要素； （4）介绍落叶堆肥的步骤	（1）倾听； （2）记录（三明治夹心堆肥法，五大要素：氧气、温度、湿度、颗粒大小、碳氮比）； （3）查阅资料，找出老师提供几种材料中碳元素和氮元素的含量，分析每种物质所需的量； （4）记录堆肥步骤及注意事项	（1）了解常用落叶堆肥的方法及材料； （2）掌握落叶堆肥的要素； （3）初步了解物质的组成和化学元素；利用数学知识进行分析计算，将科普活动与数学、化学知识进行有效的结合； （4）初步了解物质与元素的区别，从而解决本活动的难点； （5）学习查阅资料，解决学习过程中的问题
环节三 堆肥过程—— 箱式堆肥 （50分钟）	集体出发，收集院子里的落叶，每组收集2千克。 （1）分组：第一组负责干树叶的称量和铺设；第二组负责蔬菜叶和豆饼渣；第三组负责水和土。 （2）观察、指导	（1）领取手套、电子秤和一个编织袋； （2）第一组底层铺入大约5～10厘米厚的干树枝，不可压紧；之后加入称好的干树叶；紧接着第二组将称好的蔬菜叶均匀地撒入堆肥箱，之后撒入少量豆饼渣；第三组再在上面覆盖上一层薄土，之后洒上量好的水；第一个三明治完成，接着继续第二次、第三次的循环（堆高50～150厘米才能让温度升高到50℃以上，杀死寄生虫及虫卵）	（1）落叶收集的过程中，老师介绍几种常见的树叶。 （2）本环节需要进行工具使用的重点突破，教师指导并进行多次练习。 （3）全程专家讲解，底部树枝架空有利于肥料发酵过程中的排水和通气。 （4）锻炼合作意识，鼓励孩子亲自体验，培养孩子的科学思维

续表

活动环节	教师活动	学生活动	设计意图
环节四 总结和分享 （10分钟）	（1）发放学习任务单； （2）讨论落叶堆肥的好处	（1）根据活动体验，填写学习任务单； （2）总结落叶堆肥的好处：减少垃圾、避免因燃烧落叶所产生的空气污染、提供植物天然养分、改善土壤等	回顾堆肥制作的步骤，分享自己组内出现的问题以及解决的办法，每位同学都能了解生活周围的环境问题并参与解决
环节五 活动延伸	同学们自己动手时需要注意和改良哪些地方	根据自己亲身体验，总结并制作厨余垃圾堆肥	引导学生在生活中学习、在实践中学习、在应用中学习，并主动参与活动。养成在生活中探索，在探索中成长，乐学善学，勤于反思的学习习惯

活动效果测评

1. 活动过程中

（1）各环节中观察学生活动积极性和活动效果。

（2）检查学生完成学习单是否认真；测量结果是否准确，观察学生卷尺、量筒、电子秤的使用是否规范。

（3）组别之间评价团队合作情况。

2. 活动后

（1）通过现场采访，了解孩子们的收获和成长。

（2）对学生家长进行电话采访，请他们谈谈孩子通过本次活动回家后的变化和成长。

——李成兰

方案 3-3 "悦·读科学"——网络科普栏目活动方案

活动依据

当前，我国科普事业已迎来向世界先进水平靠近的历史性"拐点"，需要充分激发全社会参与科普的内生动力，积极应用新技术、新手段提供科普服务，以提升科学素质，促进可持续发展。

当前，以数字化、网络化、智能化为标志的信息技术革命深刻影响着人类生产生活方式乃至思维方式。

——摘自 2019.12.19《人民日报》19 版《厚植科普土壤，提升科学素养》

作为校外科普教育的主阵地，我们应当树立平台理念，在内容生产、传播机制、管理体制和运行方式方面不断创新。

活动目标

1. 知识与技能目标

学生通过阅读各类科学类书籍，体会书中对于科学知识以及科学精神的表述，感受科学之美。

2. 过程与方法目标

通过自己对于阅读科学类书籍的感受，以文字的形式撰写读后感，在网络上能够自主交流、学会表达，从而提升学生对于科学的认识以及表达能力。

3. 情感、态度、价值观目标

学生通过本次活动，激发他们对科学文化的热爱之情。引导学生关注科学传播的意义，提高学生的社会责任感。

活动时间与地点

活动时间：2020—2021 学年度，学期中每周三发刊。
活动地点：北京市东城区崇文青少年科技馆微信公众平台。

活动对象及规模

初中以上年级学生。

活动内容与形式

"悦·读科学"是一档有关科学阅读的网络科普栏目。每期栏目同学们会通过自己的声音向广大中小学生介绍自己最爱的科普读物，并分享自己的阅读感受。这个栏目将学生由读者变为了内容的制作方，通过学生自己的语言讲述他们与科普读物的故事，达到"让学生影响学生"的作用。同时我们与《科普时报》进行合作，将我们栏目的优秀作品在《科普时报》上进行发表，让更多人能看到孩子们的分享。再通过出版社的助力将更多更好的图书分享给热爱科学的孩子们。

活动重点和难点

活动重点：学习了解书中的科学知识，感受其中的科学精神内涵。

活动难点：用文字准确表述自己的感受与观点，并能影响其他人。

活动准备

（1）撰写活动策划案。

（2）准备优秀科学图书。

（3）学生准备，阅读科学类书籍，认真撰写读后感。

活动过程

环节	活动内容	设计意图
活动准备阶段	确定好以学生读科学读物撰写读后感作为栏目的主要内容。 联系学校（尤其是各学校语文教学组长）确定阅读书目，以及交稿时间	将科学传播活动与基础教育学科整合起来，更容易在学校内部开展。 同语文老师的合作能保证征文的质量，确保栏目的品质
栏目推送阶段	将学校推荐上来的稿件进行排版，通过读后感＋学生介绍的方式进行栏目推送	个性化的展示方式是现阶段广大青少年喜欢的一种方式，在保证栏目内容的前提下给学生们更多的个性化展示空间
作品发表阶段	将栏目内优秀的，关注度高的学生作品，推荐至《科普时报》进行正式出版	为栏目内容提供更加广阔的展示空间，一是能满足学生个人的需求，二是能满足学校对于自身宣传的需求
反馈阶段	一些出版社为学生提供免费的科学类图书，让学生阅读后写感受，作为图书发行的一个读者反馈	当活动运行良好，产生足够的社会效益时，会有许多机构自发地与活动进行整合，一方面可以提供相应的资源，另一方面也会产生更多的社会接口，使活动本身发展壮大

活动效果测评

1. 活动效果评价

活动的策划以及运营产生了良好的社会效益,吸引了社会企业的关注,并投入部分资源支持项目的持续发展。

2. 学生获得

锻炼了自己的文字表达能力,以及有了在公众平台上与他人分享自己心得的体验。

——杨韬

方案 3-4 国际护士节:护理世界健康——"察今知古"纪念日系列科普主题活动

活动依据

1. 社会背景与指导思想

中华人民共和国科学技术部、中央宣传部于 2017 年 5 月印发的《"十三五"国家科普与创新文化建设规划》中强调:提高青少年科学素质,结合普及义务教育,以增强创新意识、学习能力和实践能力为主,完善基础教育阶段的科学教育;以培养劳动技能为主,系统提高学生科学意识、创新精神和实践能力;建立起经常性与应急性相结合的科普工作机制,做好重点领域常态化科普工作,加强社会热点和突发事件的应急科普工作。

本系列活动以"察今知古"为主题,在各类纪念日中,通过开展经常性、社会性、群众性科普活动,及时通过科普讲座、科普班会、科学实验演示、观摩等方式向学生宣传前沿科技知识,打造精品系列科普主题活动,努力提升青少年科学素质。

2. 理论依据

本活动以建构主义理论为依据,强调学习总是与一定的社会文化背景即"情境"相联系的,在实际情境下进行学习,从而赋予新知识以某种意义。

第三章 素质教育

3. 学情分析

（1）光明小学 5 年级学生 20 名。

（2）从起点水平看，5 年级的学生对"纪念日"的历史有浅层的了解，但缺少对这些纪念日背后所蕴含的科学内涵的探究。从认知结构看，学生具备一定的讨论分组、记录数据、初步归纳分析能力。从学习态度看，学生好奇心强盛，对历史有浓厚的兴趣，有广泛的学习兴趣。从学习动机看，小学高年级的学生喜欢具有一定难度的挑战性任务。从学习风格看，学生喜欢小组合作式的探究学习。特别是这种多学科整合式的教学活动，让学生具有很高的学习热情。

4. 设计理念

本次活动通过"职业体验"的形式，让学生进一步知道护士的工作内容，了解抗疫期间护士的光荣贡献，增强社会责任感、爱国主义情怀。

活动目标

依据《"十三五"国家科普与创新文化建设规划》中的"加强社会热点"，结合相关纪念日，以让学生在真实的环境中去发现问题、探究问题、分析问题为科普目的，制订本次活动的目标。

1. 知识与技能

知道国际护士节的由来。

2. 方法与能力

（1）经历扮演、答题的过程，初步了解一些护士的工作内容。

（2）经历小组探究过程，加强反应能力和团结协作能力。

3. 情感态度价值观

学生能够养成科学探究的意识和习惯，增强社会责任感、爱国主义情怀。

活动时间与地点

活动时间：2 小时。

活动地点：光明小学。

活动对象及规模

光明小学 5 年级学生 20 人。

活动内容与形式

活动内容：学生体验护士职业工作内容。
活动形式：情景体验式。

活动重点和难点

活动重点：每个学生掌握一项护士基本工作内容。
活动难点：学生用心体会护士的"爱心、耐心、细心、责任心"，增强社会责任感、爱国主义情怀。

活动准备

（1）教师进行学情分析，设计活动内容，撰写活动方案、安全预案。

（2）教师联系相关人员。

联系学校：沟通活动形式（线上形式／线下形式）。

联系专业人士：护士示范内容（线上形式／线下形式）。

（3）活动前准备：提前利用班会、公众号的形式，让学生聚焦护士的工作内容。

（4）教师准备知识小问卷、记分册、视频、护士工具使用手册、分组贴纸、抽签纸、护士工作用具（针筒、棉球、病历卡、生理盐水、压舌板、体温计、白大褂、护士帽等）、护士工作用具使用手册。

（5）线下形式开展活动：教师进行场地布置（桌椅的摆放、小问卷的发放、角色的衣服工具准备等）。

（6）线上形式开展活动：腾讯会议 APP、录像支架、电子版知识问卷、护士工具使用手册、评价表等。

活动过程

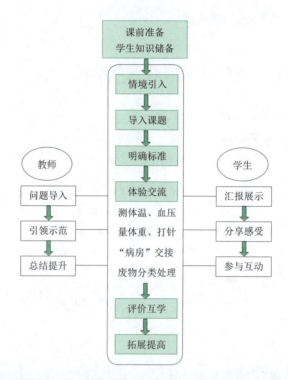

活动环节	教师活动	学生活动	设计意图
情境引入（15分钟）	（1）教师使用PPT（视频）导入活动。 （2）发放抗疫情知识测试题并播放国际护士节小视频	（1）学生互动。 （2）观看国际护士节小视频，根据已知知识和视频内容答题	通过介绍新型冠状病毒肺炎的情况与抗疫知识，使学生对护士这个职业产生好奇心。检测学生已知的抗疫情知识水平
导入活动（15分钟）	（1）教师使用PPT讲授国际护士节的由来（南丁格尔的故事）。 （2）老师提问互动。 （3）测试题的答案梳理。 （4）对护士的基本工作进行介绍	学生与教师互动，回答问题。 思考如果角色扮演，希望自己扮演什么角色，要使用什么工具	巩固视频中的国际护士节的知识，为活动做技术层面的准备

续表

活动环节	教师活动	学生活动	设计意图
规则要求（10分钟）	（1）教师讲解本次职业体验（四项工作）活动的总流程。 宣布活动规则→组队→分组抽签→发放角色扮演道具→职业体验→知识总结，评价颁奖。 （2）教师强调活动的安全注意事项	学生了解规则要求。 明白体验活动流程。 分组后自行讨论10分钟，梳理领到的工作流程，学习护士工具使用手册内容。 之后请专业护士进行答疑更正。 明确正确工作流程后分组演练	团队协作，自主思考。 增强安全意识。 切身体会护士工作的内容，增强社会责任感、爱国主义情怀
活动体验（60分钟）	（1）辅助学生组队。 （2）在小组排练演习时给予辅导。 （3）确定表演顺序。 （4）评价（教师评价，学生组间、组内互评，专家点评）	（1）分四大组，针对4项护士工作内容（测体温、血压，量体重、打针，"病房"交接，废物分类处理）进行梳理排练，学生自由组队。领取本队贴纸。 （2）每人领取职业体验道具。 （3）排练护士工作的一天，体验。 （4）学生按组排练，使用工作道具。 （5）表演、评价。 （6）整理收拾物品	（1）通过职业体验的形式，学生学习、探索护士职业工作内容。 （2）激励学生继承和发扬护理事业的光荣传统，以"爱心、耐心、细心、责任心"对待每一位"病人"、做好护理工作。 （3）养成活动后主动收拾物品的好习惯（德育）
活动小结（20分钟）	（1）评价统计： 最佳表演奖1组，体验奖3组。 （2）教师总结： 强调每一个医护人员的不容易；教育学生要对每一个岗位的人报以尊重的心；最后强调要注重锻炼身体。 （3）集体庄严宣誓： 念护士授帽仪式宣誓词	（1）学生领奖。 （2）复习抗疫情知识。 （3）请优秀表演者，带领全班同学宣誓："我宣誓：以救死扶伤、防病治病，实行社会主义的人道主义，全心全意为人民服务为宗旨，履行护士的天职；我宣誓：以自己的真心、爱心、责任心对待我所护理的每一位病人；我宣誓：我将牢记今天的决心和誓言，接过前辈手中的蜡烛，把毕生精力奉献给护理事业"	（1）总结抗疫知识，强调疫情防护的重要性。 （2）让每名学生都有收获，增强学生获得感。 （3）在同学们心中播下正确认识各种职业的种子

活动效果测评

评价方式	评价举措	评价效果
初始性评价	用观察记录表,对学生的活动课堂导入提问的情况进行基础的摸底	A. 好　B. 良好　C. 一般
过程性评价	学生的参与情况 角色扮演的程度 小组的配合度	A. 好　B. 良好　C. 一般
综合活动评价	以小组为单位,记录正确答题数及所用时间; 进行小组成绩排序,分别获得最佳表演奖及体验奖	A. 好　B. 良好　C. 一般
总结性评价	通过小组自评,组间互评,评估学生们的学习成果	A. 好　B. 良好　C. 一般

评价表

体验项目分组	评价标准(满分10分)	第一组	第二组	第三组	第四组
测体温、血压	声音洪亮(1分) 面带微笑(2分) 态度谦和有礼(3分) 流程专业正确(4分)				
量体重、打针					
"病房"交接					
废物分类处理					

——钟米珈

方案 3-5　数码摄影基础——摄影中的模糊

活动依据

以习近平总书记在全国教育大会上的讲话精神为指导,坚持把立德树人作为根本任务,以完善人格、培育人才为目标,通过活动提高学生综合素质,促进学生全面发展。以《国家基础教育课程改革纲要》的精神为指针,引导学生自主选择、自主探索、自主学习。

学情分析：本次活动属于媒介素养初级小组摄影基础单元的第二部分，上一次活动中，学生学习了相机基本原理，了解了相机的简单使用方法，可以独立完成作品拍摄。本组学生年龄在 8～11 岁，摄影理论基础较为薄弱，设备应用能力有待提高。本次活动旨在通过目的性较强的针对性实践，帮助学生理解较为枯燥的相关理论知识，同时提高学生的相机操控能力。

活动目标

（1）了解抖动模糊的成因、避免抖动模糊的方法；
（2）掌握调节快门、感光度的方法，能够根据拍摄条件选择适当的方法避免抖动模糊；
（3）在实践中体会摄影技法，主动探索相机挡位奥秘。

活动时间与地点

活动时间：120 分钟。
活动地点：崇文科技馆。

活动对象及规模

媒介素养初级小组学员。

活动内容与形式

（1）通过对比观察了解抖动模糊；
（2）说明抖动模糊的成因，讲解调节快门、感光度的方法；
（3）通过实践掌握避免抖动模糊的几种方法。

活动重点和难点

活动重点：调节快门、感光度的方法；
活动难点：根据拍摄条件选择适当的方法避免抖动模糊。

活动准备

（1）防疫用品：洗手液、消毒巾、纸巾、备用口罩，活动室前一天全面消杀，当天通风、清水擦拭。

（2）器材：相机、电池、数据线、三脚架（独脚架）、电脑、投影机、被摄体。

（3）课件：幻灯片、学习任务单、笔、有针对性的学生摄影作品。

活动过程

学生在活动室门口排队进行手部消毒，检查口罩，领取消毒湿巾、纸巾。

活动环节	教师活动	学生活动	活动设计意图
一、回顾	围绕相机的基本操作进行提问，回顾上次活动中的重难点	（1）调整、熟悉相机； （2）回答问题	强化学生记忆，引导学生进入学习状态
二、引入	投影展示上次活动的学生作品，询问抖动模糊作品拍摄条件	向大家介绍拍摄意图、拍摄条件及作品自评	优秀作品和抖动模糊作品各占一定比重，引导学生思考，为后续知识讲解做铺垫
三、知识内容讲授	（一）成因 展示几个典型抖动模糊作品，引导学生进行分析	观察共同特征：画面整体呈重影状模糊，景物不易辨认，照片无观感，失去拍摄价值； 分析成因：相机在曝光的同时，出现了位置或角度上的移动	通过抖动模糊照片与清晰照片的对比，带领学生直观地发现问题，并进行分析
	（二）决定因素 带领学生回忆拍摄条件，分析可能造成抖动的决定因素	讨论分析得出结论：抖动模糊的出现通常是由于环境光较弱，快门打开时间长造成的	
	（三）解决方法 （1）增加相机稳定性 设定三个拍摄情景：正前方直立人像；低角度局部特写；高于头顶的水平拍摄（根据活动进度选讲三脚架、独脚架的使用方法）。	每个学生轮流展示拍摄方法，讨论谁的姿势更有利于相机的稳定。 分别得出结论：夹紧手臂比伸展手臂好、单膝跪地比深蹲好、踩物登高比举过头顶好，适当倚靠固定物体、屏住呼吸都会有很大帮助。	摄影没有标准姿势，但保持稳定是重中之重。带领学生通过实践，探索各种问题的解决方法。

续表

活动环节	教师活动	学生活动	活动设计意图
三、知识内容讲授	（2）提高快门速度 　　将相机挡位调整到快门优先挡，讲解调节快门速度的方法。 　　如果快门速度过快，照片会越来越暗（给学生讲解曝光效果由快门和光圈共同决定）。	分别使用 1/250 秒、1/125 秒、1/60 秒、1/30 秒、1/15 秒，拍摄同一景物，观察拍摄效果，找到适合自己手持拍摄的速度区间。 　　保证曝光充足，提高快门速度，就要相应增大光圈，如果光圈已经开到最大，再提高快门速度就会牺牲曝光，虽然可以避免相机抖动，但照片会因为曝光不足而偏暗。	活动重点环节，帮助学生深入理解调节快门的作用，加强对曝光时间的调节、控制能力。
	（3）增加感光度 　　介绍感光度的概念、作用，讲解调节感光度的方法。高感光度意味着只需要较弱的光线就能生成影像，或者在同样亮度的光线条件下，可以使用更小的光圈或更高的快门速度。 　　说明高 ISO 照片会出现噪点，导致影像质量下降	感光度也称为片速，现在统一使用 ISO 标准。对照自己的相机，在设置菜单中找到 ISO 选项。固定快门、光圈，分别使用 ISO 200、ISO 400、ISO 800、ISO 1600 拍摄同一景物，对比观看拍摄效果。 了解拍摄条件允许时尽量使用低感光度，光线不足时就要在噪点和拍摄成功率之间进行自主选择了	活动重点环节，帮助学生理解感光度的作用，掌握调节感光度的方法。在实践拍摄中能够根据光线条件灵活调节感光度
四、综合实践	发放任务单，每人两张，说明填写方法； 　　布置任务：围绕本次活动的知识点进行实践。 　　教师巡视：调动所有学生积极参与，注意学生的拍照姿势是否恰当，能否掌握快门速度、感光度的调节方法	以小组为单位，轮流分工（模特、拍照、记录），在科技馆院内选择 3～4 个不同明亮程度的位置，尽量兼顾人物、建筑、静物日光、灯光，分别进行不同快门速度、不同感光度的对比拍摄，并记录下对应相机在每个位置的最佳拍摄参数。提高对相机的熟悉程度和控制能力	活动重点及难点环节，锻炼学生根据拍摄条件调节拍摄参数的能力，教师逐组观察，检查学生对重点知识的理解程度，发现问题个别指导
五、总结	（1）组织学生回到教室，进行组间交流； 　　（2）对实践中出现的问题进行总结，强调重难点知识，重申抖动模糊的成因、避免抖动模糊的几种方法	分组展示成功作品，介绍拍摄条件及所使用的拍摄参数，分享实践中遇到的问题及收获	强化知识点，加深学生印象。鼓励学生在活动后多进行自主实践

续表

活动环节	教师活动	学生活动	活动设计意图
六、活动后整理	（1）清点、整理设备； （2）组织学生打扫环境卫生； （3）组织放学	（1）按组整理提交学习单、归还设备，分区放好； （2）关闭电脑，收拾桌面、地面，桌椅归位； （3）带好个人物品在活动室门口排队，等待放学	培养学生良好的学习习惯，用完的学具放回原位；提高学生的劳动意识和主人翁意识

  活动效果测评

（1）随堂提问。每个讲解环节（增加相机稳定性、调整快门速度、调整感光度）过后，结合实例围绕知识点进行针对性提问，检测学生对当前理论的理解程度。

（2）实践过程。综合实践环节中，通过巡视、查看学习任务单，了解学生对相机快门、感光度调节的掌握情况，强化学生根据拍摄条件选择适当方法避免抖动模糊的能力。

（3）学生作品反馈。通过学生作品完成质量，检测学生本次活动的学习效果。

——李谦

方案 3-6　玩转注意力——与曼陀罗绘画的美好相遇

  活动依据

以践行社会主义核心价值观为导向，围绕立德树人的根本任务，坚持活动育人、实践育人、兴趣育人。

作为市级优质项目的北京市"三个一"项目——科乐聚思注意力训练，将分为三大部分：注意力训练、艺术治疗、亲子教育。本课程为艺术疗愈中的一次活动，鼓励学生用非语言方式自由表达，宣泄负面情绪，释放积压能量；让学生通过绘画、游戏、交流分享，学会合理地表达自己的情绪。

活动目标

1. 知识与技能

(1) 认识曼陀罗绘画，激发活动兴趣。

(2) 了解曼陀罗绘画与提升注意力之间的关系。

(3) 学会曼陀罗绘画。

2. 过程与方法

(1) 通过图片欣赏认识曼陀罗绘画。

(2) 讨论、分享中探究曼陀罗绘画方法。

3. 情感态度价值观

学生在活动中体会参与游戏的乐趣。

 ## 活动时间与地点

活动时间：120 分钟。

活动地点：崇文科技馆 DI 活动室。

 ## 活动对象及规模

DI 兴趣小组学生 12 人。

 ## 活动重点和难点

活动重点：进行曼陀罗绘画学习。

活动难点：感受绘画中注意力集中程度获得提升的愉悦感。

 ## 活动准备

1. 学生准备

放松，以愉悦的心情参与活动。

2. 教师准备

(1) 曼陀罗绘画图片、活动任务单等。

（2）准备与训练相关的用具。

3. 相关知识

曼陀罗绘图规律：

（1）图形从中心向外发射。

（2）图形呈现轴对称。

（3）图形有多种样式，可以是几何形，可以是花朵形，可以是自己创作的图形，总之喜欢就好。

（4）图案可以是彩色的也可以是黑白的。

4. 曼陀罗绘画步骤

（1）将画纸裁成圆形。用圆规画出若干个宽窄不同的圆。

（2）这张曼陀罗的图案以单花瓣为主图案，所以用射线将圆分成若干部分。

（3）以圆心为中心点，在各个直线中画出流动的图形，组合在一起像朵绽开的菊花，花瓣的背景可以涂成黑色。

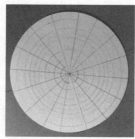
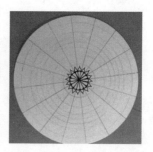

（4）第二圈画小一点的花瓣，这一圈的花瓣略小略尖，同时用光环的禅绕画法再画上一层后将背景涂黑。这样，中心的图样向外伸展的立体感就凸显出来了。

（5）外围继续花瓣的画法，逐层加大花瓣的边缘，依然用光环的画法向外圈延伸。可以在外圈加入水滴型花瓣进行点缀。

（6）至此画完四层花瓣的画面已经接近画纸的边缘。希望画面更有整体性，有疏密的设计感。于是，依然需用水滴形状进行有序排列，围成一个大大的圆，将里面的画面团团包住。

活动过程

活动过程	教师活动	学生活动	设计意图
组织教学（约5分钟）	（1）检查学生考勤、精神面貌。 （2）检查学生课前准备用品。 （3）安全提醒	坐好，静候上课	督促学生做好课前准备。 安全教育
导入（约5分钟）	出示花的图片，提问： （1）什么花？ （2）有哪些特点？ 引出曼陀罗绘画的主题	看图，回答问题	以曼陀罗图片导入，激发学生的兴趣，找出花的特点
授课 讲一讲（约25分钟）	内容一：认识了解曼陀罗绘画 （1）何谓曼陀罗绘画。 （2）了解曼陀罗绘画的起源。 内容二：为什么学习曼陀罗绘画。 （1）加强注意力功能。 （2）疗愈功能	认识了解曼陀罗绘画及学习的意义。 思考：你认为学习曼陀罗绘画会对注意力产生怎样的影响	展示图片，使学生更直观地了解曼陀罗绘画。 通过引导学生主动思考，激发学生兴趣，明确学习曼陀罗绘画的意义
授课 学一学（约25分钟）	内容三：曼陀罗绘画的方法 （1）观察图片发现规律。提问： ① 你发现曼陀罗绘画具有怎样的特点？ ② 画曼陀罗时具有怎样的规律？ （2）学习绘画步骤及方法	认真听讲，观看图片，回答问题，总结规律。 依据老师的示范进行学习，理解每个步骤的要领。 运用线条、形状、重复、对称、涂色的方法进行绘画。 请学生拓展"光环""花瓣"的表达方法。 思考： 你认为疏密的表达有哪些需要注意的地方	（1）培养学生学会学习，获取有效信息的能力；引导学生观察思考的能力。 （2）通过学习绘画步骤及方法，培养学生乐学善学的基本素养，提高理解、分析、思考的能力。 （3）重复、对称的设计是学生易表达的形式。 （4）培养启发学生的想象能力。 （5）帮助学生养成勤于思考、举一反三的习惯
授课 练一练（约50分钟）	内容四：曼陀罗绘画的练习 （1）感受曼陀罗。 闭上眼睛，想象你要绘制怎样的曼陀罗。请在心里默默地回答老师：你觉得它像什么？它给你带来了怎样的感觉或心情？	按照老师提示进行绘画练习。	实际创作中，并不要求学生必须使用圆规等工具，依学生自身的特点而定。

活动过程		教师活动	学生活动	设计意图
授课	练一练（约50分钟）	（2）开始绘画。 现在，请同学们睁开眼睛。拿出画笔，把它们全都铺在桌子上。挑选你觉得舒服的颜色为你的曼陀罗涂色。涂色的时候，不用考虑美感，只跟随自己的心来涂。随着绘画的深入，你的脑海中可能会浮现出一些感觉、一些记忆的片段抑或是一些故事，这时，你只需关注一下就好。 （3）完成阶段。 ① 观想曼陀罗。 请你尝试着从不同角度来欣赏自己的作品，把刚才绘画曼陀罗时的感受、联想或涌入脑海的记忆或故事写在纸的反面。 ② 命名曼陀罗。 请为你的曼陀罗起一个名字，写在纸的右下角，并写上今天的日期。 ③ 分享曼陀罗。 如果愿意的话，同学们可以和他人交流分享一下你画曼陀罗时的感受或故事。 引导学生展示作品并对作品进行评价	带着愉悦的心情，体悟美。 根据创作感受命名，分享故事。 学生互相观摩，互相学习	※ 此处是本课的难点表现： （1）通过冥想感受、体会愉悦。 （2）通过动手实践表现美。 （3）通过命名培养学生归纳、总结及表达能力。 （4）通过交流，培养学生倾听的习惯，分享心情故事
总结（约5分钟）		曼陀罗绘画疗法的自愈功能需要长期坚持绘画，它不是一个特效药，一次两次是不会有治疗效果的，需要我们坚持绘画，坚持感受	回顾训练内容，说说自己的收获	培养学生总结概括能力，锻炼学生语言表达能力
材料整理（约5分钟）		组织学生有序地整理桌面、地面、摆放椅子	按要求完成	养成良好活动习惯

活动效果测评

本活动从过程性检测和终结性检测两个维度检测活动效果。结合学生自评、学生互评、老师评价，综合进行考量。

（1）过程性检测。观察学生在活动中的参与度以及讨论的热烈程度。
（2）终结性检测。学生通过展示观摩，分享自己的作品故事。

——朱庆真

方案 3-7　听觉分辨训练——侧耳倾听

活动依据

1. 社会背景

《中国学生发展核心素养》提出了"学会学习、健康生活"的核心素养。学生只有身心健康发展才能更好学习、拥有健康的生活。

注意是心理活动对一定对象的指向和集中。注意力的集中程度是学习的重要前提，同时注意力还在间接影响学生的心理状态。因此，提高注意力的集中程度对于顺利完成学习任务、促进智力发展、健全人格具有重要的意义。

2. 教育理念

"听觉注意力训练——侧耳倾听"是融合课程（初级）的第五次活动内容，处于听觉注意力训练的起始阶段。本次活动主要从听觉分辨能力着手对学生进行训练。训练中充分挖掘音乐、语言中适合进行听觉分辨练习的内容，按照学科间存在的交叉性、渗透性进行听觉分辨能力训练，提升学生听觉注意力。

本次活动在学科融合的基础上设计具有趣味性、互动性的听觉分辨训练游戏。训练游戏将教与玩相结合，突出学生在活动中的主体地位。同时活动中引导学生舒缓情绪释放压力，既训练学生能力又提升学生心理素质。

3. 学生情况分析

注意力训练小组共有学生12人。其中1年级4人，2年级8人。学生在此之前参与过了一个单元的视觉注意力训练，了解了注意力训练的基本环节，掌握了一定的训练方法，对注意力训练有好奇心，有兴趣参与活动。本次活动前学生参与测评，针对每个学生情况进行精细化分析。

活动目标

1. 知识与技能

（1）明理——学生感受听与学习、生活之间的联系。

（2）导行——掌握倾听的方法。

（3）实践——完成针对听觉辨别能力进行训练的相关游戏。

2. 过程与方法

（1）分组讨论、情景模拟中让学生感受听与学习、生活之间的联系。

（2）以游戏活动为载体，学生在体验、互动中掌握听的技巧，提升听觉辨别能力。

（3）在小组合作中增强学生团队合作的能力。

3. 情感态度价值观

（1）学生在活动中体会到集中注意力带来的愉悦感。

（2）学生能够积极参与训练活动，关注自己的听觉注意力，产生参与活动的兴趣与热情。

 ## 活动时间与地点

活动时间：90 分钟。

活动地点：崇文科技馆。

 ## 活动对象及规模

注意力训练小组共有学生 12 人。其中 1 年级 4 人，2 年级 8 人。

 ## 活动重点和难点

活动重点：学生自主探究倾听的方法，进行听觉分辨能力训练。

活动难点：学生自主探究倾听的方法。

活动准备

1. 学生准备

填写听觉注意能力测查问卷。

2. 教师准备

(1) 统计学生测查问卷,分析学生听觉注意能力现状。

(2) 制作活动PPT、微视频、活动任务单、评价表等。

(3) 准备与注意力训练游戏相关的道具、用具。

活动过程

活动环节	教师活动	学生活动	设计意图
一、头脑风暴激趣热身	(一)头脑风暴激趣 耳朵能帮我们做什么? (二)导入活动主题 今天这次活动我们一起来感受"听",掌握听的方法,训练大家听的能力。会听让你注意力更集中。	根据问题进行回答:听、挂眼镜、戴口罩、戴耳环等	结合生活实际激发学生参与兴趣
二、语言融合训练探究方法(此环节突破难点)	(一)说文解字探究听的第一种方法 (1)出示汉字"聽"。 (2)引导学生结合字义进行理解。 (3)蕴含着智慧的汉字。"听"告诉我们怎样去听他人讲话 (4)探究方法:从汉字中你找到听的方法了吗	(1)认真观看繁体字,思考每一部分的含义。 (2)耳:用耳朵去听; 王:说者为王; 十:头要正,态度要端正; 四:代表眼睛; 一、心:一心一意。 (3)小组讨论:听话时要一心一意,眼睛要看着对方,不乱动。 (4)小组互动:从字义探究听的第一种方法。 听要专心:头正、身直、眼睛看	说文解字直观明了,帮助学生探究方法,符合学生认知规律。 育人点:品汉字智慧,渗透中华传统文化,浸润心灵
	(二)辨声游戏探究听的第二种方法 (1)语言游戏——"雨滴与花朵"教师朗读短文,学生做出相应动作。	(1)一起完成游戏。 听到"雨滴"时,男同学起立。 听到"花朵"时,女同学起立。 站立的同学要等另一组同学起立后方可坐下来。	游戏互动可以激发学生参与的兴趣,打破防御心理。

续表

活动环节	教师活动	学生活动	设计意图
二、语言融合训练探究方法（此环节突破难点）	（2）请游戏中没有出错的学生分享成功经验。 （3）在游戏中是怎样的原因让你出现了错误？ （4）通过同学的分享，你找到听的方法了吗	（2）成功经验分享（听清老师朗读再站起来）。 （3）失败经验分享（太着急，没听清）。 （4）小组互动：成功、失败经验探究听的第二种方法。 听要耐心：听完整，不打断	育人点：引导学生学会分享成功与失败的经验，都是收获
	（三）身临其境探究听的第三种方法 （1）分组，选择角色。 （2）第一轮游戏。 ① 角色扮演； ② 双方互换角色； ③ 两人讨论与分享； ④ 讨论：如果有机会再来一次游戏你们想要怎么做？ （3）第二轮游戏。	两人一组，一人扮演说话的人，一个扮演听众。 开始第一轮游戏 （1）由说话人对听众介绍自己的兴趣爱好。 （2）互换角色继续情境表演。 （3）分享： 面对着不认真倾听的人时自己的心情； 面对着认真倾听的人时自己的心情。 （4）结合第一轮表演进行完善。 开始第二轮游戏 两名同学再次分享、讨论。 作为讲话的人对倾听者是否满意？ 作为听众对自己的倾听行为是否满意？ 小组互动：探究听的第三种方法。 听要会心：有礼貌。	对于学生来说，再生动的讲授都无法替代个人的亲身感悟和直接体验，哪怕只是一点小小的启发，也能留下深刻的记忆。可见在"情境"中体验是注意力训练最核心的因素之一。 育人点： 情景带入引导学生学会沟通，学习站在对方角度思考问题，产生共情
	（四）回顾倾听方法 回顾三种倾听方法，完成过程性评价，填写任务单	回顾听的三种方法。 （1）听要专心：头正、身直。 （2）听要耐心：听完整，不打断。 （3）听要会心：有礼貌	
三、音乐融合训练提升能力（此环节落实重点）	音乐律动游戏"碰碰杯" （1）教师示范（配乐是古诗新唱《春晓》）。	（1）观察教师动作，运用所掌握的听的方法认真倾听敲击节奏。 （2）自主探究。 ① 小组合作探究：手的敲击规律。 左手拍，右手拿杯放。 左手拍，右手拍，左手拿杯放。 小组代表汇报本组发现的规律。	

续表

活动环节	教师活动	学生活动	设计意图
三、音乐融合训练提升能力（此环节落实重点）	（2）鼓励学生进行自主探究。 X X X X | X — — —‖ 左 拿 放 左 右 拿 放 ① 发现敲击规律，填写节奏谱（过程性评价）。 ② 加入杯子进行练习。 （3）快乐律动碰碰杯表演。 表演建议： ① 选择小组喜欢的方式进行表演，体现创意。 ② 小组成员全部参与表演。 ③ 节奏清晰准确。 （4）小组汇报表演。 ① 分享观看感受。 ② 评选最具创意、最佳合作小组。 ③ 获奖小组分享感受。 （5）集体围成一个大圈，配合音乐节拍传递杯子	分享经验： 组长带领组员在任务单上填写节奏规律。 汇报小组的填写方案。 完善填写。 ② 参考节奏谱，拿起杯子练习节奏。 （3）分组练习，准备汇报表演。设计创意，节奏练习。 选择表演方式（坐式、立式、传递式、互换式…）。 加入自己创编的动作。 （4）进行汇报表演。 ① 观众分享感受。表演者分享自己的表演感受。 ② 说明自己评选原因。 ③ 小组成员一起分享 （5）集体互动，释放情绪，放松身心。感受成功的喜悦	音乐律动活动有助于调动学生的运动觉和大脑的颞叶部分，强化训练学生的听动统合能力和注意力的广度。前几周的活动学生已掌握了节奏谱的填写方法，本次律动节奏比较简单，学生通过自主探究完全可以掌握律动规律，顺畅完成训练
四、同质小组互动自主训练	（1）针对学情精细化分析结果，将学生按照能力提升的需要分成红（听觉习惯提升）、黄（辨音能力提升）、蓝（听动协调能力提升）三个同质训练小组。 （2）为每个学生设计个性化训练方案，切实关注学生的实际获得。 （3）教师进行巡视，及时给予指导。 （4）自主训练结束后召集学生分享训练感受。 （5）向小伙伴赠送感谢卡	（1）打破现有分组，按照任务单的颜色找到自己新的小组。 （2）开始同伴助式自主训练。 ① 小组成员共同了解训练内容、方法。不明白的寻求教师帮助。 ② 选出组长（每完成一项训练重选一位组长）。 ③ 明确小组训练时间，讨论项内容时间分配。 ④ 讨论每项训练的完成方法。 ⑤ 在组长的带领下进行训练。 ⑥ 训练结束后拿着任务单请老师盖通过奖章。 （3）分享感受。 ① 我在训练中的收获。 ② 我遇到的问题。 ③ 我要特别感谢的小组里的伙伴是谁，因为…… （4）向给自己帮助最大的小朋友赠送感谢卡	具有相同能力的孩子组成同质小组更有利于训练的落实，针对学生需要强化训练，训练更高效。 育人点： 引导学生体会帮助他人就是提升自己，助人的同时自己更幸福

续表

活动环节	教师活动	学生活动	设计意图
五、总结拓展延伸	教师为每个学生颁发努力训练奖状，感谢孩子们积极互助，鼓励学生进行自我挑战。希望学生们坚持训练，成为更加专注的自己	集体合影，记录下难忘的活动。大声朗读倾听好方法，结束活动	具有仪式感的活动更具吸引力

活动效果测评

1. 过程性检测

（1）每次游戏结束后及时填写活动报告单，观察学生在小组合作中是否可以畅所欲言。

（2）观察学生在活动中是否能够充分与同学分享感受，准确表达情绪。

（3）观察参与游戏时出错较多学生的活动状态。

2. 终结性检测

（1）同一类型游戏进行前后对比，观察学生是否取得了进步。

（2）完成报告单的填写。

（3）评测在活动中学生是否感受到了倾听的重要，掌握了倾听的方法。

——汪小丽

参考文献

[1] 拉尔夫·泰勒. 课程教学的基本原理 [M]. 施良方, 译. 北京: 人民教育出版社, 1994.

[2] 叶丽丽. 如何在教学中进行学生核心素养的培养 [J]. 中学课程辅导（教学研究）, 2017, 11（8）.

[3] 张民生. "立德树人"新行动: 核心素养教育 [J]. 教育参考, 2016（4）: 5-8.

[4] 温·哈伦. 科学教育的原则和大概念 [M]. 韦钰, 译. 北京: 科学普及出版社, 2011.

[5] Wiggins G, McTighe J. 重理解的课程设计（第 3 版）[M]. 赖丽珍, 译. 台北: 心理出版社, 2011.

[6] 李刚, 吕立杰. 大概念课程设计: 指向学科核心素养落实的课程架构 [J]. 教育发展研究, 2018（Z2）.

[7] 林崇德. 21 世纪学生发展核心素养研究 [M]. 北京: 北京师范大学出版社, 2016.

[8] 杨现民, 李冀红. 创客教育的价值潜能及其争议 [J]. 现代远程教育研究, 2015（2）: 23-34.

[9] 安德森. 创客: 新工业革命 [M]. 萧潇, 译. 北京: 中信出版社, 2015.

[10] 何克抗. 创立中国特色创客教育体系 [J]. 教育研究与评论（中学教育教学）, 2017（09）: 95.

[11] 中国青少年研究中心. 中国未成年人数据手册. 北京: 科学出版社, 2008

[12] 黄济, 王策三. 现代教育论（第二版）. 北京: 人民教育出版社, 2006.

[13] 中国儿童中心. 校外教育学 [M]. 北京: 学苑出版社, 2002.

[14] 茅于轼. 择优分配原理 [M]. 北京: 商务印书馆, 1998.

[15] 张振助. 高等教育大发展的国际经验及启示 [J]. 外国教育研究, 2003（4）: 35-39.

[16] 钟柏昌. 中小学机器人教育的核心理论研究: 机器人教学模式的新分类 [J]. 电化教育研究, 2016,37(12): 87-92.

[17] 核心素养研究课题组. 中国学生发展的核心素养 [J]. 中国教育学刊, 2016, 10: 1-3.

[18] 窦秀芹. 开展小学生科技创新实践活动初探 [J]. 天津科技, 2014, 5: 84.

[19] 李锐, 万江, 左刚. 对体育特长生文化课学习现状的思考 [J]. 语文建设, 2015, 8: 28.

[20] 史弘文. 物联网普及教育走进中小学的策略和实践 [J]. 中国信息技术教育, 2013（10）.

[21] 陈海, 贺辉. 物联网体系建设中的 arduino 应用教学研究 [J]. 高教学刊, 2017（5）.

[22] 朱敬一. 教育部部长陈宝生: 扎实推进新时代学校美育工作 [N]. 中国青年报, 2018-4-23.

[23] 李润发. 推动新时代学校美育工作再上新台阶 全国学校美育工作会议在苏州举行 [N]. 教育部网站, 2019-4-22.

[24] 高洪. 弘扬中华美育精神 [N]. 人民日报，2019-8-25.
[25] 王兴田. 由美育的特征、规律谈学校美育的实施 [J]. 中国石油大学胜利学院学报，2004，18（001）：28-29.
[26] 贾晓宏. 北京启动中医药文化资源调查涉及人物、生活方式等十大类 [N]. 北京晚报，2019-11-14.
[27] 杨晓娟，艾金枝. 我国核心素养研究热点与趋势——基于CNKI2015—2018年1653篇文献的共词分析 [J]. 当代教育科学，2019（05）：19-24.
[28] 吴翠萍. 浅析情景教学法在小学数学教学中的应用 [J]. 学周刊，2019（17）：75.
[29] 范红花. 情境教学法在小学体育教学之运用 [J]. 教育现代化，2017，4（14）：245-246.